末代皇帝

喻大华评说宣统帝

喻大华◎著

中国工人出版社

序 言

爱新觉罗·溥仪是秦始皇确立皇帝制度以来的最后一位君主，1912年2月，他跌下统治地位的时候年仅六岁。1932年到1945年间，他被日本关东军蛊惑欺骗，充当伪满洲国的傀儡元首，因此先后被苏联和新中国关押十四年之久。1959年蒙受特赦，1967年病逝于北京，最终身份是中国人民政治协商会议全国委员会委员。

溥仪是一位重要的历史人物，是人类历史上拥有非凡经历和传奇命运的特殊人物，然而，笔者很难给溥仪做出一个总体性的评价。他身为皇帝却没有掌握过一天国家政权；长期处于政治旋涡中却未发挥关键的作用；他是亡国之君和叛国罪人，最后成了新中国改恶从善的典型。作为一个历史人物，他无疑是失败者，但他的每一步失败都伴随着中国的崛起和人民的解放，而他最终也成了自豪的中国人民中的一员。

溥仪到底是个什么样的人呢?

不可否认，溥仪是一个悲剧性的人物。他年仅三岁就被慈禧太后立为皇帝，从此离开了温暖的家和亲人的怀抱，卷入了政治斗争的旋涡之中。幼小的溥仪哭得死去活来，挣扎着要跳下太和殿的宝座，但被人死死按住。他再未享父母之爱，一生无天伦之乐，在巨大的心理压力之下度过了大半生，可见命运的悲惨。

也应该承认，溥仪虽曾投敌叛国，但他不是一个十恶不赦的人。1931年，他轻信关东军的“诺言”，踏上了潜往东北的罪恶之路，在临行的几个月前，中国江淮大水，沿江人民受灾惨重，溥仪捐出一座楼房，请慈善机构变卖赈济灾民。自从被逐出紫禁城之后，他的经济条件每况愈下，甚至有时连下人的工资都付不出，但能出此“大手笔”，无论如何都不能否认其中包含着一份爱心。溥仪自幼被深宫高墙和王公遗老包围，毫无社会阅历，他上当受骗，走上了邪路，原因是复杂的，摧残人性的皇朝制度、心怀野心的前清遗老和欲壑难填的日本军阀都要负很大的责任。

溥仪不是一个良心泯灭、顽固不化的人。他因叛国投敌而罪孽深重，身负大罪又惧怕死亡，在伪满垮台和被引渡回国的时候曾两次精神崩溃，歇斯底里。然而，当他在关押改造期间深入具体地了解了中国东北人民在伪满十四年间蒙受的迫害和苦难的时候，含泪签字，请求祖国给他最严厉的惩罚。可见，他能向真理低头，内心深处不乏羞耻之心。

从某种角度来说，溥仪也是个幸运之人。他以当事人的身份亲历两次政权垮台的生死关头，尤其是1945年伪满崩溃，作为战争罪犯，他被苏军俘虏，逃过了愤怒的东北人民的惩罚和国民政府的引渡；1950年被押送回国，本已断定必死无疑，但在新中国的战犯管理所中受到了人道的待遇。他开始反省认罪，开始自理生活，开始洗心革面，更出乎意料的是，1959年12月，他被赦出狱，完成了从皇帝到公民转变的世界奇迹。

溥仪发生了蜕变，特赦后，他诚实地面对人生，时时不忘感恩和忏悔。1965年深冬时节，一位年近古稀的老仆从河北农村赶来北京，敲开溥仪住所的大门，探望阔别二十一年的故主。溥仪对他说：“往事真如一场噩梦，不堪回首，你走后一年，日本投降，当时为吉岗（笔者按：应为吉冈）挟持，想此生定是沦落他乡，成为异域之鬼了。没想到后来党和政府能对自己这样的历史罪人如此宽大，晚年又能回到祖国首都……”说着说着，溥仪哭了起来。[1]

可以肯定，溥仪是带着巨大的负罪感走完了自己短暂的后半生的。此间，他珍惜公民的身份，反感皇帝的称谓，以前半生为耻，然而，令他抱恨终天的是他终究没有摆脱“末代皇帝”的称谓。

总之，溥仪一生经历了幼年登基、亡国退位、被逐出宫、投敌叛国、充当傀儡、垮台被俘、异域囚禁、引渡回国、被赦出狱等一系列惊心动魄的大事件，最终改造成一位普通的公民，也算善终！

溥仪的一生是一个感人至深的传奇，是一个发人深省的世界奇迹……

善待前人，敬畏历史！

① 王简斋:《我跟随溥仪二十八年》，载于中国人民政治协商会议天津市委员会文史资料研究委员会编:《天津文史资料选辑》第四十二辑，天津人民出版社，1987年，第240~241页。

目 录

第一章 注定帝运的王子

道光帝的嫡系曾孙 / 002 太后指婚的产儿 / 006 慈禧的如意算盘 / 010

第二章 国丧中的登基大典

母子深仇的由来 / 016 旁支篡位的传言 / 019 慈禧拍板立溥仪 / 020 不祥的登基大典 / 024

第三章 摄政王的苦恼

头脚一起痛的摄政 / 031 大清朝到了最危险的关头 / 035 摄政王的“三把火” / 039 载沣要拿谁开刀 / 040

第四章　罢黜袁世凯

袁世凯的发迹之路 / 044　少壮亲贵要为国锄奸 / 048　庆亲王的眼泪 / 051　摄政王放虎归山 / 053

第五章　六岁退位

放任的帝王教育 / 057　从预备立宪到武昌起义 / 059　载沣彻底失败了 / 063　袁世凯逼宫 / 065　大清王朝终结了 / 067

第六章　灰色童年

深宫凄凉话隆裕 / 071　喜忧不定的逊清皇室 / 074《优待条件》被修正了 / 076　大总统要过皇帝瘾 / 078　紫禁城中幸灾乐祸的旁观者 / 080

第七章　躁动的青春

不忘故主的辫帅 / 084　儿戏般的张勋复辟 / 086　请来了一个洋师傅 / 089　留洋计划的破灭 / 092　末代皇帝选后妃 / 095

第八章　日落紫禁城

婚礼上演《霸王别姬》/ 099　难以为继的帝王生活 / 102　建福宫大火 / 104　皇帝跟太监的缘分尽了 / 107

第九章　被逐出宫

旁观者掉进了旋涡中 / 112　末代皇帝被逐出了紫禁城 / 114　张大帅进关，冯玉祥失势 / 117　一失足成千古恨 / 120

第十章　东陵浩劫

溥仪住进了天津日租界 / 129　孙殿英掘了乾隆和慈禧的陵 / 132　地宫中的惨象 / 135　灵堂里的复仇誓言 / 138

第十一章　津门彷徨

妃子要起诉皇帝 / 142　关东军急需一块遮羞布 / 146　日本军方抛来了诱饵 / 149　溥仪的焦灼和彷徨 / 151

第十二章　潜往东北

土肥原的谎言 / 155　溥仪孤注一掷了 / 158　“日本友人”翻脸了 / 161　关东军要建一个“共和国” / 164

第十三章　粉墨登场

关东军发出了死亡威胁 / 169　傀儡戏粉墨登场 / 172　从雄心勃勃到愤懑焦灼 / 174　沙尘暴中的“祭天礼” / 178

第十四章　傀儡抗主

来自汉奸们的叫板 / 186　“国务总理”要撂挑子 / 191　一号傀儡找到了新“法宝” / 194

第十五章　关东军的高压

郑孝胥惹恼了关东军 / 201　豆腐匠“总理”的固宠术 / 205　登堂入室的“御用挂” / 208　护军被缴械，亲信遭处决 / 210

第十六章　政治联姻

皇弟是“钻石王老五”/ 215　关东军包办了一桩跨国婚姻 / 217　种豆得瓜的恩爱夫妻 / 219　弟媳怀孕成了溥仪的心病 / 221

第十七章　忍辱偷生

溥仪学会了装聋作哑 / 228　溥仪很会“演戏”/ 230　被逼着换了祖宗 / 233　关东军的毒计 / 237

第十八章　末日挣扎

关东军沦落为纸老虎 / 242　反常的家庭生活 / 245　同德殿成了“演兵场”/ 248　长春夜空响起了空袭警报 / 250

第十九章　伪皇退位

仓皇焚庙被挟逃难 / 255　日本帝国投降了 / 258　傀儡戏收场了 / 261　复辟梦断长白山 / 267

第二十章　沈阳被俘

出亡日本的打算 / 270　溥仪沦为苏军的阶下囚 / 272　婉容的惨死 / 276　国际法庭上的污点证人 / 277　留居苏联的梦想破灭了 / 279

第二十一章　引渡回国

一心准备上刑场 / 284　一个又一个“意想不到”/ 288　生活不能自理的难题 / 292

第二十二章　洗心革面

溥仪上交了藏匿的珍宝 / 299　不堪回首的罪孽往事 / 300　自请最严厉的惩罚 / 305　溥仪看到了希望 / 308

第二十三章　走向新生

“福贵人”来到了战犯管理所 / 312　婚姻波折的考验 / 314　谁最可能被特赦 / 317　融入人群中 / 320

后　记

第一章 注定帝运的王子

爱新觉罗·溥仪本是一位王子，他能够成为清朝入主中原之后的第十位君主，其中蕴藏着多少慈禧太后的深思远虑和宫闱斗争的险恶？

溥仪是慈禧太后“预定”的皇帝，在他尚未出生的时候，就已经注定了他的未来命运。这要从慈禧为其父载沣指婚谈起……

20世纪初，伴随着自己的衰老和跟光绪帝矛盾的不可调和，慈禧盘算着一个周密的、不可告人的政权交接计划，这是怎么回事儿呢？

爱新觉罗·溥仪是清朝历史上的最后一位皇帝，年号宣统，史称宣统皇帝；同时，他也是秦始皇确立皇帝制度以来的最后一位君主；是中国历史上唯一一个从皇帝转变为公民的人；是20世纪人类历史上拥有传奇经历的特殊人物。他的一生堪称奇迹，是中国百年巨变的一个缩影。

道光帝的嫡系曾孙

首先，有必要介绍一下溥仪的家世。

众所周知，一般说来除了开国皇帝，其他皇帝的家世没什么好说的。因为父亲是皇帝，去世后儿子就接班当皇帝，本来很简单，但溥仪不是这样。

溥仪的父亲是皇帝吗？不是！

溥仪的祖父是皇帝吗？不是！

溥仪的曾祖父是皇帝吗？是的。是谁？——道光皇帝。

道光皇帝是清朝入主中原之后的第六代君主，是1821年到1850年间中国的最高统治者，在位三十年，享年六十九岁。溥仪没见过太爷爷，道光去世的五十六年后溥仪才出生。

由此看来，溥仪的皇家血统是不是有点儿远了？一般说来，“直系血

溥仪的父亲是
皇帝吗？不是！
溥仪的祖父是
皇帝吗？
不是！
溥仪的曾祖父
是皇帝吗？
是的。
是谁？
——道光皇帝。

喻大华语录

其实，慈禧选择溥仪做皇帝，可谓蓄谋已久，甚至可以说在溥仪还没有出生的时候，慈禧就已经预定了他的未来命运。

亲”指的是祖孙父子，太爷爷跟重孙子有血缘关系，但算不上是“直系”了。不过，晚清时代的情况却很特殊。

晚清时代，令皇室痛心疾首的一件事儿是几十年间“宫中不闻儿啼”，说的是皇帝不生育。咸丰帝很风流，在位十一年，嫔妃几十个，只有一儿一女；此后的同治、光绪两位皇帝都是无儿无女。到 19 世纪末，活在世界上的“皇帝子孙”血统最近的就是道光皇帝的后人了，当时叫“近支皇族”。在这样的背景下，溥仪的皇家血统其实并不疏远。

而且，在道光的子孙中，溥仪这一系可谓一枝独秀。溥仪的祖父是醇亲王奕譞，一辈子有七个儿子，夭折了三个，长大成人了四个；长大的四个儿子中，送给嫂子慈禧太后一个。原来，同治十三年十二月（1875 年 1 月）同治皇帝驾崩，中国“国家元首”出缺，慈禧太后把醇亲王的儿子过继过来，捧上了皇帝宝座，这就是光绪皇帝。由此看来，醇亲王奕譞真是一个有福之人，年幼的时候是“皇子”，有老爸罩着；人过中年成了“皇父”——虽说儿子过继出去了，但血缘关系谁也无法抹杀，在外人看来，开天辟地以来有几人能享受得到这份福气？

奕譞死在光绪十六年十一月（1891 年 1 月），爵位传给了儿子载沣。当时的载沣是个年仅九岁的王爷，还不大懂事儿，他做梦都不会想到，等他长大成人、娶妻生子之后，也像父亲那样有一个当皇帝的儿子，这个儿子就叫溥仪。

皇帝是万人仰视的头衔，拥有无边无际的财富和权力，但是，皇帝一定是幸福的人吗？恐怕未必。光绪皇帝就做了一辈子傀儡，甚至吃一顿饱饭都属奢望。其实，溥仪何尝没有过这样的感受呢？ 20 世纪 50 年代，溥仪被关押在战犯管理所，据他回忆，自己有时会做这样一个噩梦——梦见慈禧太后伸出一只满是细长指甲的干枯的手来抓他。溥仪惊得满身冷汗醒过来，透过布满钢筋的窗户，看着窗外高高的围墙，看着墙上的电网，他恨透了慈禧。他想，自己本来是个无知的、纯洁的孩子，如果不是做了皇帝，也会走自己的人生路，过自由、快乐的生活。溥仪回顾自己做傀儡、做囚徒的前半生，他恨慈禧为什么单单挑选他做皇帝呢！[①]

慈禧为什么要选择溥仪做皇帝呢？道光皇帝的重孙子又不是仅溥仪一人，为什么非他不选呢？

其实，慈禧选择溥仪做皇帝，可谓蓄谋已久，甚至可以说在溥仪还没有出生的时候，慈禧就已经预定了他的未来命运。

这要从慈禧给载沣指婚谈起。

太后指婚的产儿

光绪二十七年十一月二十六日（1902 年 1 月 5 日），慈禧做出了一个超乎常情的举动——为载沣指婚。指婚就是命令某位男孩儿跟某位女孩儿结婚，这跟今天的婚介不同，是不容商量的，更不会征求两位当事人的意见。此时的载沣二十岁了，尚未结婚，按当时中国的标准，差不多算是个“大龄未婚青年”了，更何况他还是个王爷，男大当婚女大当嫁，怎么能说慈禧给他指婚是一个“超乎常情”的举动呢？

试想当时的中国是什么样子呢？

义和团运动失败了，八国联军占领了北京、天津，空前的卖国条约——《辛丑条约》墨迹未干，不夸张地说，大清朝刚刚从地狱里走了一遭，慈禧太后也差点儿被八国联军定为“战争罪犯”，交付国际法庭审判。当然，那时叫“祸首”，因为慈禧曾利用过义和团，所以，八国联军一开始是要清算她的，她仓皇出逃，跑到西安避难，后来靠慷慨出卖中华民族的利益换得了列强的谅解。列强认为她有悔罪表现，并且能积极赔偿，所以，宽大处理，不予起诉。慈禧终于松了一口气，结束了流亡生涯，现在

① 爱新觉罗・溥仪:《我的前半生》，群众出版社，1964 年，第 447 页。

正跋涉在从西安返回北京的路上，可以说惊魂未定，而且，大乱之后满目疮痍、触目惊心，她怎么会突然产生了这种儿女情长的雅兴？

更不合情理的是，载沣虽然是“大龄未婚青年”，但早就订婚了。对象是一个贵族家的千金小姐，因为时局不宁，一直未举行婚礼。当时中国的婚俗规定，一旦订婚，女方就是婆家的人了，只欠迎娶进门这一环节，万一男方去世，女孩子依然要嫁到婆家守寡，这叫守“望门寡”，所以，载沣差不多可以算作有妇之夫，绝对没有退婚的道理。俗话说：宁拆十座庙，不破一门婚，慈禧现在一定要将载沣的美好姻缘拆散，命令他跟另一位女孩子结婚，这不是超乎情理的举动吗？由此看来，慈禧的举动具有深刻的用意，这恐怕是一桩关系王朝命运的政治婚姻。

那么，慈禧要把谁家的女孩子指给载沣？原来，慈禧要把文华殿大学士、太子太保、军机大臣——权倾朝野的晚清重臣荣禄的女儿指给载沣。

每个统治者都有自己的心腹亲信，在慈禧主宰中国命运的四十八年间，她最信任的人就是荣禄。提起荣禄，一个风流潇洒的形象就会出现在人们眼前，他身材魁梧、相貌端庄、文武双全、才华横溢，而且，祖辈为皇朝浴血拼杀，作为“功臣后裔”，荣禄年轻时就格外受到朝廷的垂青而被“重点培养”，他一辈子在官场度过，步步高升。附带指出，荣禄是他的名字，他不姓“荣”，姓“瓜尔佳氏”，翻译成汉语是“关”。荣禄出身于“上三旗”的正白旗。

费行简撰写《近代名人小传》，暧昧地说荣禄是慈禧的“宠臣”，尤其是清朝灭亡后，甚至流传有慈禧跟荣禄之间的绯闻，说他是慈禧的“初恋情人”等，这当然不大可信。在慈禧太后统治中国的最后十多年间，荣禄掌握军政大权，为维护慈禧的独裁地位立下了首功，他给慈禧出了很多主意，大多能被采纳。此时的荣禄身体多病，但依然主持政府工作；另外，北方清军也在荣禄的控制之下，他权倾朝野，一言九鼎，由此看来，这桩婚姻也算是门当户对了。

那么，载沣家对这桩婚事是什么态度呢？

慈禧太后的懿旨一下，载沣的妈妈顿时痛哭流涕，她知道，接受了慈禧的指婚，她面临的第一个难题就是退婚。在当时的中国，一旦订婚是不允许退婚的，退婚简直跟休妻差不多，对女方家来说就是奇耻大辱，这让人家的脸面往哪儿摆？这让人家女孩子今后怎么做人？

再则，载沣的妈妈实在不喜欢荣禄的女儿。荣禄权势熏天，家产万贯，就这么一个“千金小姐”，他本来是有一个儿子的，但夭折了，就拿女儿当儿子养，平日里出头露面、飞扬跋扈，一点儿顾忌也没有，属于要星星不给月亮的主儿。根据溥仪撰写的《我的前半生》记载，慈禧曾经说过：“这姑娘连我也不怕。”[1]难怪载沣的妈妈不喜欢这个儿媳妇，一旦嫁过来，今后的婆媳关系是没法处了；而且，自己的儿子生性懦弱，一着急结结巴巴，连句完整的话都说不出来，现在娶了这么个儿媳妇进门，载沣一辈子就得生活在媳妇的淫威之下，做妈妈的怎么能甘心！

怎么办？为了家庭的和谐安宁，为了儿子的生活幸福，唯一的办法就是请慈禧太后收回成命，可是，怎么才能让慈禧太后收回成命呢？载沣的妈妈找来了家族的亲朋好友和醇亲王奕譞生前的亲信，一块儿商议对策。但碍于慈禧太后的淫威，谁也不敢乱出主意，反而劝载沣的妈妈接受慈禧的安排，说了些奉旨退婚问题不大之类的话。载沣的妈妈眼泪汪汪，一筹莫展。

万般无奈，载沣的妈妈只好硬着头皮求见慈禧。附带指出，载沣的妈妈是醇亲王奕譞的侧福晋，就是妾；奕譞的福晋是慈禧的亲妹妹，但死得早，于是，载沣的妈妈就当家做主了。慈禧对她没有什么好印象，所以，她去请求慈禧收回成命，结果可想而知。由于遭到慈禧的冷遇和斥责，又急又怕，最后哭得昏倒在地，被抬回了醇王府，醒过来之后精神失常了。

---

① 爱新觉罗·溥仪：《我的前半生》，群众出版社，1964年，第32页。

随即传来消息，载沣的未婚妻为了免受退婚之辱，服毒自杀了。

那么，慈禧为什么一定要讨人嫌到底，非做这个媒不可呢？

对于慈禧的这一举措，中国史学界一般认为这是为了控制载沣。众所周知，对慈禧的独裁统治构成最大威胁的是光绪皇帝，当年二人斗得你死我活，当然，现在光绪已经成了囚徒，被软禁在中南海的瀛台，但光绪的资本是年轻，慈禧毕竟年近七旬，能活得过三十出头的光绪？所以，在一般人心目中，光绪未必没有出头之日，而作为光绪亲弟弟的载沣一天天长大了，为了防止弟弟跟哥哥一条心，慈禧让载沣成为自己亲信荣禄的女婿。而且，载沣娶了荣禄的女儿之后，肯定是个“妻管严”受气包，这样一来，载沣自然要跟着荣禄跑，不敢站到光绪帝的一边了。附带指出，载沣跟光绪帝是同父异母兄弟，是当时跟光绪帝血缘关系最近的人。

其实，这一推测貌似不乏道理，但既不全面，也不深刻。我们应该从以下两个方面来理解慈禧为载沣指婚的目的：

首先，光绪身体多病，处于被软禁状态，没有子嗣，将来无疑要从近支宗室中过继一个孩子来做光绪的继承人。按照我国古代的宗法，“立嗣之事，其法择胞兄弟之子以为嗣，次则择从兄弟之子”。也就是说，自己没有儿子，过继别人的儿子，要选跟自己血缘关系近的，首选是亲兄弟的儿子，次选是叔伯兄弟的儿子。按照“舍远求近”的择嗣原则，作为光绪帝同胞手足的载沣未来的儿子将最有优势。当时，连外国人都看出了这步棋，1905 年，一位西方人士断言：“如果醇亲王意外地有一个儿子，他就一定是继承人。”[①]

其次，有鉴于此，慈禧决定让载沣未来的儿子有荣禄的血统。众所周知，荣禄是慈禧的宠臣，当年扑灭戊戌变法的先锋干将，稍微夸张点儿说，光绪跟慈禧有多大的仇，就跟荣禄有多大的仇。现在让载沣成为荣禄

---

① ［澳］骆惠敏编，刘桂良等译：《清末民初政情内幕》，上卷，知识出版社，1986 年，第 375 页。

的女婿，他未来的儿子就是荣禄的外孙子，凭着这一层关系，一旦载沣未来的儿子继位称帝，出于维护外祖父名誉的考虑，将很难给光绪帝申冤鸣不平。而维护了荣禄的名誉地位，也就是维护了慈禧的名誉地位；而且，载沣的儿子还是光绪帝的亲侄子，由他继承皇位很容易掩人耳目，真是顺理成章的最佳人选，由此可见慈禧用意的深远。

慈禧的如意算盘

光绪二十八年（1902 年）九月，载沣跟荣禄的女儿奉旨成婚，婚礼隆重热闹，慈禧太后送了丰厚的贺礼，连处于软禁状态的光绪皇帝也随了礼。新婚宴尔的小夫妻进宫向慈禧磕头，慈禧又打开了保险柜，搬出了首饰箱，慷慨大方地让侄媳妇自己挑选，然后板起面孔，以长辈的口吻狠狠教训了侄媳妇一番，要求她孝敬公婆，当然，公公奕譞已经去世十多年了，所以就不用孝敬了，专门孝敬婆婆就行了；另外，尤其要尊敬丈夫。慈禧对载沣说："载沣！你媳妇要是欺负你，你告诉我，我给你做主。"夫妻二人诺诺连声，磕头退下。

慈禧的教训不过是故作姿态，其实，她骨子里是希望载沣怕媳妇的，更何况载沣的媳妇一贯飞扬跋扈，所以，这番教训不过是"耳旁风"而已。她嫁进醇王府，立即当家做主，叫来王府管家，做出两项决定：第一，她吃不惯醇王府的大锅饭，要设一个小厨房，单做单吃。一个新过门的小媳妇撇开丈夫、婆婆自己开小灶，真有点儿不守本分，不过，她说小厨房的一切开支由自己支付，不花婆家的钱，所以，婆家人不应该有意见。第二，她命令王府所有的下人以后管她叫"老爷子"，对她必须绝对服从。王府上下都知道来了一位不好惹的新主子，载沣也是忍气吞声地过日子，《我的前半生》这部书中记载着这样一件事儿：一天晚上，载沣回家看到没有关窗户，就质问太监这么晚为什么不关窗户？太监振振有词地说：老爷子还没回来，不忙关。载沣很生气，罚他蹲在地上。一个女仆替主人鸣不平，痛斥蹲在地上的太监说："要是老爷子，还不把你打成稀烂！"[1]

不过，载沣的媳妇终究没有辜负慈禧太后的厚望，光绪三十二年正月十四日（1906 年 2 月 7 日），在浓重的元宵节氛围中，生下了载沣的长子。醇王府上下一团喜气，当然，慈禧更是心中暗喜，光绪帝得知弟弟当了爸爸，也很兴奋。根据《清德宗实录》记载，光绪帝亲自过问了侄子的命名，这辈儿人犯"溥"，下一个字拟定为"仪"，于是，载沣的长子命名为"溥仪"。[2]

次年，载沣的媳妇再添一子，命名为溥杰，这下子慈禧太后放心了，她的计划有着落了。然而，在什么时间让溥仪取代光绪帝呢？这个时机很难把握，慈禧太后继续盘算着。

此时的慈禧年逾七旬，已经是古稀老人了，但身体尚好，据说看上去像一位五十多岁的贵妇，走起路来依然步履轻快稳健。跟了她几十年的大太监李莲英往往做出气喘吁吁的样子，虚张声势地在后面大呼小叫："老佛爷慢走，奴才跟不上了！"慈禧回头数落李莲英几句，心中十分得意。只要慈禧健康地活着，光绪帝就不至于发生危险，一动不如一静，毕竟调教出一个傀儡也不容易，所以，溥仪入承大统为时尚早。

据英国记者濮兰德记载："太后常常自己说她能高寿"，可见慈禧对长寿很自信。[3]溥仪出生这年慈禧虚岁七十二，按当时中国的标准，已属长寿，再活十年甚至二十年的可能性不能说绝对没有，但一般来说，古代王朝统治者的政治寿命一般不会超过八十五岁，过了这个年纪，不死也得交

① 爱新觉罗·溥仪：《我的前半生》，群众出版社，1964 年，第 33 页。

② 《清实录·清德宗实录》卷五五四，光绪三十二年正月丙戌，中华书局影印本，1987 年。

③ ［英］濮兰德、贝克豪斯著，牛秋实等译：《慈禧统治下的大清帝国》，天津人民出版社，2008 年，第 281 页。

权。试想年近九旬的人走路要人扶，吃饭甚至要人喂，说话颠三倒四，整天半睡半醒，连自己的命运都不能主宰，哪里还能主宰国家的命运？所以，乾隆皇帝八十五岁的时候自动让位，真是明智之举。

慈禧能不能活到八十五岁尚属未知，即使活到八十五岁，溥仪也不过是个十三岁的半大小子，登基之后不能亲政，谁来辅助溥仪，代行皇权呢？无疑，溥仪的父亲载沣是最佳人选，父亲帮助儿子真是最天经地义的一件事儿了。

然而，载沣具备政治家的潜力和素质吗？换句话说，他是那块“料”吗？

有一本载沣的传记，其中第一章的标题是“生而皇孙王子御弟”，[①]说的是载沣一出生就是“皇孙”——道光皇帝的孙子、“王子”——醇亲王的儿子、“御弟”——光绪皇帝的弟弟，可见载沣的身世多么显赫。

然而，跟显赫的出身不相称的是载沣懦弱的个性。溥仪晚年回忆说：“听家中一些旧人说，我父亲从小就很怯懦，甚至有人曾说他有些傻气。还说在他小的时候，有一次因为和我六叔打架，被他推倒致磕伤了门牙，我父亲就大哭不止，家人劝他，并问他疼不疼了？他回答说：‘疼倒是不疼了，可是怎样吃饭哪？’家人就劝慰他道：‘吃不了饭不要紧，今后专门吃面就行了。’于是他就破涕为笑。”[②]承袭王爵后，载沣依然极为低调，不苟言笑，人际交往很少，说起话来有点儿结巴，一着急就连连点头。所以，载沣一般不说话，皇族中遇到婚丧嫁娶的事儿也基本不出面，显得很孤僻。

由此看来，载沣作风偏软，性格懦弱，不适合做一名政治家，但若加深思，可见这并不完全是他的劣势，慈禧太后独断专行，受欢迎的就是懦弱的奴才，因为这样的人听话好摆布，不会有二心；并且，载沣也不光懦

---

① 凌冰：《爱新觉罗·载沣——清末监国摄政王》，文化艺术出版社，1988年，第1页。

② 爱新觉罗·溥仪：《我的前半生（灰皮本）》，群众出版社，2011年，第35页。

弱，他也有独特的优势。

首先，在派系林立的晚清政坛，载沣是各派系都能接受的左右逢源的人物。一方面，他的岳父是掌握晚清政局的荣禄，顺着这层关系，载沣获得了广泛的人脉；另一方面，他又是光绪帝的弟弟，那些不满慈禧、荣禄，依然对光绪帝寄予希望的人也能接受载沣。尤其是载沣在各种势力的角逐中一直保持着超然的态度，未做出倾向性的取舍，今天看来，这是他懦弱的表现，但换个角度来看，这种谦抑退让的性格既可博得各方面的好感，又给人以高深莫测的神秘感。

其次，载沣是一个“时新人物”，符合新时代统治者的要求。随着晚清各种改革的深入，急需受过现代教育、了解西方情况的人才，未来的统治者也应具备一些这样的特点。载沣在光绪二十七年（1901 年）出使德国，当然，使命是为义和团事件道歉，因为德国公使死于这场运动，但载沣顺便考察了德国的政治、军事，回国后入贵胄学堂深造，学了不少西方科学知识，眼界也较为开阔。

当时的北京城里一提到载沣，大家都知道他是个新派的人物。溥仪晚年回忆，说他爸爸载沣“颇有不少反对迷信和趋向时新风气的举动”。[①] 前面说载沣的妈妈因为儿子退婚的事儿着急上火得了精神病，为此请巫婆前来“治病”，但让载沣给赶出了大门。还有一天，王府里面出现了一只刺猬，太监们说是仙家下凡，又烧香又磕头，载沣闻讯前来，一脚把刺猬踢出老远，然后警告太监不得再从事这类迷信活动。

最后，载沣很好学，学识也不错。当时王公中能说满语的已经不多了，载沣的满语说得很好，真奇怪，载沣说汉语有点儿结巴，但说起满语像行云流水那样顺畅；另外，一到了晚上，载沣就领着太监搭梯子上房，干什么呢？说是观测天象，研究天文学。不管研究天文学有什么用处，在

① 爱新觉罗·溥仪:《我的前半生》，群众出版社，1964 年，第 28 页。

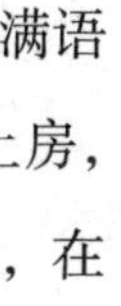

老年人眼里，好学总是年轻人的一大优点。跟那些成天唱京剧、打麻将、无事生非的年轻亲贵比起来，载沣真算得上一个有为青年了。

有鉴于此，慈禧对载沣是有信心的，所以，在溥仪出生之后，她刻意提拔载沣。根据《清德宗实录》记载，光绪三十三年（1907年）夏，慈禧任命载沣在军机大臣上学习行走。[①] 所谓“学习行走”带有实习的色彩，但半年之后，载沣就去掉了“学习”二字，成为名副其实的军机大臣。当时，大家心知肚明，凭着载沣的身份，根据晚清四十多年来实行的“亲贵领军机”的惯例，载沣在不久的将来就将升格为“首席军机大臣”，成为晚清的“政府首脑”。光绪三十四年（1908年）春，举行祭天典礼，慈禧命令光绪帝在宫里“养病”，然后让载沣代表皇帝前去祭天，这就更令人对载沣刮目相看了。

在慈禧看来，培养载沣、选择溥仪是她一生中最后一次政治赌博，她不怀疑自己的眼力，更何况还自信有不短的生命周期，有时间来培养、扶持载沣，经过一段时间的过渡，在载沣能力提高和自己衰老不起的前提下，把政权交给载沣、溥仪父子。

然而，风云突变，从光绪三十四年（1908年）秋天起，七十四岁的慈禧面临着严峻的局面，一系列突如其来的变故打乱了她的如意算盘，怎么办？慈禧挣扎着做出了一连串艰难的抉择，一个三岁孩子的命运、一个三百年王朝的命运顿时发生了根本性的转折……

这是怎么一回事儿？在这千钧一发的关键时刻，发生了哪些惊心动魄的事件？

---

① 《清实录 · 清德宗实录》卷五七三，光绪三十三年五月已亥，中华书局影印本，1987年。

第二章 国丧中的登基大典

光绪皇帝与慈禧太后相隔一天先后去世，是巧合还是蓄意的谋杀？母子之间到底因何结下了深仇大恨？

由于身体的骤然衰颓和朝局的暗涌横流，慈禧太后毅然做出了一系列艰难的抉择……在她生命的最后时刻，是如何排除干扰，确定身后权力格局的？

三岁溥仪的命运发生了逆转，他永远离开了温暖的家，被送到了阴森森的慈禧的帐前，当他被硬按在太和殿的宝座上的时候，是如何表现的呢？

如前所述，慈禧拟以载沣、溥仪父子作为大清朝未来的统治者人选，当然，由于慈禧自信生命力旺盛，所以，并不急于实施这一计划。但风云突变，一系列突如其来的变故打乱了她的如意算盘，这是怎么回事儿呢？

原来，光绪三十四年（1908年）夏，七十四岁的慈禧受凉得病，治疗了一段时间，非但没有痊愈，反而添了腹泻的毛病。病情时重时轻，说起来不是要命的症状，但就是不见好转。到了秋天，慈禧感觉体力精力都大不如前，回首四十八年执掌中国命运的坎坷历程，展望国事如麻的前途，慈禧十分悲观，她感觉自己可能过不去这道坎儿了，在这种情况下，其身后的权力布局就提上了日程。

在此，有必要交代一下慈禧跟光绪的矛盾，他们之间本是母子君臣的关系，到底结下了怎样的深仇大恨？

母子深仇的由来

慈禧是咸丰皇帝的嫔妃，她为咸丰皇帝生下了一个儿子，即后来的同治皇帝。同治十三年十二月（1875年1月）初，同治皇帝病死，由于同治皇帝无子，所以，大清朝父死子承的皇帝系终结了。怎么办？在这种情况下，慈禧做出了一个石破天惊的举动，她变更祖制，把醇亲王的儿子载湉过继过来，立为皇帝，这就是光绪。必须申明的是，光绪帝继承的不是同治帝的皇位，他跟同治皇帝是平辈，他继承的是咸丰帝的皇位，所以，清朝入主中原之后一共十位皇帝，但是九代，绝不是十代。

光绪皇帝入宫的时候刚刚四岁，慈禧太后垂帘听政，掌握国家政权，直到光绪十五年（1889 年），光绪帝十九岁了，慈禧才宣布撤帘归政。但是，慈禧是一个权力欲望十分强的女人，她不甘寂寞，依然想方设法监视、控制光绪帝，这就种下了母子间矛盾的祸根。

俗话说：不是一家人，不进一家门。说的是原本没有血缘关系的人组成家庭，生活时间一长，彼此的脾气、秉性、价值观会越来越接近，这是朝夕相处的必然结果。更何况慈禧跟光绪帝是有血缘关系的，众所周知，光绪帝进宫之后，在名分上是慈禧的儿子，但由于光绪帝的生母是慈禧的亲妹妹，可见，光绪帝还是慈禧的外甥，属于旁系血缘关系，所以，娘俩很相像，比如身高都很矮，慈禧不到一米六，光绪不到一米七，尤其是性格都很倔强，激动起来就歇斯底里，俩人针尖对麦芒，你硬我更强。面对慈禧的指手画脚，光绪帝曾说：“如不与我权，我宁逊位！”这话传到慈禧耳中，慈禧大怒：“他不愿坐此位，我早不愿他坐之！”[1]就此来看，颇有点儿母亲没有母亲样，儿子没有儿子样的感觉。而这一点长期被中国史学界忽略了。

在 19 世纪末，为了挽救国家的危亡，光绪帝掀起了一场学习西方的维新运动——戊戌变法。对于这场改革，慈禧最初是默认的，但是，随着改革的深入，必然触动权力分配这一核心问题，于是，慈禧出面阻挠，变法运动陷入了死胡同。怎么办？在这种情况下，维新派谋划了一场政变，打算杀掉荣禄，包围颐和园，除掉慈禧太后。结果慈禧先下手为强，囚禁

① 翦伯赞等编：中国近代史资料丛刊《戊戌变法》第 1 册，神州国光社，1953 年，第 331 页。

了光绪，逮捕了一些维新派志士，扑灭了变法运动。

问题的关键是光绪皇帝跟这场未遂政变的关系。换句话说，光绪皇帝事先知不知道维新派政变的计划？是否参与了政变的谋划？如果答案是肯定的，那么光绪帝做得确实过分了。因为不论慈禧的是非，她在名分上毕竟是光绪的母亲，儿子要谋害母亲，那就是大逆不道了。

现在没有可靠的材料证明光绪帝参与了策划或者知道维新派的政变计划，但人们也很难相信光绪皇帝是局外人，因为按照人之常情推断，假若没有光绪帝的参与或默认，维新派敢做这样的事儿吗？否则政变无论是成功还是失败，维新派都无法向光绪帝交代。再则，维新派发动政变的依靠是掌握一定军权的袁世凯，在维新派游说袁世凯的前后，光绪帝也接连几次召见了袁世凯，并且给袁世凯加官晋级，明显表现出跟维新派的配合。

还有，慈禧囚禁光绪之后逮捕了六位维新志士，未经审判就执行了死刑，这就是中国近代史上著名的“戊戌六君子”。为什么不经审判就处决呢？可能是清政府不敢审，怕的是一经审讯牵连出光绪帝，这倒不是给光绪帝留面子，是慈禧给自己留面子。试想养儿子养了二十多年，到头来儿子要发动政变除掉母亲，慈禧丢得起这个脸吗？

这下子慈禧恨透了光绪帝，甚至想废掉光绪的皇帝地位，当时国际社会对光绪帝给予了广泛同情，中国有实力的督抚也表态反对，所以，慈禧一直没有胆量冒天下之大不韪对光绪帝下手，好在光绪帝已经被囚禁，不会对她构成威胁，所以光绪帝苟延残喘。

当然，转眼十年过去了，原本刻骨铭心的记忆也会淡漠。自从庚子事变之后，慈禧也采取一些措施缓和母子关系，但总的来说，二人还是对立的关系，母子矛盾是晚清朝野“公开的秘密”。

旁支篡位的传言

由此可见，真是矛盾重重，剪不断，理还乱，王朝的政局会如何演变？身后的人事安排该如何摆布？慈禧也是内心矛盾，举步维艰。

然而，在寒风瑟瑟的初冬时节，慈禧接到了一个堪称晴天霹雳的消息——袁世凯可能拥立奕劻的儿子载振篡夺皇位。

袁世凯就是当年维新派密谋发动政变寄予最大希望的人，不过袁世凯反戈一击，出卖了维新派，获得了慈禧的谅解，此后步步高升，现在是军机大臣，他掌握北方军政大权，是实力派人物。

奕劻是晚清重臣，长期主管总理各国事务衙门（外务部），光绪二十九年（1903 年）荣禄去世，奕劻取代荣禄担任首席军机大臣。奕劻的爵位是亲王，名为“庆亲王”，是乾隆皇帝十七子永璘的后人，属于乾隆皇帝的一系，皇家血脉比道光的后人疏远很多了，算不上近支宗室。在晚清时代，所谓“近支宗室”专指道光皇帝的子孙。

奕劻也是慈禧太后信任的人，当然，达不到对荣禄的信任程度。奕劻应该是和珅以后清朝最大的贪官，当时，社会上管庆王府叫“庆记公司”，奕劻什么钱都敢要；只要收了钱，什么事儿都敢干。问题是奕劻声名狼藉，慈禧为什么把他提拔到首席军机大臣的地位呢？

在慈禧看来，奕劻虽然名声不好，但有两点“长处”：其一，奕劻虽然自己搂钱，但他不全揣进腰包，也给慈禧送钱；其二，晚清政府从 19 世纪末期以来，讨好列强，仰人鼻息，以此来维持统治。奕劻长期主管大清国的外交事务，“国际友人”多，人脉广，周旋于列强之间，慈禧离不开他。

但是，不久慈禧发现奕劻问题的严重，当时的直隶总督是袁世凯，袁世凯在奕劻身上不惜血本，几十万、上百万地送，而且，庆王府里面大大小小的开支全拿到直隶总督府报销，奕劻被袁世凯收买了，他成了袁世凯的工具。袁世凯这人是晚清督抚中少有的人才，为人大刀阔斧、敢想敢干，但是，袁世凯没有读过很多书，胸中缺少那一团正气，为人不大讲原则，这样的人如果能用好，就是国家的栋梁柱石，否则，惹起祸来也可能把天捅个窟窿。所以，光绪三十三年（1903 年），慈禧把袁世凯由直隶总督调为军机大臣，明升暗降，置于自己的掌控之下。

此时，慈禧得知袁世凯可能拥戴奕劻的儿子篡夺皇位，她惊出一身冷汗。一方面，奕劻是远支宗室，他的儿子一旦做了皇帝，必将导致清朝嘉庆以来皇帝世系的紊乱。几十年来，慈禧主宰大清国命运，凭的是什么？不就在于她是道光皇帝的儿媳妇、咸丰皇帝的贵妃、同治皇帝的母亲这三个身份吗？为了自己地位的合法性，她也不能坐视远支宗室篡夺皇位。另一方面，慈禧心知肚明，奕劻不过就是袁世凯喂饱了的一条狗，袁世凯拥戴他的儿子篡夺皇位，实际上就是袁世凯主宰中国命运的幌子而已。此时的袁世凯掌握着清朝最现代化的一支军事力量——新建陆军，就是人们所说的北洋军，势力不可轻视，怎么办？

慈禧拍板立溥仪

慈禧感到了空前的压力，为了爱新觉罗皇朝的利益，更是为了自己的利益，她果断地做出了一系列重大的决策。慈禧决定立即动手，造成既成事实，让袁世凯和奕劻的阴谋落空破产。

慈禧决定把奕劻支出北京，然后在奕劻缺席的情况下布置政权交接。光绪三十四年（1908 年）十月十四日，慈禧召来奕劻，命令他到东陵去一趟，检查一下自己陵寝的工程情况。慈禧有气无力地对奕劻说：自己陵寝已经竣工多年，看看哪里有该修该补的地方，赶紧修整一下，最近自己身体不好，年事已高，恐怕快去见文宗皇帝了。所谓的文宗皇帝就是咸丰帝。

听慈禧说出这样“不吉利”的话，奕劻立即做出一副可怜兮兮的样子，他一边抹着眼泪，一边表示皇太后洪福齐天，定能转危为安；又说在此紧要关头，他作为政府首脑，为了国家的稳定，实难离开北京；再则自己对工程质量完全是门外汉，所以，检查陵寝的差事最好另派他人。奕劻不愿意离开北京，原因很多，众所周知的原因是东陵在直隶遵化境内，一来一往需要十多天，尤其时值寒冬，长途跋涉，真是个苦差事。

慈禧叹了口气，语重心长地说：“这事儿本来是不应辛苦你的，所谓检查工程也不过是个借口，我派你去的真实用意是西藏达赖喇嘛刚刚进呈了一尊亲自开光的佛像，我想把这尊佛像放入我的地宫。为了表示对达赖的重视，更是为了表明对佛祖的敬意，这趟差事非你去不可。”

这下奕劻无词以对，只好退下，然后捧着佛像前往几百里外的清东陵。奕劻刚刚离开，慈禧立即露出炯炯目光，她让总管太监李莲英给陆军部打电话，召陆军部尚书铁良进宫。

所谓陆军部就是原来的兵部，晚清改革中央官制，改名陆军部，现在由满族中的杰出军事人才铁良担任尚书。铁良也是慈禧的亲信，接到电话，放下一切工作，立即赶来宫中，刚刚跪下，慈禧斩钉截铁地命令铁良：将驻扎在北京南苑的陆军第六镇跟驻扎在直隶涞水的第一镇对调，立即开拔。

所谓“镇”是清末军事改革中的军队编制，大体相当于今天的“师”，慈禧将第六镇调出北京的目的是切断第六镇对北京的军事威胁，因为第六镇的最高长官是段祺瑞，段祺瑞是袁世凯的绝对心腹亲信，如果袁世凯确有拥立奕劻儿子篡夺皇位的企图，第六镇肯定是政变的军事基础。与此相反，第一镇是铁良控制的部队，完全可以放心。这样一来，奕劻被支出了北京，袁世凯的军事力量也被调往了涞水，慈禧太后心中有底了，她紧接着召来了张之洞等心腹老臣，宣布了自己的计划——立溥仪为帝。

七十多岁的张之洞须发皆白，他跪在地上，颤颤巍巍地表示太后圣明，然后发表了自己的意见。根据《国闻备乘》这部书记载，张之洞说：“国有长君，社稷之福，不如径立载沣。”张之洞的这句话说得很委婉，包含着良苦的用心，最近四十多年来，同治六岁登基、光绪四岁继位，现在立溥仪为帝，溥仪的实际年龄才两岁零十个月，一代君主比一代君主小，君主不能处理国政，全靠太后垂帘听政。张之洞并不是质疑慈禧垂帘听政的合法性，他怕的是慈禧去世之后，光绪的皇后再来一场垂帘听政，那样一来，王朝命运真是噩运不断了，所以，他建议干脆立光绪的亲弟弟载沣为帝。此时的载沣二十六岁，已经成年，继位就能办事，不用担心太后垂帘的问题。

慈禧叹了一口气，沉痛地说：“卿言诚是，然不为穆宗立后，终无以对死者。今立溥仪，仍令载沣主持国政，是公义私情两无所憾也。”

对于今天的人来说，慈禧这句话理解起来相对较难，意思是你说得很对，但你也知道，大清朝的皇位传承是父死子继，当年同治皇帝死的时候没有儿子，按说应该给同治皇帝过继一个儿子继承皇位，然而，当时没有给同治皇帝立嗣，反而让同治皇帝的叔伯弟弟光绪做皇帝，如果现在再选同治皇帝的另一个叔伯弟弟载沣继位，真是无法面对死者。反之，立溥仪为帝，同治的皇位得到了继承，对死者有了交代；溥仪年幼，可以由载沣代行皇权，实际上就是你说的“长君”，符合国家的利益，这样一来，于公于私都没有什么遗憾了。

张之洞深感慈禧思虑的周详，而且，他明白了慈禧话里话外透露出的一个意思：在她死后清朝将不再实行垂帘听政，而是由载沣主政。他紧接着说：“然则宜正其名。”就是说应该给载沣一个名正言顺的地位。

慈禧问道：“古有之乎？”

张之洞说：“前明有监国之号，国初有摄政王之名，皆可援以为例。”

慈禧当场拍板采用这两个办法，确定载沣的身份是“监国摄政王”。[①]十月二十日，慈禧太后发布懿旨，宣布光绪皇帝病危，“醇亲王载沣之子溥仪，着在宫内教养，并在上书房读书”，同日任命载沣为“摄政王”。[②]

这天傍晚，位于什刹海畔的醇王府发生了一场大风波，刚刚被任命为摄政王的载沣带着庞大的仪仗队来到了自己的王府，接长子溥仪进宫。载沣的母亲得知慈禧的懿旨后当即昏倒，溥仪的出生弥补了她心灵的空虚，这个孙子就是她的命根子，却被慈禧抢去了，一想到光绪帝一生的悲惨命运，怎能不令她痛彻肺腑。而三岁的溥仪又哭又号，踢打着不让来人抱他，王府一片混乱，众人束手无策，溥仪的奶妈看到溥仪可怜巴巴的小样，立即抱起喂奶。这一举动启发了众人，于是，由奶妈抱着溥仪，坐上杏黄大轿，前往紫禁城，直到把溥仪送到了慈禧太后的帐前。

五十多年后，溥仪叙述了他第一次见到慈禧的情形：

我和慈禧这次见面，还能够模糊地记得一点，那是由一次强烈的刺激造成的印象。我记得那时自己忽然处在许多陌生人中间，在我面前有一个阴森森的帷帐，里面露出一张丑得要命的瘦脸——这就是慈禧。据说我一看见慈禧，立刻号啕大哭，浑身哆嗦不住。慈禧叫人拿冰糖葫芦给我，被我一把摔到地下，连声哭喊着：“要嬷嬷！要嬷嬷！”弄得慈禧很不痛快，说：“这孩子真别扭，抱到哪儿玩去吧！”[③]

① 胡思敬：《国闻备乘》卷三，《孝钦临危定策》，新昌胡思敬退庐民国十三年刊。

② 《清实录·清德宗实录》卷五九七，光绪三十四年十月壬申，中华书局影印本，1987年。

③ 爱新觉罗·溥仪：《我的前半生》，群众出版社，1964年，第36~37页。

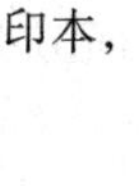

不祥的登基大典

就在这一系列纷纷扰扰的过程中，光绪皇帝离开了人世。他四岁入宫为帝，在位三十四年，曾为挽救王朝的命运、挽救中国的命运掀起过戊戌变法，是中国史学界公认的进步皇帝。为此他付出了巨大的代价，他一辈子做傀儡、做囚徒，生活没有自由，爱情不能自主，他死的时候年仅三十八岁，根据清政府官方公布的消息，他死于光绪三十四年十月二十一日酉刻（1908 年 11 月 14 日傍晚）。然而，光绪帝的起居注官恽毓鼎在他的《崇陵传信录》中回忆，在此前两天的十月十九日，太监成群结队地出宫剃头，并毫不避讳地说皇上驾崩，因为国丧期间不能剪发，所以抢在发布之前剃头。由此看来，清政府公布的光绪死亡时间可能不准，在溥仪入宫之前光绪帝就已经死了，慈禧从容布置之后，确信可以掌控全局的时候才向天下公布了光绪的死亡。

光绪帝是怎么死的呢？

自打光绪帝逝世，关于他的死因就众说纷纭，持续时间最久、影响最大的观点是死于谋杀。持这种观点的有长期陪侍光绪的起居注官恽毓鼎、有给光绪治病的医生屈桂庭、有慈禧太后的女官德龄、有光绪继承人溥仪转述的太监的证言，还有当时内务府大臣的后人的回忆，但他们都拿不出直接的证据，说到底属于推断。

从 20 世纪 80 年代以来，史学家根据光绪帝的脉案、药方，研究其一生的健康情况，认为光绪帝身体虚弱、百病丛生、久治不愈，尤其自光绪三十四年（1908 年）之后病情恶化，他的去世属于正常死亡，并非谋杀。

2008 年，在光绪帝去世一百年的时候，清史界公布了一个石破天惊的消息，在光绪帝的头发、下葬的衣服上检出了高含量的三氧化二砷（砒霜）成分，由此推断死于毒杀。

那么，光绪皇帝的死因就此可以定论了吗？事情也不是这样简单，毕竟今天的史学工作者尚拿不出关键环节的直接证据，仅靠推断并非严谨的态度。可以肯定的是，无论光绪帝死因为何，都是慈禧迫害的结果。在他短暂的一生中，从记事儿起就是慈禧的傀儡，尤其从戊戌政变以来，更是备受迫害，正值发奋有为的壮年就撒手人寰，命运令人扼腕叹息。

根据《清德宗实录》记载，就在宣布光绪皇帝死亡的同时，慈禧宣布溥仪继承同治皇帝、兼祧光绪皇帝，为大清国新一代君主。[①]随即，慈禧又发布懿旨："嗣皇帝尚在冲龄，正宜专心典学。着摄政王载沣为监国，所有军国政事，悉秉承予之训示裁度施行。"[②]大家心知肚明，这道懿旨表明，溥仪为帝、载沣摄政，实际上全是慈禧的傀儡，清朝的命脉还是掌握在慈禧手中。由此看来，直到此时慈禧不仅对自己的生命力依然乐观，权力欲也没有任何的衰减。按说随着溥仪的继位，慈禧已经升格为"太皇太后"，溥仪年幼，由他的爸爸载沣代行皇权，作为祖母的慈禧本不应该享有对溥仪的"监护权"，但她把载沣父子"扶上马"之后，还固执地要"送一程"。晚清四十多年间慈禧一手遮天，为所欲为，谁也不敢质疑她的这一决定。

不过慈禧真的老了，这几天惊心动魄的经历使她心力交瘁，尤其是光绪皇帝的死亡让她有一种失落茫然的感觉，多少年的政治对手没了，心中那股不平之气顿时泄了，一种孤独凄凉的感觉油然而生，身体也垮了。就在她宣布要把载沣父子"扶上马送一程"的第二天，她就走到了自己生命的尽头。光绪三十四年十月二十二日午后，慈禧太后去世，终年七十四岁。

临终的时候，慈禧太后挣扎着宣布："嗣后军国政事，均由摄政王裁

---

① 《清实录·清德宗实录》卷五九七，光绪三十四年十月癸酉，中华书局影印本，1987 年。

② 《清实录·清德宗实录》卷五九七，光绪三十四年十月癸酉，中华书局影印本，1987 年。

定。”[①] 慈禧的这一表态标志着垂帘听政制度的永远结束，当时光绪帝虽然死了，但光绪帝的皇后还活着，刚刚升格为太后，史称“隆裕太后”，她是慈禧的亲侄女，但慈禧没有赋予她主宰朝政的权力。中国古代是男权的社会，女人主政跟母鸡打鸣一样是不祥的表现。群臣跪在地上，感慨慈禧决定的英明，纷纷叩头，痛哭失声。这几天国家连遭大丧，群臣都是在泪水涟涟中度过的。

其实，群臣的眼泪大多是故作姿态，跟太监的“干打雷不下雨”性质一样，这些天来真正痛心疾首的是三岁的溥仪。进宫的第二天，他就被换上了丧服，抱到了中南海瀛台的涵元殿，被逼着向光绪帝的遗体三跪九叩。现在，他也是光绪帝的儿子，[②] 按照礼法，他必须尽孝子的义务，然而，他毕竟是个三岁的孩子，哪里懂得什么“礼法”！他最大的愿望就是赶紧回到温暖的家，回到亲人的怀抱中，但这一愿望永远也不可能实现了。溥仪奋力挣扎，哭哑了嗓子也无济于事。群臣也纷纷举哀，但就数溥仪的哭声高，一看就是发自内心的痛心疾首，所以，群臣纷纷赞叹他是一位孝顺的皇帝。[③]

十一月初九日（12 月 2 日），溥仪的登基大典在太和殿举行，他成了清朝入主中原之后的第十位君主，年号宣统。溥仪晚年回忆了登基大典的一幕：

我被他们折腾了半天，加上那天天气奇冷，因此当他们把我抬到太和殿，放到又高又大的宝座上的时候，早超过了我的耐性限度。我父亲单膝侧身跪在宝座下面，双手扶我，不叫我乱动，我却挣扎着哭喊：“我不挨这

① 中国人民大学清史研究所编:《清史编年》第 12 卷，中国人民大学出版社，2000 年，第 504 页。

② 笔者按：溥仪继承的是同治帝的皇位，兼祧光绪帝，所以，他首先是同治帝的儿子，然后才是光绪帝的儿子。

③ 《清实录 · 宣统政纪》卷一，光绪三十四年十月癸酉，中华书局影印本，1987 年。

溥仪的登基

大典在太和殿举行，他成了清朝入主中原之后的第十位君主，年号宣统。

喻大华语录

由此可见，真是矛盾重重，剪不断，理还乱，王朝的政局会如何演变？身后的人事安排该如何摆布？慈禧也是内心矛盾，举步维艰。

儿！我要回家！我不挨这儿！我要回家！”父亲急得满头是汗。文武百官的三跪九叩没完没了，我的哭叫也越来越响。我父亲只好哄我说：“别哭别哭，快完了，快完了！”①

大清朝真是“快完了”。

三岁的溥仪成了一国之君，当然，别说治理国政，就连上学的年龄都未达到，他在宫中懵懵懂懂地过着自己的童年时光，国家大政由他的父亲监国摄政王载沣一手主持。提起摄政王，人们往往想到雄才大略的多尔衮，他是清朝开国的最大功臣，谁能想到，在大清朝“快完了”的时候，又有一位摄政王登上了历史舞台，他有能力驾驭这条惊涛骇浪中的破船吗？在大清王朝的最后关头，他扮演了一个怎样的角色呢？

---

① 爱新觉罗·溥仪：《我的前半生》，群众出版社，1964 年，第 37 页。

第二章 摄政王的苦恼

本来被选作傀儡的载沣却随着慈禧太后的撒手归西而当家做主，他政治经验、领导才干均嫌不足，因此陷入了一生中最为困顿的一段时光，近支亲贵争权夺利、哄闹朝堂……

此时的大清朝已经到了命运的最危险关头，本来，随着晚清资本主义工商业的发展和国家的进一步开放，综合国力、人民生活水平都有了相应的提高，那么，王朝的危机来自何方呢？

载沣虽然软弱，但不糊涂，他盘算着如何挽救危机，为此采取了一系列措施，按照一朝天子一朝臣的惯例，他还想拿一位前朝重臣“开刀”，然而，该向谁下手呢？

溥仪入宫为帝，年号宣统，史称宣统皇帝。但溥仪年仅三岁，晚清政局的风云变幻跟他没有直接的关系，所以，不得不暂时抛开溥仪，说说其父监国摄政王载沣。

慈禧最初的如意算盘是这样的：立溥仪为帝，溥仪年幼，不能亲政，由载沣摄政，做自己的傀儡。当时，慈禧已经病重，但并没想到马上就死，只要慈禧一息尚存，就不会放弃权力。载沣性格懦弱、为人低调，拿他做傀儡简直再合适不过了。当然，慈禧也知道自己不会老活着，所以，她操纵载沣也有扶持、培养的用意，经过一段时间的栽培和过渡，在自己百年之后，正式让载沣辅佐溥仪、代行皇权。

不料慈禧高估了自己的生命力，在做出这一决定的第二天就撒手西归，她统治中国近半个世纪，靠各种手段垄断了至高无上的权力，结果一股脑扔给了载沣；载沣做了半天傀儡就当家做主了。看来，载沣比一生做傀儡、做囚徒的哥哥光绪皇帝幸运多了。

载沣幸运吗？

头脚一起痛的摄政

载沣生于光绪九年（1883 年）正月，到光绪三十四年（1908 年）十

月虚岁二十六岁。他以“监国摄政王”的身份代行皇权，实际上就是国家元首。但他政治能力、领导经验均嫌不足，从他摄政的第一天起，就陷入了一生中最为困顿的一段时光中，用“焦头烂额”来形容一点儿都不过分。

慈禧太后临终的这一安排引得近支亲贵愤愤不平。当时，北京流行一种说法，说醇王府是“两代潜龙，一朝摄政”。“两代潜龙”说的是醇王府出了两位皇帝——光绪和宣统。“一朝摄政”说的是醇王府不仅出了两位皇帝，还出了一个“监国摄政王”。想当年多尔衮那般雄才大略，也不过是“摄政王”而已，载沣论功劳没功劳，论资格没资格，结果比多尔衮的“谱儿”还大，“摄政王”头衔前面居然加了“监国”两字。人比人气死人，大家都是道光皇帝的子孙，凭什么醇王府一枝独秀！

最咽不下这口气的就是恭亲王奕䜣的后人。奕䜣是第一代恭亲王，死在光绪二十四年（1898 年），死后王位传给了孙子溥伟。溥伟得知慈禧临终以溥仪为帝、载沣摄政，顿时怒火中烧。想当年辛酉政变，他爷爷奕䜣功劳最大，木有本，水有源，若没有奕䜣的全力支持，慈禧凭什么主宰中国命运四十八年！他咽不下这口气，立即赶来宫中，要找垂死的慈禧太后评理。根据《国闻备乘》记载，此时的慈禧正在向载沣交代后事，张之洞等军机大臣也在场，溥伟怒气冲冲，想破门而入，但门口有警卫，自然不许他胡来，结果当场就吵起来了。

此时载沣眼泪汪汪，跪在慈禧的床前，结结巴巴地说自己挑不起来这副千钧重担，一再请慈禧收回成命。慈禧正在不耐烦的时候，听到门外吵吵嚷嚷，得知溥伟在闹事儿，顺嘴说了一句：“溥伟最亲，可引以为助。”[①]太监为了息事宁人，立即把这句话转告了溥伟。溥伟得知自己即将成为载沣的助手，也就不闹了，他虽然看不起载沣，而且，在年龄上也比载沣大三岁，但论辈分载沣毕竟是他的堂叔，载沣成了“国家元首”，给载沣当

① 胡思敬:《国闻备乘》卷三,《溥伟争位》，新昌胡思敬退庐民国十三年刊。

助手至少也应该是“政府首脑”吧，他感觉这个结果差强人意。

哪能想到第二天公布的上谕根本没提这个茬儿，溥伟感觉受了愚弄，这时候慈禧已经死了，溥伟只好找载沣评理。载沣不敢出来见面，溥伟来到军机处质问，军机大臣张之洞硬着头皮出面应付。溥伟劈头盖脸地说了一句话：“大行皇太后临崩命我助摄政王，此顾命也，今诏中略不一及，是安可用？当别撰之！”意思是慈禧太后临终让我帮助摄政王，就是让我担任“顾命大臣”，现在诏书中对此一个字儿也没提，不行，你给我重写！

张之洞毫不含糊，他冷冷地说：“凡在廷臣子皆当为摄政王之助，岂得以此入诏？且太后弥留之际之洞在侧，实不闻此言。”[1]意思是说每一位朝廷大臣都有义务帮助摄政王，难道要一一写进诏书！再则，慈禧皇太后弥留之际我就在跟前，压根儿没听说有这句话。溥伟当场就哭了，一边挥泪，一边把军机大臣骂了个遍。

溥伟哭着去找他的姑姑荣寿公主。读者可能疑虑，皇帝的女儿才是公主，溥伟的姑姑怎么会是公主？原来，溥伟的姑姑不到十岁就过继给慈禧太后，不是一般的养女，确实履行了过继、册封的手续，打小长在宫里，封为公主，是大清朝最后一位公主。

荣寿公主长大之后被指婚下嫁，但很快成了寡妇，从此陪伴慈禧太后一生，是绝对的太后心腹，当然，耳濡目染，也学了慈禧飞扬跋扈的作风，听了侄子的哭诉，立即传轿，来见载沣。听说堂姐来见，载沣顿时头疼，但不敢不见，见面之后小心翼翼地请教有何贵干。

“小五！你大喜啊！我给你道喜来了！”国丧之中，何来大喜？荣寿公主阴阳怪气，话里有话。载沣心里直打鼓，虽说是寒冬时节，但头上的汗立即淌了下来。因为载沣排行第五，所以，近支长辈都叫他“小五”。

“你儿子做了皇帝，你当了摄政王，你哪辈子修来的福分！你昏了头

① 胡思敬：《国闻备乘》卷三，《溥伟争位》，新昌胡思敬退庐民国十三年刊。

吧！”以此为开端，荣寿公主拿慈禧的丧礼做幌子，横挑鼻子竖挑眼，大骂载沣丧良心，对慈禧不孝。本来，中国自古就有姑娘回娘家闹丧的习俗，所以，载沣被骂得体无完肤，急得直跺脚但插不上嘴。末了，荣寿公主骂累了，撇下气鼓鼓的载沣，扬长而去。

载沣成了监国摄政王，还未体会到大清国国家元首的尊严，先受了这样一场窝囊气，正愤愤不平之际，太监前来报告，说隆裕太后召见。

隆裕太后是光绪皇帝的皇后，刚刚晋升为太后，她是慈禧太后的侄女，说起来也是个苦命人。她经姑妈慈禧太后指婚嫁给光绪，但光绪对她十分厌烦，一辈子没有亲近她，甚至一年到头不跟她说一句话。慈禧对这位侄女兼儿媳妇不仅不加以同情，反而也很厌烦，因为在慈禧看来，侄女不得光绪的宠，说来说去都怪她自己不努力、不上进——连个爷们儿也摆不平，所以，慈禧临死的时候放着现成的垂帘听政制度不用，反而用载沣摄政，把她给晾在一边了。

光绪、慈禧先后撒手西归，隆裕太后整日以泪洗面，这时，一个令她芒刺在背的消息传来了。原来，载沣当上了监国摄政王，朝廷大臣中立即就有人趋炎附势，建议载沣夫妇住进紫禁城，一则便于照顾溥仪；再则，载沣每天早上也可以免去做“上班一族”的辛苦了。载沣的王府在什刹海畔、鼓楼西边，每天上朝下朝路上得走很长时间，安全、警卫上的压力不小。载沣接到建议，还没来得及批示，隆裕太后得到消息顿时火冒三丈。她想载沣夫妇一个皇帝生父、一个皇帝生母，一旦进宫，那不就成了紫禁城的主人吗？自己这个太后是不是显得特多余？所以，立即召载沣前来，要跟载沣讨个说法。

载沣赶来宫中，隆裕跟他又哭又闹，载沣听了半天，方才明白事情的原委，立即指天画地，赌咒发誓，表示他们夫妇肯定不进宫居住，宫中就是太后的天下。载沣满头大汗、结结巴巴、顿足捶胸地解释了半天，隆裕方才止住哭声。

载沣出了隆裕的寝宫，内务府官员又来请示，说溥伟跑到内务府大闹，要总理慈禧的丧礼，请示如何应付。内务府官员又补充了一句，说溥伟拎着一口刀，张牙舞爪、气势汹汹，吓得内务府官员个个不敢出面。

“反了！溥伟拎刀进宫，各宫门侍卫为什么不加拦阻！”载沣怒气冲冲地质问。内务府官员解释说，溥伟的这把刀是道光皇帝赏给溥伟的爷爷恭亲王奕䜣的，当年奕䜣就佩带这把宝刀进宫，大内侍卫弄不清楚溥伟佩刀的合法性，不敢拦阻，请示摄政王如何应对。

载沣听内务府官员叫他“摄政王”，跺脚说道：“摄政！摄政！头脚一起痛！”

大清朝到了最危险的关头

其实，跟严峻的国内形势相比，这些烦恼不过是鸡毛蒜皮的小事儿，真让载沣忧心忡忡的是王朝的命运。

表面上看，经过19世纪末那一系列的大事变——甲午战争、戊戌政变、义和团运动、八国联军侵华，此时的王朝局面相对稳定，国内的经济有所复苏，国家各项改革逐渐推进，大清朝正缓慢地向资本主义体制转变。在这一过程中，人民的生活水平、国家的经济实力都得到了一定的提高；此时距离第一次世界大战的爆发只有六年的时间了，国际列强之间的矛盾早就白热化了，哪里有更多精力来扩大在华势力？所以，外患的压力也稍有减轻。由此看来前途尚不悲观，但了解情况的人都知道，清王朝此时恰恰到了最危险的时刻。

跟明朝末年不同，此时王朝的危机不是来自人民吃不上饭、没有土地耕种，也不是来自异族的武力入侵，此时的王朝危机就四个字——人心丧尽。

所谓“人心”是看不见摸不着的东西，正因如此往往被统治者忽略，但民心向背的力量堪称排山倒海，威力无穷。所以，唐太宗曾把人民比作水，把统治者比作舟，说水可载舟亦可覆舟，真是一句千古名言。此时清政府遭到中国人民唾弃的原因不外有两点：腐败、卖国。众所周知，清政府腐败由来已久，卖国也不是一天两天，为什么此时把全国人民得罪了呢？必须承认，时代进步了，随着教育的普及、新闻监督的出现、西方理念的输入，人民对政府的要求也越来越高，政府很难再像以往那样愚弄百姓，而清政府不能与时俱进，反而更加腐败、卖国，在这种情况下，以中国之大，还有几个人对这个王朝抱有信心呢？说它人心丧尽一点儿都不过分。

拿当时人所共知的大贪官庆亲王奕劻做典型解剖一下，看这个政权腐败到什么程度，就能理解清政府人心丧尽的原因了。

奕劻靠着自己的宗室身份和兢兢业业的努力，从光绪十年（1884 年）起主持清政府的外交机构——总理各国事务衙门。众所周知，晚清中外交往越来越多，这个衙门也越来越重要，奕劻逐渐成了慈禧的心腹，光绪二十年（1894 年）晋封为庆亲王。光绪二十七年（1901 年），经过长时间的谈判，奕劻作为清政府的代表跟国际列强签订了《辛丑条约》。这是一个把中国完全沦为半殖民地社会的空前的卖国条约，但签约的消息通过电报传到西安，流亡中的慈禧太后喜出望外，原来，八国联军终于同意不追究她利用义和团的责任，这样一来，奕劻算是给她立了大功。所以，光绪二十九年（1903 年）荣禄去世，慈禧任命奕劻担任首席军机大臣，让他坐上了一人之下万人之上的位置。

慈禧的任命尚未正式发布，消息灵通的直隶总督袁世凯的主攻目标立即转向了奕劻，他派亲信送来了一张十万两白银的支票，并跟奕劻说：“在军机处办事的人，每天都得进宫，伺候在老佛爷左右的许多太监们，一定向王爷道喜讨赏，这一笔费用也就可观，所以这些不过作为王爷到任时的零用而已，以后还得特别报效。”[1] 从此，袁世凯月月派人送钱，逢年过节还有格外的孝敬，甚至王爷福晋生日宴请唱戏的费用、少爷小姐娶妻出嫁的支出、生孩子办满月的开销，全拿到直隶总督府报销，这就是所谓“特别报效”。奕劻实际上被袁世凯包养了，成了袁世凯的工具。

奕劻欲壑难填，袁世凯的“包养”并没有使他满足，既然位极人臣，大权在握，自然拼命捞钱。奕劻捞钱的渠道主要是卖官。读者可能疑虑，清政府不是公开卖官吗，明码实价，阳光交易，何必偷偷摸摸到奕劻家里去买？原来，清政府卖官大多是卖虚衔，并且只能卖到知府一级；而奕劻不同，他卖的全是实职肥缺，而且，只要出得起钱，他连一品大员都能卖。《十叶野闻》这部作品中有两个生动的例子：

有一位叫陈璧的道员，本来升迁无望，穷困潦倒，但孤注一掷，靠贷款送给奕劻几万两白银，又拜奕劻做干爹，哄得奕劻晕头转向，结果被提升为侍郎，后来又被任命为邮传部尚书，主管大清国的铁路、邮政、海运，肥得流油。

还有一个官员叫陈夔龙，夫妻二人分别拜奕劻为干爹，所以，陈夔龙既是奕劻的干儿子，又是干女婿。陈夔龙公务繁忙，就让妻子常驻在庆王府替他尽孝。奕劻早起上朝，冬天冷，干女儿陈夫人就把朝珠放在怀里暖热了再挂在干爹的脖子上。当然了，陈夔龙知道干爹是见过世面的人，所以，在用这些小手段的同时，也奉上大笔金钱。奕劻数钱数到手发软，居然跟陈夔龙说：“尔亦太费心矣，以后还须省事为是。”陈夔龙立即“义正词严”地反驳说：“儿婿区区之忱，尚须大人过虑，何以自安？以后求大人莫管此等琐事！”[2] 陈夔龙的心血没有白费，他后来被奕劻抬举到直隶总督的地位，做了中国封疆大吏的领袖。

---

① 杜春和等编：《北洋军阀史料选辑》上册，中国社会科学出版社，1981 年，第 37 页。

② 许指严：《十叶野闻 · 老庆记公司》，载于章伯锋等主编：《近代稗海》，第 11 辑，四川人民出版社，1988 年，第 116~120 页。

奕劻是个细大不捐的人，大钱小钱通吃，他主持政府工作，王府门庭若市，官员进门，哪怕去办一件例行公事，也得给看大门的家丁几十两银子的“门包”，不然的话干脆进不去门。这些“门包”积少成多，到了月底奕劻跟家丁按比例分成——他就贪婪到这种程度。曾有御史揭发奕劻，慈禧太后指示查办，但奕劻把钱存进外国银行，查办大员去了两次全吃了闭门羹：一次是礼拜天，外国人休息；第二天再去，外国人得知来意，说奕劻在银行存没存款、存多少是商业秘密，银行要替储户保密。查办人员一筹莫展，最后不了了之，但举国上下都知道奕劻是一个贪婪到了极点的腐败官员。

一人之下万人之上的奕劻如此腐败，清朝官场的风气可想而知。当时国家御史报告载沣，说大清国现在是“政以贿行，官以私进”，就是说国家机器靠贿赂来运转，任用官员凭的是私人关系的亲疏远近。而且，各级官员彼此送来送去，当然不会自掏腰包，说到底都是民脂民膏。

普通人民最苦、最无助，但他们也不甘心成为贪官污吏案板上的鱼肉，他们想方设法抵制官吏的盘剥，甚至起来反抗。面对中国人民的反抗，四面楚歌的清政府只好靠出卖民族权益来换得外国的扶持，甚至说出了“量中华之物力，结与国之欢心”“宁赠友邦，不与家奴”那样的自绝于中国人民的话，逐渐走上了跟中国人民彻底为敌的道路。

这样一来，清政府与中国人民的关系越来越紧张，以致形成了一种“恶性循环”：清政府越是腐败、卖国，越是招致中国人民的反对；中国人民越反对清政府，清政府越是卖国；结果必然导致更激烈的反抗。中国人民完全不相信这个政府能给中国带来希望，更何况孙中山在国外鼓吹推翻清朝，建立共和国，得到越来越多人的响应。此时的形势正如孙中山判断的那样：只要星星之火就能在政治上造成燎原之势，[①] 中国缺的就是“星星

① 孙中山：《中国问题的真解决》，《孙中山选集》上卷，人民出版社，1956年，第63页。

之火”。

由此可见，清王朝的命运真是到了最危险的关头。

摄政王的“三把火”

实事求是地说，载沣虽然个性偏软，但头脑并不糊涂，国家形势到了这个地步，如何挽救姑且不谈，当务之急是自己站稳脚跟。

面对以溥伟为首的近支亲贵的挑战，载沣采取了两个措施：一是责成陆军部分工协作，严把宫门，确保内廷安全。二是发布谕旨，以宣统皇帝的口吻发出严厉的警告：“军国政事均由监国摄政王裁定，是即代朕主持国政，黜陟赏罚，悉听监国摄政王裁度施行。自朕以下，均应恪遵遗命，一体服从。”然后，有针对性地指出：“懿亲宗族尤应懔守国法，矜式群僚。嗣后王公百官倘有观望玩违暨越礼犯分、变更典章、淆乱国是各情事，定即治以国法，断不能优容姑息。”[①] 看了这道谕旨，王公们都知道这是针对溥伟的，溥伟自然也心知肚明，好在几天来上蹿下跳，气儿也撒得差不多了，而且，载沣托人转告了如果规规矩矩，依然可以重用他的意思，所以，溥伟就不闹了。

随即，载沣趁热打铁，制定了“监国摄政王礼节”，颁发全国，规定监国摄政王代行皇权、任免官吏、统率全国海陆军、主持与各国订约遣使等，[②] 总之，在法律层面上确立了至高无上的地位。

在宣布了自己至高无上的地位后，载沣也急于缓解矛盾，转变人民百姓对清政府的印象，重新树立王朝的威信。根据《宣统政纪》记载，光绪

① 《清实录·宣统政纪》卷一，光绪三十四年十月己卯，中华书局影印本，1987 年。

② 《清实录·宣统政纪》卷三，光绪三十四年十一月壬寅，中华书局影印本，1987 年。

三十四年（1908年）十一月，他发布谕旨，以溥仪的名义提出了一个前所未有的口号——“为民造福”。载沣表达了对人民苦难生活的同情和对贪官污吏、土豪劣绅的痛恨，严格要求地方官“激发天良”，为民造福，比如兴办教育、筹划民生、移风易俗，让百姓过上康乐幸福的生活，如果贪赃枉法、鱼肉百姓，一定从重惩办，不稍宽贷。[①] 此外，载沣还停了各省对皇家的贡献，削减了皇室经费，他希望以身作则，带动官场风气的转变。

载沣尽量表现出亲民的形象，他下令及时赈济灾民，豁免灾区的赋税。执政初期，得知吉林府有一位叫陈九龄的老人，已经年过百岁，立即让地方官前去祝贺，送去了粮食、肉等礼物。不久，他又听说河南省有两位产妇分别一胎产下了三个男孩儿，也指示地方官前去慰问，送去了米、布等慰问品。[②] 此外，载沣勤于政事，每天批答奏章，对地方官的意见十分重视。

实事求是地说，载沣的这些举措远不足以扭转百姓对清王朝的恶劣印象，形势逼迫他采取更大的动作。对此，载沣自己也清楚，假如他敢于清算大贪官奕劻，朝野上下肯定对他刮目相看了。

载沣要拿谁开刀

载沣确实认真地考虑过清算奕劻这事儿，其实，即使没有贪污腐败的事实，按照一朝天子一朝臣的惯例，奕劻也应该被清洗。这不仅有助于缓

① 《清实录·宣统政纪》卷三，光绪三十四年十一月乙巳，中华书局影印本，1987年。

② 分见《清实录·宣统政纪》卷三，光绪三十四年十一月戊戌；《清实录·宣统政纪》卷二七，宣统元年十二月乙酉，中华书局影印本，1987年。

和政府跟人民的矛盾，树立新统治者的威信，而且，奕劻毕竟在晚清官场摸爬滚打了几十年，尤其是最近几年主持政府工作，垄断了巨大的权力，清洗奕劻可以把这些权力一股脑地接收过来，载沣怎能不动心。

然而，载沣敢于对奕劻下手吗？

经过深思熟虑，载沣不得不承认，他动不了奕劻。

比如，以什么名义清算奕劻呢？当然不能以肃贪的名义清算奕劻，因为按照大清国的惯例，做官做到奕劻的地位，只要不谋反、谋大逆，基本获得了安全保障，经济问题对奕劻来说不是大问题；再则，大清国有几个清官？各省督抚有几人没向奕劻行贿？掌握实权的皇族成员有几个是干净的？要是纠缠奕劻的经济问题，恐怕最后载沣自己都无法收场下台。载沣不收钱，但他知道自己的福晋和母亲背着他收了很多官员的钱，载沣既怕老婆又不敢不听妈妈的话，试问连自己家里的贪污受贿都管不了，还能清算奕劻的腐败？

再则，真把奕劻赶下了台，收缴了他的权力，能够用好这些权力吗？载沣一点儿把握都没有。他毫无政治经验，也没有可以信赖的亲信集团，一旦大权在握，心里没底儿。且不说中国各省的督抚能不能听命于自己，就是近支亲贵都敢跟他歪脖子瞪眼，溥伟贼心不死，隆裕太后也觊觎垂帘听政的地位，不断跟他制造麻烦，万一这些野心勃勃的人联合起来，搞出一场政变，他们父子的身家性命难保。想当年溥伟的爷爷恭亲王奕䜣联合慈禧太后发动辛酉政变，把咸丰帝临终安排的顾命大臣送上了断头台，一想到这一点，载沣心惊肉跳，夜不能寐。

在这种情况下，不能说奕劻毫无用处。此时皇族中的“奕字辈”已经凋零得差不多了，奕劻就算辈分最高的了，倚老卖老，年轻的亲贵至少面子上不能不买账，所以，奕劻还有调和亲贵的用处，是各种矛盾的一个缓冲。从这个角度来看，奕劻的存在反而对载沣有利。况且，奕劻此时已经年过七旬，来日无多，唯利是图，只求保住地位，已无更多野心，既然如

此，何必剑拔弩张，搞得你死我活？

这样一来，就不能动奕劻了，但是，俗话说一朝天子一朝臣，不拿个前朝旧臣开刀，新统治者的权威如何确立？

经过苦思冥想，载沣终于选定了一个“开刀”的对象，他反复权衡，感觉这个打击对象真是一个最合适的选择。或许是为了使自己的计划得以顺利实施，光绪三十四年十一月二十六日（1908 年 12 月 19 日），载沣做出了一件异乎寻常的举动，将奕劻的王爵晋封为“世袭罔替”。[①] 奕劻飘飘然又有点儿不知所以然，稀里糊涂地成了“铁帽子王”，不知载沣打的是什么算盘。

上谕发布，朝野震动，那些对载沣抱有希望的人十分愤懑。御史江春霖上折力争，指责奕劻执政以来贪污受贿，致使奔走钻营成为官场风气，摄政王不能用君子、退小人，庆记公司又将门庭若市，宵小之徒必将弹冠相庆，要求载沣三思而行，实际上就是指责载沣用人不明、赏罚不当。但载沣此举可能是为了稳住奕劻，让他对自己感恩戴德，因为他已经选定了一个重量级的打击对象，一场政治风波即将掀起，他需要奕劻的配合，至少要他保持中立。

哪个人将成为载沣的打击对象？载沣能顺利实现自己的目的吗？这对王朝政局和溥仪的命运又会产生怎样的影响呢？

① 《清实录·宣统政纪》卷三，光绪三十四年十一月戊申，中华书局影印本，1987 年。

第四章 罢黜袁世凯

一代枭雄袁世凯从官僚地主子弟成长为晚清军界、政界的新星，又成为独当一面的封疆大吏，他靠什么飞黄腾达？在他发迹的过程中，扑朔迷离的“戊戌告密”一案真相究竟如何呢？

载沣决定以袁世凯为对象，抡起王法的巨斧，整顿朝政，树立威信。对此，朝廷中各位实力派人物是什么态度呢？载沣能达到目的吗？这对晚清政局产生了怎样的影响呢？

载沣“新官上任”，要整顿朝政，加强集权，但又不敢对庆亲王奕劻开刀，于是他选择了另一个打击对象，决定拿他做典型，来显示决心，树立权威。这个打击对象就是袁世凯。

袁世凯是个什么样的人呢？

袁世凯的发迹之路

在中国近代史上，袁世凯真是大名鼎鼎，一般人都耳熟能详。他出生于咸丰九年（1859 年），河南项城人，字慰庭（也作慰廷、慰亭），本来是官僚地主家的子弟，多多少少也读过些书，但坐不住冷板凳，更缺乏读书做学问的素质，所以屡试不中。光绪五年（1879 年），袁世凯乡试落第，一怒之下把书籍文稿付之一炬，放弃了学而优则仕的幻想，打算花银子买官，直接进入仕途。

晚清时代，官场如同市场，官衔明码标价，公开出售。袁世凯当然想捐一个有职有权的肥缺，无奈清政府报价较高，袁世凯囊中羞涩，只好捐了一个“中书科中书”的虚衔。他不甘心，东挪西凑，进京活动，结果目的没有达到，反而把带去的银子赔进了北京的赌场，垂头丧气地回了河南老家，又跟家族的人闹得很僵，无奈之下，袁世凯索性于光绪七年（1881

年）投奔到淮军将领吴长庆的军营，做了一名文案。人们不得不佩服袁世凯的魄力，在当时社会上流行着一个观念——好男不当兵，好铁不打钉，做个“丘八”天生低人一等。

谁能想到，这成了袁世凯发迹的起点。吴长庆的部队很快调往朝鲜驻扎，袁世凯在朝鲜十多年间，无论是筹饷还是练兵，无论是处理中朝关系还是谋划国家战略，都显示出过人的手段和长远的眼光，他终于进入了权倾朝野的直隶总督李鸿章的视野，成为晚清军界、外交界的后起之秀。甲午战争后，袁世凯在天津小站附近建设新军，仿照德国军制，建设了一支名为“新建陆军”，俗称“北洋军”的现代化武装，他因此成为手握兵权的实力派人物，光绪二十三年（1897 年）晋升为直隶按察使，依然专管练兵。

袁世凯善于投机，在光绪二十四年（1898 年），他做了一次影响王朝命运、影响中国近代历史走向，当然，也改变他一生命运的大投机。

原来，鉴于国家形势的危急，在康有为的推动之下，这一年光绪帝掀起了一场轰轰烈烈的戊戌变法。袁世凯赞助变法，出钱出力，跟康有为称兄道弟，成了一名朝野公认的“维新志士”。有这样一件事儿能看出袁世凯对维新运动的热情和投入，据吴永《庚子西狩丛谈》记载，当时，维新派看李鸿章碍手碍脚，想搬开这块“绊脚石”。袁世凯不怕讨人嫌，自告奋勇，前去劝说当年的老上司退休让贤。李鸿章大怒，立即起身将袁世凯驱逐出门，然后对身边的人说：“袁世凯，尔不知耶，这是真小人！”

然而，随着戊戌变法的深入，来自慈禧的压力越来越大，变法举步维艰，光绪帝自身难保。在走投无路的情况下，光绪帝和康有为都把希望寄托在手握军权的袁世凯身上，光绪连续召见袁世凯，提拔他为侍郎；而康有为更是谋划出一个惊天的计划——由袁世凯率兵包围颐和园，除掉慈禧太后。

维新派真是胆大包天，到底是什么原因使他们敢于把维新大业的前途和自己的身家性命押在袁世凯身上？其实，一则此时的维新派已经山穷水尽，别无善策；再则此前袁世凯巴结维新派，给对方留下了较好的印象；而且，袁世凯在给康有为的一封信中说过“赴汤蹈火，亦所不辞”这样一句话。[①] 康有为毕竟是书生出身，他信以为真，于是力排众议，拍板决策，派谭嗣同前去游说袁世凯。

光绪二十四年八月初三日（1898 年 9 月 18 日）深夜，谭嗣同敲响了袁世凯居住的法华寺的山门。关于这次密谈，当事人袁世凯留有《戊戌日记》，是第一手资料；梁启超的《戊戌政变记》中也有相关记载，因其得自传闻，所以是第二手资料。经史学家杨天石先生考证，这两部作品都有不实之处，但比较而言袁世凯的记载可信度相对大一些。

据《戊戌日记》记载，谭嗣同首先表达了光绪帝对袁世凯的信任和重视，然后讲了光绪皇帝目前的危险处境，最后说出了政变的计划：请袁世凯杀掉直隶总督荣禄，然后出兵来京，包围颐和园。袁世凯惊得目瞪口呆，半晌才回过神来，他问：“围颐和园欲何为？”

谭嗣同说：“不除此老朽，国不能保！此事在我，公不必问。”所谓“老朽”无疑指的是慈禧太后。谭嗣同接着说他雇了几十个“好汉”，还从湖南召集了一些会党，负责除掉慈禧，只求袁世凯派兵围住颐和园，别的不用他管，最好连问也别问。

袁世凯深知此事风险太大，京津一带荣禄重兵驻扎，自己的部队不满万人，即使出兵勤王，也未必救得了光绪帝和维新派，弄不好还会祸灭九族，所以，他强调营中有枪无弹，长途奔袭，毫无胜算，话里话外表达了不配合的意思。

谭嗣同板着脸冷冷地说：“公之性命在我手，我之性命亦在公手，今

① 转引自侯宜杰著：《袁世凯全传》，当代中国出版社，1994 年，第 63 页。

晚必须定议！”说完解开了衣襟，挥起了蒲扇——天热。袁世凯斜眼一瞥，立即发现谭嗣同的腰部有些异常，估计别着一把手枪，看来自己被劫持了，怪不得谭嗣同口口声声说“公之性命在我手”。

据记载，袁世凯见事已至此，当然不敢断然拒绝，于是不着边际地东拉西扯，谭嗣同并未取得满意的结果，但袁世凯也没有让他彻底失望。[1]谈到下半夜，谭嗣同半信半疑地离开了法华寺……三天后，也就是八月初六日，慈禧太后宣布复出训政，软禁光绪帝、缉拿康有为，戊戌变法失败了。

无疑，袁世凯是可耻的告密者，连他自己都不隐讳这一点。传统观点认为袁世凯的告密导致了政变的发生，但后来史学家经过研究否定了这一点，因为八月初六日慈禧发动政变的时候只是下令捉拿康有为，没有下令捉拿谭嗣同；罪名是“莠言乱政”，没提“大逆不道”“图谋不轨”之类的罪名，可见慈禧此时尚不知维新派包围颐和园的计划，说明袁世凯尚未告密。史学家戴逸先生分析：袁世凯是事发当天在天津得知光绪帝失败的消息后，为了自保向荣禄揭发了维新派包围颐和园、劫持慈禧太后的企图。荣禄将这一消息转告慈禧之后，事态顿时升级，慈禧于八月初九日下令捉拿谭嗣同等人，次日宣布光绪皇帝“病重”，十三日，将谭嗣同等六人斩杀于菜市口。

尽管袁世凯的告密带有一定的被动性，但影响依然很坏，慈禧如果不知道维新派的政变密谋，谭嗣同等六人未必会血洒菜市口，而光绪皇帝的命运或不至于那样悲惨。康有为、梁启超逃亡海外，谭嗣同本来也有机会脱身，但他慷慨地说：“各国变法无不从流血而成，今中国未闻有因变法而流血者，此国之所以不昌也，有之，请自嗣同始！”[2]然后束手就擒，慷慨

① 袁世凯：《戊戌日记》，载于翦伯赞等编：中国近代史资料丛刊《戊戌变法》，第1册，神州国光社，1953年，第550~553页。

② 梁启超：《戊戌政变记》，中华书局，1954年，第109页。

就义。

袁世凯的反戈一击使他度过了这次宦海波澜，此后，他靠镇压义和团、向满洲贵族大肆行贿，当然，也凭着自己的才干、政绩而步步高升，历任山东巡抚、直隶总督、北洋大臣、军机大臣等要职，控制了北方的军政大权。当然，袁世凯因此跟流亡海外的康有为、囚禁在瀛台的光绪帝结下了血海深仇。据金梁的《四朝佚闻》记载，光绪帝在瀛台幽禁期间，每天在纸上书写袁世凯三个字，然后撕得粉碎。又有记载：光绪帝时常画一个乌龟，上面写上“袁世凯”，然后贴在墙上做靶子，拿箭来射，射得千疮百孔之后，再揭下来撕碎撒向空中。光绪帝看着纸片随风飘扬，口中念念有词。[①]

少壮亲贵要为国锄奸

长期以来，围绕着载沣清算袁世凯，一直有一个“为兄报仇”的传说。据说光绪三十四年（1908 年），光绪帝以三十八岁的英年含恨告别人世，结束了自己做傀儡、做囚徒的悲惨一生，光绪帝临终流着眼泪向弟弟载沣恳请：杀袁世凯为自己报仇！

1961 年，载沣的弟弟载涛写了一篇回忆录，其中说他从来没听说过这次兄弟相见，[②] 溥仪的《我的前半生》这部书也否认了这一点。[③] 而且，光绪帝至死都在软禁之中，不可能召见载沣，交代后事，所以，这一说法应该是凭想象杜撰出来的。光绪帝比载沣大十三岁，他四岁离开醇王府做了

① 吴永：《庚子西狩丛谈》，载于中国史学会主编：中国近代史资料丛刊《义和团》，第 3 册，上海人民出版社，1957 年，第 424 页。

② 载涛：《载沣与袁世凯的矛盾》，载于《辛亥革命回忆录》，第 6 册，中华书局，1963 年，第 324 页。

③ 爱新觉罗 · 溥仪：《我的前半生》，群众出版社，1964 年，第 23 页。

皇帝，那时载沣还没有出生呢，所以，他跟载沣之间并没有多少一般人想象的骨肉亲情，兄弟见面的机会很少，并且往往是在太监的监视之下见面，基本不可能说知心话。其实，载沣决定清算袁世凯是另有用意。

一方面，此时要求清算袁世凯的社会舆论汹涌澎湃，已经到了不容忽视的地步。

近十年来，袁世凯大要两面派，一手银子一手刀子，他对荣禄、奕劻等满洲亲贵奴颜婢膝、投其所好；对政敌栽赃陷害、残酷打击、毫不留情，以此换来了大权在握、权倾朝野的地位，但也结下了不少冤家苦主，就是一般的士大夫也对他嗤之以鼻。袁世凯跟曾国藩、李鸿章不同，人家毕竟给王朝立下大功，即使占据高位，手握大权，也不会有人不服气。而袁世凯凭什么飞黄腾达？还不是靠出卖光绪帝和维新志士来讨好慈禧，靠着搜刮民脂民膏来收买满洲亲贵。当然，慈禧在世的时候，有些话不便明说，现在慈禧死了，一朝天子一朝臣，顾忌没有了，所以，御史江春霖、赵炳麟等人上疏载沣，明确指出袁世凯变诈多端、善构骨肉、树植私党、包藏祸心、挟制朝廷，如果不加斥退，“他日必生意外之变”。[1] 其中“善构骨肉”一语说得非常尖锐，从字面上看，是说他善于在骨肉至亲之间挑拨离间，实际上暗指光绪受其害。

跟袁世凯有着深仇大恨的康有为更是在海外到处演讲，发表通电、檄文，宣称是袁世凯毒死了光绪皇帝，他上疏载沣，不容辩解地说：“先帝之丧苟有可疑，袁世凯固贼也；即无可疑，袁世凯亦贼也！”总之，光绪帝如果是非正常死亡，就是袁世凯杀的；如果是正常死亡，也是袁世凯害的。康有为甚至否认自己当年密谋策划包围颐和园、捕杀慈禧太后，说那全是袁世凯捏造的谎言，目的是陷害光绪皇帝，所以，请求载沣诛杀袁世凯，

---

① 转引自侯宜杰著：《袁世凯全传》，当代中国出版社，1994 年，第 167 页。

"为先帝复大仇，为国民除大蠹"！[①] 平心而论，清洗袁世凯绝不是什么满汉之争，汉族士大夫扳倒袁世凯的愿望远远比满洲贵族更迫切。

另一方面，载沣清醒地认识到，自己作为监国摄政王，要想大权在握，袁世凯是一个障碍。

此时的袁世凯处于军机大臣的重要地位，收买了元老重臣奕劻，袁世凯拿奕劻做挡箭牌，奕劻离不开袁世凯的金钱，二人组成了一个利益集团，排斥异己，垄断朝政；北京周围新建陆军一共六镇，其中五镇是袁世凯的部队；东三省、直隶、山东的总督、巡抚大多是袁世凯的心腹亲信，不夸张地说，袁世凯实际上控制了清政府北方的军政大权。当时，近支皇族中也有人警告载沣："从前袁所畏惧的是慈禧太后，太后一死，在袁心目中已无人可以钳制他了，异日势力养成，消除更为不易，且恐祸在不测。"[②] 同时，还有御史向载沣揭发，说袁世凯密谋拥戴隆裕太后垂帘听政，赶载沣下台。至此，载沣下定了清算袁世凯的决心。

把袁世凯清算到什么程度呢？年轻的满洲贵族们意见一致——杀！然而，载沣冷静之后稍加研究，立即发现了一个绝大的难题——以什么罪名杀袁世凯呢？

毫无疑问，袁世凯最遭世人痛恨的是在戊戌变法中告密，造成光绪皇帝的悲剧结局，但如果以这个理由杀袁世凯必然牵连慈禧太后和载沣的岳父荣禄。试问告密者该杀，接受告密者该当何罪？更何况载沣父子的地位都是慈禧的安排，他没有胆量否定慈禧太后，所以，在这个问题上，载沣只能哑巴吃黄连有苦说不出，结果便宜了袁世凯。

能不能以贪污腐败的罪名杀袁世凯？结论依然是不能。因为如果追究

---

① 康有为：《上摄政王书》，载于汤志钧编：《康有为政论集》上册，中华书局，1981 年，第 639 页。

② 载涛：《载沣与袁世凯的矛盾》，《辛亥革命回忆录》，第 6 册，中华书局，1963 年，第 324 页。

他的经济问题，必然牵连出被袁世凯喂饱的众多满洲贵族，首当其冲的就是庆亲王奕劻。如前所述，此时的载沣刚刚上台，地位不稳，很多满洲亲贵心中并不佩服载沣，在这种情况下，载沣不敢拔出萝卜带出泥，搞得难以收场。这样一来，袁世凯虽然是“国人皆曰可杀”，却举不出可杀之罪，载沣一筹莫展了。

但是，年轻的满洲贵族毫不气馁，他们跟载沣说：袁世凯天天上朝，他身边当然有警卫随从，但进了紫禁城之后就是他孤身一人，干脆先杀掉了再说。按说可以由御前侍卫动手，但恭亲王溥伟自告奋勇，拿来了家传的宝刀——当年道光皇帝赏给溥伟的爷爷——皇六子奕䜣的宝刀。溥伟夸夸其谈，说这是清朝开国元勋多铎的佩刀，已经两百多年未曾杀人了，他刚找磨刀师傅给重新开刃，宝刀不老、锋芒毕露，况且这把宝刀传自道光皇帝，是先斩后奏的权力的象征，现在他要手刃袁世凯，为国锄奸！说到激动处，溥伟手舞足蹈，而载沣心里则凉飕飕的。

庆亲王的眼泪

载沣十分矛盾，他同意杀袁世凯，但他是个循规蹈矩的人，希望通过合法的程序办成一个“铁案”，从而对天下做个交代。现在看举不出可杀之罪，而年轻亲贵杀气腾腾，这哪里是为国锄奸，简直是一场政变，这超越了载沣心理承受的极限，而且，他也担心那些不知天高地厚的年轻亲贵做出什么越轨的行为，万般无奈，他决定召集军机大臣，研究一下该怎样处理袁世凯。年轻亲贵得知消息，气得直跺脚，这种事情只有用非常手段断然处置，哪能放到桌面上研究！确实，后来的历史表明，这是载沣走的一步臭棋。本来，中国帝王拥有生杀大权，载沣不是帝王，但有帝王的权威，他不用这一权威，反而要“发扬民主”，他有信心获得军机大臣的支持吗?

军机大臣应召而至，具有戏剧性的一幕是袁世凯本人也是军机大臣，但被拦在了门外，没让进门。其余四位军机大臣分别是被袁世凯喂饱了的庆亲王奕劻、跟袁世凯拜把子的世续以及年逾七旬的张之洞和鹿传霖。载沣盘算，只要张之洞和鹿传霖支持自己，就胜券在握了。

听说要杀掉袁世凯，奕劻、世续两位满洲贵族立即感到兔死狐悲，奕劻说:“此事关系重大，请王爷……”奕劻哽咽着说不下去了，索性哭了起来。载沣一时不知如何是好，他结结巴巴地劝慰奕劻，请他赶紧止住哭声。载沣明白了，处理袁世凯的方案将遇到巨大的阻力，所以，他把目光转向须发皆白的张之洞，他知道张之洞没有被袁世凯收买，而且，张之洞素来看不起“不学有术”的袁世凯，二人之间多多少少有些矛盾。

此时的张之洞心里冰凉，虽说他素来瞧不起袁世凯，但国家大臣说杀就杀，这个先例一开，以后那些无法无天的满洲亲贵不知能干出什么胆大包天的勾当，必须阻止。他稍加思考，斩钉截铁地说:“主少国疑，不可轻于诛戮大臣!”[①] 张之洞的这句典故出自《史记》，意思是君主年幼、国家动荡、政局不稳，不能自相残杀，自坏长城。张之洞的表态立即让奕劻止住了哭声，他恶狠狠地说:“杀袁世凯不难，不过北洋军如果造起反来怎么办!”[②]

载沣一下子被孤立起来了，虽说他是监国摄政王，但既没有胆识，也缺乏谋略，不过，载沣手中还有一张牌，那就是隆裕太后，他表示太后也主张严办袁世凯，为夫报仇，所以，希望大家变通一下。不料奕劻反唇相讥，说太后不能干预国政，不然的话不就是垂帘听政了吗?载沣无言以对，又不甘心放过袁世凯，最后还是张之洞给打了圆场，结果双方妥协，

① 载涛:《载沣与袁世凯的矛盾》，《辛亥革命回忆录》，第6册，中华书局，1963年，第324页。

② 爱新觉罗·溥仪:《我的前半生》，群众出版社，1964年，第23页。

载沣不再主张杀袁世凯，而奕劻等人同意将袁世凯撤职，至于撤职的上谕如何措辞，尚待斟酌。

摄政王放虎归山

就在载沣召集军机大臣研究处理袁世凯的同日，袁世凯跑了。

自打光绪帝驾崩，袁世凯就处在心惊肉跳之中，不断接到来自各方面的警告，已经感觉凶多吉少。这天被拒绝在军机大臣的会议之外，又听说奕劻在会场痛哭流涕，自我判断最危险的时刻到来了，丧魂落魄地赶回家中，换了一身旧棉袍，用围巾遮住大半个脸，由一个老家人陪同，冒着刺骨的北风，步行来到前门火车站，买了张“三等车”票，登上了开往天津的火车。抵达天津之后，住进了旅店。

袁世凯出逃的目的是什么？显然，不是像奕劻恫吓的那样要策动北洋军造反，要是那样的话他就直接前往段祺瑞的军营中了。史学界普遍猜测袁世凯是想从天津出逃，前往国外避难；退一步说，即使出逃不成，也能在外国租界中躲避清政府的制裁。

袁世凯下落不明，清政府也是一头雾水，为此，谣言四起，有人说他已经畏罪自尽，有人说他已经被秘密处死。军机大臣世续亲临袁世凯在北京的住所，晓以利害，软硬兼施，从袁世凯的儿子口中问出了下落，立即打电话到天津，保证袁世凯的生命安全，命令他立即回京。袁世凯见行踪暴露，更主要的是已经得到了安全保证，所以，返回了北京。

袁世凯的这一举动非同小可，在封建社会里有一个观念：一则，君叫臣死臣不敢不死，朝廷要惩治袁世凯，他只有束身待罪，听候发落，但他居然擅自出京避难，可见胆大包天，用心险恶；再则，身居高位应该宠辱不惊，保持一种高贵的气度，而袁世凯仓皇出逃，丢尽了颜面，一想到这里，袁世凯就有一种灰溜溜的感觉。

光绪三十四年腊月十一日（1909年1月2日），罢黜袁世凯的上谕发布了，载沣本来想在上谕中加上这样一句话："跋扈不臣，万难姑容"，[①]但奕劻等人坚决反对，最后，上谕宣布："袁世凯夙承先朝屡加擢用，朕御极后复予懋赏，正以其才可用，俾效驰驱。不意袁世凯现患足疾，步履维艰，难胜职任。袁世凯着即开缺回籍养疴，以示体恤之至意。"[②]这样一来，罢黜袁世凯变成了让其回籍养病，这就为他随时东山再起埋下了伏笔。袁世凯私自逃往天津也未受到追究，他向载沣叩头谢恩，然后灰溜溜地回到了河南家乡。袁世凯离开北京的时候，场面十分冷清，只有个别亲信前来送行，几个随从吃力地把一个很大的箱子抬上火车，当时，没人知道这箱子里装的是什么。其实，这是一部在当时中国十分稀罕的无线电台，有了它，袁世凯即使在偏僻的河南家乡，依然可以跟他的军队和亲信密切联系。

表面上看，袁世凯作为"绊脚石"被搬开了，但正如当时人所说："世凯虽家居，而奕劻在政府，政无大小毕报，北洋官吏布满京外，唯世凯意旨是瞻。"[③]如此说来，载沣并没有除掉袁世凯这个心腹大患，反而把他推到了自己的对立面上。这对大清朝的国运来说，真可谓雪上加霜。

无疑，未能清除袁世凯的势力是载沣的失败。慈禧去世之后，留下了巨大的权威真空，这使得原本尚在掌控之中的袁世凯、奕劻势力集团顿时膨胀，不搬开这块绊脚石，载沣的威信无从确立；而且，奕劻唯利是图，袁世凯心怀叵测，如果坐视其为所欲为，必将出现袁世凯控制大清命运的严重后果。载沣看到了这一点，但他的能力却不足以使他达到目的，只能

---

① 中国人民大学清史研究所编:《清史编年》第12卷，中国人民大学出版社，2000年，第508页。

②《清实录·宣统政纪》卷四，光绪三十四年十二月壬戌，中华书局影印本，1987年。

③ 赵炳麟:《赵柏岩集》卷一，台北文海出版社，1969年，第5页。

坐视局面的发展。当时，满族亲贵表面上阴阳怪气地说载沣“忠厚”，背地里则大骂他糊涂无能，是个“窝囊废”。载沣到底是“无能”还是“忠厚”呢？这两点应该兼而有之。联想到辛亥年间袁世凯东山再起，眼含着鳄鱼的眼泪，用尽各种手段将清王朝推进了万劫不复的深渊，载沣应该抱恨终天吧。

读者可能会问：溥仪入宫当皇帝的时候年仅三岁，还没断奶，那么，现在断奶了吗？没有，溥仪自己说他九岁才断奶，但是，他毕竟在一天天地长大，转眼到了宣统三年（1911 年），溥仪六岁了，到了读书的年龄。摄政王给他选好了师傅，钦天监定下了开学的黄道吉日，大清朝又一位君主的塑造开始了。满朝大臣都希望培养出一个像尧舜那样伟大的君主，然而，谁能想到，就在溥仪开蒙读书的这一年，爆发了辛亥革命。溥仪是怎样懵懵懂懂地成了亡国之君的呢？当统治中国二百六十八年的大清朝最终谢幕的时候，发生了哪些惊心动魄的大事情呢？

第五章 六岁退位

时光荏苒，溥仪在成长，转眼到了1911年，六岁的他正式入书房读书，然而，恰在此时，一场统治危机骤然降临……

在民主浪潮高涨的20世纪初，监国摄政王载沣既不愿顺应潮流，又缺乏独裁专制的政治手腕，直到武昌起义爆发，在压力之下被迫起用袁世凯应对危机。袁世凯东山再起，大权在握，他真的会践行诺言，效忠大清吗？

大清朝走完了二百六十八年的历程，寿终正寝，跟历史上的改朝换代不同，溥仪依然保留着皇帝的地位与尊严，这是怎么回事呢？

放任的帝王教育

转眼到了宣统三年（1911 年），溥仪虚岁六岁了，按清朝皇家传统，皇子六岁入书房读书；溥仪不是皇子，是皇帝，也遵循这一惯例。钦天监推算出了皇上“开笔大吉”的日子；读书的地点选在中南海瀛台的“补桐书屋”。这里曾经是乾隆做皇子时读书的地方，据说院子里原来有两棵梧桐树，一天，一棵被风刮倒了，乾隆命人将被刮倒的梧桐树截取木料，做了四把琴，然后又叫人补种一棵，所以叫“补桐书屋”。

七月十八日（9 月 10 日）清晨，溥仪乘轿来到了补桐书屋，下轿抬头一看，只见不大的院子里顶翎辉煌，以载沣为首的朝廷大臣、近支亲贵聚集在这里，参加皇帝的“开学典礼”。

溥仪向载沣请安之后，进入书房就位。三位师傅登场了，鹤发童颜的陆润庠率领陈宝琛、伊克坦向溥仪行三跪九叩的君臣大礼，溥仪端坐不动。陆润庠是大学士，现在担任溥仪的“首席教师”，他的助手是年逾六旬的陈宝琛，伊克坦专门负责满语教学。三位师傅给学生磕头之后，伊克坦退到一边，因为溥仪要起立向两位汉族师傅还礼，伊克坦是满人，享受不到还礼的待遇。说是还礼，不过是起身拱拱手而已。

载沣开口讲话，先讲书房的规矩，让溥仪尊敬师傅，好好学习，然后表达对师傅的期许和鼓励，说完之后在官员们的簇拥之下甩手而去。授课开始，溥仪在正中的位置上坐好，三位师傅坐在溥仪的对面，还有几十名太监，他们鸦雀无声地站在室外，斜眼旁观。

陆润庠提笔写下了“天下太平”四个字，反复教溥仪朗读，然后在方格纸上描写，教溥仪怎样运笔。半个时辰之后，伊克坦教溥仪满语的发音，仅仅学了一个字母。第一天的教学带有象征性，很快，溥仪放学了。

溥仪在补桐书屋念了一个月的书，天气逐渐转冷，中南海地势空旷，寒风刺骨，实在不适合读书，就搬回了紫禁城，改在毓庆宫上课。毓庆宫是当年光绪皇帝读书的地方，在乾清宫的东边，离溥仪居住的养心殿不远，不用来回奔波了，而且设施完备，较为舒适。

陆润庠教溥仪不到一年就去世了，陈宝琛升格为溥仪的“首席师傅”。陈宝琛号称“福建才子”，是著名书法家、诗人。他二十一岁中进士，步入仕途，在同光年间直言敢谏，后来因得罪慈禧太后而被降级罢官，回乡隐居二十多年。他曾创办全闽师范学堂（今福建师范大学），是著名的教育家。慈禧去世后，经张之洞保荐，来到北京，接受山西巡抚的任命。载沣随即又改变主意，任命陈宝琛做儿子的师傅。

按说溥仪在这些饱学之士的培育之下，学业一定突飞猛进，其实不然。

师资条件虽然无与伦比，但其他不利因素太多，比如，溥仪已经是皇帝了，所以，缺乏学习的内在动力；再比如，众所周知，教育者和被教育者是一对矛盾，为了保证教育的效果，就需要给老师一定的权威，可是，在书房里最有权威的是学生，师傅见了学生要请安下跪，对学生不能批评、不能责打，连布置作业出题考试都一概豁免。一个六岁的孩子在没有动力、没有监督的情况下会自觉学习？可见，溥仪的教育充满了放任。

结果溥仪上了几天书房，新鲜劲儿一扫而光。据他回忆，他当时最感兴趣的是看蚂蚁搬家，毓庆宫院里有一棵老柏树，总有蚂蚁爬上爬下，溥仪上课上到一半儿，就跑出去看蚂蚁，一看就是半个时辰。太监跪在地上苦苦哀求，师傅苦口婆心地好言相劝，溥仪看够了，回到了课堂上。但即使在课堂上，溥仪也不大守规矩，据他回忆，有时把鞋袜全脱了，把袜子扔到桌子上，师傅帮他穿好，然后师生一起发呆，等待着下课时刻的到来。

导致溥仪的教育处于放任状态的重要原因还在于家长的不负责任。当年同治、光绪也是年幼登基，以皇帝的身份度过了十余年的书房生涯。对同治、光绪两位君主的教育也经历了很多波折，师傅为此伤透了脑筋，甚至让天子门生气得流泪。但当时皇帝上面毕竟有两宫皇太后，尤其是慈禧眼睛一瞪，小皇帝顿时像老鼠见猫。所以，师傅万般无奈，还可以找“家长”告状，让“家长”配合教育，但溥仪就没有这个条件了。

溥仪的家长就是他的父亲载沣，当爸爸的怎么会不管儿子的学习？

按例，载沣一个月来一次书房，检查溥仪的功课。每当载沣来到，溥仪照例起立念一段课文。溥仪回忆，他当时印象最深的是载沣帽子上的花翎老在不停地跳动，原来，不管溥仪念得怎样，载沣总是不断地点头，嘴里说着：“好好好！念得好，好好念。”然后起身离去。其实，此时的载沣已经被王朝命运的千钧重担压趴下了，整天焦头烂额，哪里还顾得上儿子的学习。

从预备立宪到武昌起义

面对国事如麻的形势，载沣的烦恼很多。作为最高统治者，他一直难以确立自己的权威，执政初期，曾把前朝重臣袁世凯撤职，但这事儿处理得有点儿“夹生”，一方面跟袁世凯集团撕破了脸；另一方面年轻亲贵要杀掉袁世凯的愿望没有实现，骂他“放虎归山”。结果权威没建立起来，载沣还落了个“猪八戒照镜子”——里外不是人。

载沣当然不会轻易服输，放弃建立权威的努力，但生不逢时，他偏偏赶上了中国近代空前的一次民主化浪潮——立宪运动。

原来，在20世纪初，中国资产阶级设计了两套救国方案：一是孙中山的共和国方案——推翻清朝统治，建立共和国；二是康有为的君主立宪方案——保留清朝的统治，但对其加以改造，实行君主立宪。由于孙中山和康有为均被清政府通缉，只能在海外华侨和留学生中发展，其主张在国内影响都不大，但到了光绪三十年（1904年），形势发生了转折。

这年在中国东北的旅大、辽沈地区，爆发了一场震惊世界的大战——日俄战争。新兴幼小的日本打败了老朽庞大的俄国，据说这是资本主义制度确立以来白种人第一次败于有色人种，日本在为自己打来了一顶响当当的"世界强国"的桂冠的同时，也把中国人给打醒了。

有识之士认识到，俄国跟日本最大的差距在于政体的不同：日本实行的是君主立宪，而俄国实行的是君主专制，为此，强烈要求清政府实行君主立宪制。所谓君主立宪是一种民主体制，皇帝之下设置内阁、国会，国家政务由内阁总理处理。在这种体制之下，皇帝是国家统一、团结的象征，作为一个"偶像"，手中没有什么权力。

当时，慈禧太后还活着，她根本不了解君主立宪是什么玩意儿，但立宪派声势浩大，振振有词，这激发了慈禧的求知欲，于是，派五大臣出洋考察宪政。经过八个多月的周游世界，光绪三十二年（1906年）六月底七月初，考察宪政大臣向慈禧太后提交了"考察报告"，结论是君主立宪是一种理想的政治体制，最大的利益是"皇位永固"。[①] 慈禧看后大喜，是啊！像英国女王、日本天皇那样确实是万世一系，谁听说过英国、日本的臣民要推翻皇室？太好了，利益太大了！慈禧立即拍板决策，同意在中国施行君主立宪政体。

其实，此时无论是考察宪政大臣，还是慈禧皇太后，并不真正了解君

① 中国史学会主编：中国近代史资料丛刊《辛亥革命》，第4册，上海人民出版社，1957年，第27页。

主立宪。君主立宪虽然具有使“皇位永固”的功效，但那是以放弃皇权为代价的。皇帝没有皇权，自然就没有责任，国家治理得好坏，全在总理大臣，闹得天怒人怨，大不了找总理大臣算账，跟皇帝没有一点儿关系，自然不会有人要推翻皇帝。

可是，要想让清朝皇帝放弃皇权，真跟要他的命差不多，大清朝的皇权是祖先打下来的，凭什么交给内阁？所以，慈禧弄明白这一节之后颇为后悔，但慈禧的聪明在于她宣布的是“预备仿行立宪”，并没有说立即实行立宪。而且，不久慈禧就死了，把这个“半截子工程”扔给了载沣。

载沣上台后，承诺继续推行君主立宪。众所周知，君主立宪是分权，载沣为了树立权威却要集权，二者背道而驰。而且，载沣集权的做法简直前所未闻，他有两个弟弟——六弟载洵和七弟载涛，宣统元年（1909 年）五月，载洵跟哥哥载沣求情，要子承父业，重建海军，载沣一口答应，任命载洵为海军大臣。

载沣知道，做哥哥的要一碗水端平，载洵的工作安排了，但载涛还没有个像样的差事，成天跟一些唱京剧的胡混，载沣的妈妈跟载沣的媳妇三天两头闹别扭，载涛在里面瞎掺和，有一次甚至拎着刀要杀嫂子，说是给妈妈报仇。[①] 所以，在任命载洵为海军大臣的同时，还任命载涛为管理军咨处大臣，相当于陆军的“总参谋长”。这年载涛刚满二十岁，就成了陆军的高级将领，试问军方将领谁心里不窝一口气！

载沣模仿德国的制度，宣布皇帝是陆海军大元帅；皇帝年幼，由他代行大元帅的职务。可见，载沣自任陆海军大元帅，两个弟弟分管陆海军，这种集权真是史无前例。他还重用了很多年轻的满洲亲贵，这班亲贵要资历没资历，要才干没才干，就知道吹胡子瞪眼胡搅蛮缠。此时毕竟不是康熙、乾隆的时代，不仅国势不振，而且西方思想大举输入，民主、平等的

① 笔者按：《国闻备乘》卷四记载：“福晋与老福晋争权，（载沣）坐视无可如何。载涛忿甚，操刀向福晋寻仇，几酿大变。”

观念开始灌输进人们的心田。在立宪派看来，载沣的集权是逆历史潮流而动，跟人民为敌的举动；就是朝廷中的汉族士大夫也瞧不起这班“暴发户”，因此跟朝廷离心离德，这样一来，清朝的统治基础实际上被削弱了。为此，张之洞没少向载沣提意见，不久，张之洞死了，载沣也听不到逆耳忠言了。

载沣集权激怒了立宪派。此时的清政府人心丧尽，立宪派急于实现立宪，把国家政权从清皇室的手中夺过来。他们认为在清皇室的领导下，中国人差不多就是被赶进屠宰场的猪羊，所以，急于当家做主，以致形成了一个矛盾怪圈：立宪派越是逼迫，载沣越是集权；载沣越是集权，立宪派越急于夺权。

从宣统二年（1910 年）春夏之交那个躁动的季节开始，立宪派向摄政王发起了轮番大请愿。请愿代表有的断指血书，有的要到北京“自焚”，闹得天翻地覆。在这种情况下，载沣不得不下诏同意在宣统五年（1913 年）召开国会，在召开国会之前设立责任内阁。应该承认，在争执较量中，双方都失去了理智。

宣统三年四月初十（1911 年 5 月 8 日），载沣签发上谕，废除了雍正年间设立的军机处，同时废除明朝以来设立的内阁，建立西方式的君主立宪的新内阁。然而，这是一个什么内阁？请看：内阁总理大臣是奕劻，包括奕劻在内的十三名国务大臣中，满族八人、汉族四人、蒙古族一人。而满族八人中，皇族就占了五人①——这是个地地道道的“皇族内阁”。

按说设立责任内阁本来是分君主的权力，但搞出个“皇族内阁”，明摆着不想放权于民，而且，不搞立宪，清朝官僚编制的分配是“满汉各

---

① 笔者按：“皇族内阁”人事安排如下：总理大臣 1 人，协理大臣 2 人，下设 10 部，总计阁员 13 人。分配如下：内阁总理大臣奕劻（皇族）；内阁协理大臣那桐、徐世昌（满汉各一）；外务大臣梁敦彦（汉人）；民政大臣善耆（皇族）；度支大臣载泽（皇族）；学务大臣唐景崇（汉人）；陆军大臣荫昌（满人）；海军大臣载洵（皇族）；司法大臣绍昌（满人）；农工商大臣溥伦（皇族）；邮传大臣盛宣怀（汉人）；理藩大臣寿耆（蒙古人）。

半”；搞了立宪，汉族官僚的比例缩小到三分之一，即使康熙、乾隆那样强势的君主也不敢做出这样的人事安排，所以，立宪派深感自己被朝廷捉弄了，顿时痛哭流涕。不仅是立宪派，连一般的汉族官僚也愤愤不平，他们发表通电，表示“皇族内阁”不符合立宪原则，要求朝廷收回成命。

然而，清政府不但不理会反对的声音，反而连续做出了火上浇油的举动。“皇族内阁”遭到了举国反对，但内阁成立的次日，却冒天下之大不韪，将本来允许商办的粤汉、川汉铁路收归国有，这触动了很多阶层的经济利益，四川人民立即掀起了声势浩大的保路运动，遭到血腥镇压。真是官逼民反，于是保路运动转变为武装起义。清政府不得不调湖北新军开赴四川镇压，然而，1911 年 10 月 10 日夜，湖北新军在武昌城里打响了辛亥革命的第一枪。武昌起义之后，对清政府绝望的湖北立宪派站到了革命党这边来，他们发表通电，宣布武汉“光复”，号召各省响应，电请中国同盟会总理孙中山回国主持大计。星星之火顿成燎原之势，清王朝的丧钟敲响了。

载沣彻底失败了

武昌起义的消息传到北京，满族贵族奕劻、那桐立即向载沣建议起用袁世凯应对危机，载沣当即拒绝了。面对载沣的疑虑，奕劻、那桐拍着胸脯以身家性命担保袁世凯绝对不会背叛朝廷，见载沣依然不为所动，二人宣布“请假”，实际上就是罢工。对全局缺乏掌控能力的载沣慌了手脚，他极不情愿地任命袁世凯担任湖广总督，负责镇压这次起义。

不料袁世凯的电报很快发到北京，他不接受朝廷的任命，理由是“足疾未愈”。袁世凯的真实意图是跟朝廷讨价还价，他暗中跟立宪派联系，同时指令开赴前线的北洋军消极怠战，不要急于扑灭革命军。

形势越来越危急了，革命的火焰在蔓延。继湖北之后，湖南、陕西、江西、山西相继发生起义或宣布脱离清朝独立，帝国主义列强虎视眈眈，北方清军军心浮动，很多地方官弃官而逃，载沣至此已经陷入灭顶之灾，在这种情况下，哪怕是一根稻草，对他来说都是救命的法宝。

在奕劻等满洲贵族和帝国主义列强的压力下，载沣跟袁世凯的讨价还价在持续着，载沣出价越来越高，九月十一日（11 月 1 日），载沣解散皇族内阁，任命袁世凯为内阁总理大臣，继而宣布在中国实行英国式的君主立宪政体，皇族不过问国事。至此，袁世凯获得了清王朝全部权力，于是，他的“足疾”彻底“痊愈”了，前往北京组织自己的内阁。

其实，载沣之所以冒着“引狼入室”的危险起用袁世凯，不光是走投无路的无可奈何，还在于他对袁世凯并没有完全失去信心。因为此时的袁世凯私下里说了不少维护王朝、反对革命的话。为了增强谎言的感染力，他的眼中闪烁着泪光，哽咽地说：“余深荷国恩，虽时势至此，岂忍负孤儿寡妇乎！”[①] 载沣再联想到三年前袁世凯落得“国人皆曰可杀”的地步，自己依然饶他一条性命，现在袁世凯即使不知恩图报，也不至于背地里捅一刀吧。

然而，当袁世凯重新出山，大权在握之后立即翻脸，他成立了由自己亲信组成的责任内阁，调冯国璋掌握北京军权，就连原来由皇族掌握的禁卫军也置于自己的控制之下，然后逼迫隆裕太后发布懿旨，解除了载沣的摄政王职务，宣布“嗣后用人行政，均责成内阁总理大臣”。[②] 袁世凯垄断了清朝的最高权力。

此时的清廷成了孤儿寡母的天下，王朝的生死存亡全寄托在袁世凯身上了。实事求是地说，清廷虽然得罪了人民百姓，但没有对不起袁世凯，他从一个普通的官僚子弟步步高升，直到获得了今天一人之下万人之上

① 白蕉：《袁世凯与中华民国》，中华书局，2007 年，第 11~12 页。

② 《清实录 · 宣统政纪》卷六六，宣统三年十月庚戌，中华书局影印本，1987 年。

的地位，清廷对他是有恩的，然而，袁世凯将用什么回报他主子往日的恩德呢？

袁世凯逼宫

袁世凯是个把利益看得比情义更重的人，他不顾诺言，一步步地实施着自己的计划。此时孙中山已经回国，成立了“中华民国南京临时政府”，担任临时大总统。袁世凯与孙中山分别派出代表沟通，很快达成一致：袁世凯逼迫清帝退位，然后南京方面推举他为中华民国总统。即使在这种情况下，袁世凯依然在演戏，1912 年 1 月，他对《泰晤士报》记者表示，他“始终忠于朝廷，终身不为共和党所用”。①

宣统三年十一月二十八日（1912 年 1 月 16 日），天气阴沉，北风怒号。

王朝到了生死一线的地步，溥仪的功课也停了，天寒地冻，没有蚂蚁可看，他跟一群太监在玩木偶戏。溥仪兴致盎然，太监无精打采。这时，总管太监来请皇帝，说是皇太后宣召，因为内阁总理大臣袁世凯求见。

在养心殿里，溥仪偎依在隆裕皇太后怀里，看着眼前的袁世凯。袁世凯满脸泪痕跪在地上，隆裕皇太后抹着眼泪。几十年后，溥仪回忆当时他非常纳闷，两个大人为什么哭呢？

袁世凯一边抽泣，一边断断续续地说他对不起皇帝，对不起皇太后，他无法挽救王朝的命运，建议隆裕皇太后接受退位的安排。他说他已经跟南边谈妥了，将优待皇室，大清皇帝仅仅交出国家政权，皇帝地位不变，这跟中国历代的“亡国”绝不是一回事儿。说到这里，袁世凯已经哭得上气不接下气，连连碰头，瘫倒在地。隆裕皇太后也是泣不成声。

① 中国史学会主编：中国近代史资料丛刊《辛亥革命》，第 8 册，上海人民出版社，1957 年，第 499 页。

袁世凯止住了哭声，语调低沉地说了句让隆裕太后魂飞天外的话：请看法国革命史，如果皇帝能够及早顺从人民的意志，何至于路易的子孙被杀得一个不剩！[①] 袁世凯话音刚落，隆裕太后放声大哭，太监七手八脚地前来抚慰，现场大乱。隆裕太后是个没有主意的人，遇事只有痛哭流涕。在太后哭得死去活来的当口，袁世凯悄然退下；而溥仪还在想着他的木偶戏，也一溜烟儿跑出了养心殿。

隆裕太后召集王公会议，研究退位问题。听到“退位”二字，王公们顿时炸了锅，与其说是丧失政权的恐惧，毋宁说是对袁世凯转变的惊叹。前些天袁世凯还摆出要跟革命党开战的姿态，说军饷无着，要王公大臣捐款，连太后都拿出了自己的私房钱，哪能说变脸就变脸？三年前反对载沣杀掉袁世凯的世续也困惑地说他在前两天还试探过袁世凯，袁世凯依然表示要维护清朝，难道袁世凯是曹操？

“袁世凯就是曹操！”恭亲王溥伟斩钉截铁地说，“当年保全袁世凯的人就是列祖列宗的罪人，真是罪该万死！”一时场面十分混乱，很多人劝他别翻旧账，向前看。

大清朝到了这步田地还“向前看”？明说吧，到底退不退位？如果不退位有什么好办法？皇族中辈分最高、权力最大的奕劻发言了。他是元老派的代表，他啰唆了半天大家方才明白，他赞成退位。奕劻话音未落，以溥伟为首的年轻亲贵叫喊着要杀奕劻，奕劻落荒而逃。溥伟等人摩拳擦掌，领着一帮年轻亲贵前往庆王府找奕劻算账，这会没法开了。

几天之后，隆裕太后再次召开王公会议，商讨退位问题。主张退位的奕劻被攻击之后，已经不敢与会；其他王公固然不愿意退位，但大家普遍陷入这样一个两难之中：如果抵抗到底，“胜了固然好，要是败了，连优待条件不是也落不着了吗”？[②] 依《优待条件》退位，虽无政权，尚有尊号；

---

① 爱新觉罗·溥仪：《我的前半生》，群众出版社，1964年，第40页。

② 爱新觉罗·溥仪：《我的前半生》，群众出版社，1964年，第43页。

强硬到底，一旦失败，就会蹈英法君主上断头台的覆辙。怎么办？

溥伟坚定地说：优待条件不过是骗人之谈！袁世凯急于做大总统，拿优待皇室做交易，自古天无二日，国无二主，卧榻之侧岂容他人鼾睡？不要对袁世凯抱任何幻想，覆巢无完卵，亡国之君只有死路一条！一席话说得王公们垂头丧气。是啊，现在袁世凯抛出优待条件很可能是个诱饵，一旦皇室交出政权，谁能保证袁世凯会恪守这个条件？但坚持抵抗，要兵没兵，要钱没钱，怎么办？

这时，肃亲王善耆提出了一个建议：还有一步棋可以考虑，那就是退回东北，保留大清政权，然后寻找机会，第二次入主中原；即使无机可乘，做一个东北地方政权的领袖也比受中华民国优待强得多。

善耆的设想是这样的：虽然军权掌握在袁世凯的手中，但北京警方依然由满族贵族控制；数量达一万两千人的禁卫军虽改由冯国璋统领，多数士兵和中下级军官仍为满人，足以保证皇室的安全撤离；东三省总督赵尔巽和掌握奉天军权的张作霖仍忠于清室；在东北有势力范围的俄国、日本均为君主体制的国家，跟清皇室关系密切。肃亲王表示他已经跟日本军方取得了一致，经过他们的努力，日本外务省已经电令日本驻奉天领事，保护可能迁来的清皇室。[1] 但大家知道，这一计划风险很大，除了溥伟赞成，谁也不敢表态。

大清王朝终结了

袁世凯急不可耐，图穷匕首见，他决定向清皇室摊牌。

宣统三年腊月初七（1912 年 1 月 25 日），袁世凯通知隆裕皇太后：如

① 邹念之编译：《日本外交文书选译——关于辛亥革命》，中国社会科学出版社，1980 年，第 117 页。

果再拖延不决，对清皇室的优待将交给国会表决，是否仍能像目前这样优待，他毫无把握。随即，北京城里响起了炸弹的爆炸声，坚决维护皇室的满族将领良弼被刺身亡。即使如此，清皇室依然下不了退位的决心。

袁世凯使出了撒手锏，他拟了一道通电，发给在湖北前线的段祺瑞，让段祺瑞以他自己的名义发表。段祺瑞收到来电之后，一字不改，全文照发。腊月十八日，这封以北洋军名义发给朝廷的通电摆到了王公大臣的面前。段祺瑞杀气腾腾地指斥满洲王公阻挠共和，败坏大局，罪恶数不胜数，他表示将率全军将士挥泪登车，前往北京向王公剖陈利害。① 这封通电刀光剑影，简直是向皇族中的死硬派发出了死亡的威胁，多数王公不寒而栗。隆裕太后搂着溥仪痛哭失声，事到如今，她只求保全她们母子二人的性命了。王公大臣不敢再反对退位，死硬维护皇室的溥伟和善耆二人见大势已去，仓皇逃离了北京。溥伟逃到了德国殖民地的青岛，后迁居日本殖民地的大连，善耆跑到了日军占领下的旅顺。

宣统三年腊月二十五日（1912 年 2 月 12 日），袁世凯派人将写好的《退位诏书》送到宫中。隆裕皇太后痛哭流涕，浑身颤抖着盖上了鲜红的皇帝玉玺……

同日，由中华民国临时参议院通过的《关于大清皇帝辞位之后优待之条件》正式公布，史称《清室优待条件》。其中规定：大清皇帝辞位之后，1. 尊号仍存不废，中华民国以待各外国君主之礼相待；2. 岁用四百万两，由中华民国拨用；3. 暂居宫禁，日后移居颐和园；4. 宗庙陵寝永远奉祀，由中华民国酌设卫兵妥慎保护；5. 大清皇帝原有之私产由中华民国特别保护……② 同时，双方将《退位诏书》和《优待条件》列于正式公文，照会

---

① 中国史学会主编：中国近代史资料丛刊《辛亥革命》，第 8 册，上海人民出版社，1957 年，第 179 页。

② 中国史学会主编：中国近代史资料丛刊《辛亥革命》，第 8 册，上海人民出版社，1957 年，第 185~186 页。

各国驻京公使，转达各自政府，“以昭大信”。至此，从顺治元年入关，统治中国达二百六十八年的大清王朝终结了。

当天晚上，北京外务部的大楼灯火通明，袁世凯在亲信的簇拥之下来到这里，向中华民国南京临时政府发电。袁世凯用最热烈的语言赞美了共和制度的伟大，颂扬了孙中山等人的革命精神，最后，信誓旦旦地表示“永不使君主政体再行于中国”。①然后就地剪掉了自己的辫子。袁世凯哈哈大笑，现场掌声雷动。这是一个狂欢的不眠之夜。

与之相反，此时的紫禁城中却是一片黑暗。溥仪白天看够了木偶戏，又玩了一晚上的泥人，已经进入了梦乡。近一个多月来，他已经不上书房了，跟太监玩得昏天黑地。要是在以前，太监引导皇帝玩物丧志，必将受到最严厉的制裁，但大清亡国了，皇帝恐怕一生有的是打发不尽的时光。

此时的溥仪是个六岁的孩子，尚不懂事儿就成了“亡国之君”，他不知道，也不会理解自己的命运发生了根本性的转折。然而，他该怎样走自己漫长的人生路呢？他的面前会有哪些艰难险阻呢？中华民国承诺的《优待条件》靠得住吗？

---

① 《临时政府公报·电报》，1912 年 2 月 14 日。

第六章 灰色童年

溥仪退位不久，他名分上的母亲隆裕太后抑郁而死。隆裕太后是个什么样的人，她有哪些鲜为人知的辛酸和无奈？

袁世凯擅自修改《清室优待条件》，打压清室，是出于什么考虑？他在坐稳民国总统之后，居然背信弃义，帝制自为，落得身败名裂的下场。在这一系列纷纷扰扰的前后，以溥仪为首的前清皇室是什么态度和心情？

随着袁世凯时代的终结，溥仪的命运发生了怎样的变化呢？

溥仪年仅六岁就成了亡国之君。按说清朝亡国与中国历史上很多王朝的亡国不一样，它跟中华民国有个交易：清皇室放弃国家政权，中华民国允许溥仪保留皇帝的地位和待遇。所以，别看溥仪退位了，他依然是合法的君主，但这个“君主”当得真不是滋味。

溥仪晚年回忆，此时的紫禁城中充满了压抑的气氛，每天清晨，他给隆裕太后请安，经常看到太后在擦眼泪；太监也是个个唉声叹气；来到书房，师傅愁眉苦脸，讲起课来有气无力……

更大的打击接踵而至。溥仪退位不久，他名分上的母亲隆裕太后抑郁而死，这给他的生活蒙上了一层阴影，这是怎么回事儿呢？

深宫凄凉话隆裕

隆裕二十一岁的时候，由姑妈慈禧太后一手包办，嫁给了比她小三岁的表弟光绪皇帝做皇后。慈禧当年进宫的时候身份低微，即使后来垂帘听政，大权独揽，按规矩娘家也享受不到“皇亲国戚”的待遇，这是她一生的恨事，所以，她让自己的侄女成为皇后，本是抬举娘家的一番好意，但这一举动反而给两个年轻人造成了终身的痛苦并间接地影响了帝国的命运。

光绪帝不喜欢这个皇后，从不跟她亲近，入宫之初，还偶尔搞些恶作剧捉弄皇后一番，后来干脆懒得理她了。再后来，皇帝跟太后闹矛盾，她成了双方的出气筒。作为一个女人，得不到丈夫和婆婆的欢心，真是最痛苦的一件事儿了。皇后本来长得就不美丽，长期压抑的生活使她显得更为苍老，看上去面容消瘦、肤色晦暗、有些驼背，不短的脸型写满了忧伤。她整天陪在慈禧太后身边，大气不敢出，对太监也很和善。

戊戌政变之后，光绪皇帝被软禁在中南海的瀛台，隆裕一度前来做伴儿，夫妻双方有了难得的接触，但光绪情绪低落，心情激动，对她非打即骂。有一次把她心爱的头饰给砸了，然后，按着她的脑袋往墙上撞，直到把她打得鼻青脸肿方才罢休，所以，她搬到另一间屋子独居。后来，她养了很多蚕，看着蚕宝宝破茧而出，十分兴奋，感觉生活有了些乐趣。光绪也经常来看蚕，觉得很新奇，逐渐不打她了，但夫妻关系依然不融洽。光绪帝活着，她守活寡；光绪帝死了，她升格为太后，但慈禧把权力交给了载沣，又把她晾在了一边儿。

作为一个女人，隆裕太后的遭遇令人同情，但不能说她没有政治野心。慈禧太后去世之后，受气的媳妇熬成了婆，二十年陪伴慈禧，耳濡目染，自然也想效法，所以，载沣监国期间，隆裕不时对载沣指手画脚。但她一没才干，二没见识，三没手段，只会一哭二闹三上吊这些小家子气的办法，偶尔用几次还行，常用就不灵了，所以，连懦弱的载沣也不怕她。

不过，宣统三年（1911 年）武昌起义爆发，隆裕太后终于找到了机会，她撤掉了载沣的监国摄政王头衔。当然，这事儿既有来自袁世凯的压力，心力交瘁的载沣也确实提出了“辞职”，但对于这一变更国家体制的重大人事变动，她未跟任何人商量，立即拍板同意，把载沣一撸到底。她可能以为这是她垂帘听政的大好时机，但载沣一退，袁世凯更肆无忌惮，而隆裕太后自己也面临着无法应付的局面，直到最后亲自签发了《退位诏书》，宣告了大清亡国。她自感对上无颜面对列祖列宗，对下愧对幼小的溥仪，真是万箭穿心，从此成天以泪洗面。

民国建立之后，她领着溥仪过起了关门帝王的生活，但即使在宫中她也面临着四面楚歌的困境：以载沣为首的满洲亲贵恨她“卖国”，断绝了来往；宫内同治、光绪的妃子根本不拿她这位太后当回事儿，更是趁机排挤；加上她考虑到皇室已经失去了国家政权，为了节省开支，搞了一次裁员，结果连太监也愤愤不平。隆裕太后有苦说不出，终于积郁成疾。

1913 年的旧历新年过得凄惨无比，紫禁城中没有了花团锦簇、人来人往的景象，按例应该由溥仪出面宴请一下王公，吃一顿皇家的团圆饭，并接受王公的朝贺，但王公们装聋作哑，闭门不出。转过年来，隆裕太后过生日，王公同样不理不睬，连一句“生日快乐”的空话都懒得说，更别说送“生日礼物”了。隆裕太后急火攻心，病情顿时恶化。

1913 年 2 月 22 日凌晨，隆裕太后陷入垂危状态，内务府大臣世续赶来照料。当时，隆裕身边只有两三个宫女在抹眼泪，七岁的溥仪在一旁哈欠连连。根据《清稗类钞》记载，隆裕看到世续，吃力地说：“孤儿寡母，千古伤心，睹宫宇之荒凉，不知魂归何所！”然后，隆裕又拉着溥仪的小手，流着眼泪说：“汝生帝王家，一事未喻，而国亡，而母死，茫然不知。吾别汝之期至矣！沟渎道途，听汝自为而已！”[①] 这话真令人心酸，意思是你生在帝王家，还一点儿都不懂事儿就“亡国”了，现在妈妈也要死了，你都不知道伤心。孩子，妈妈走了！你今后的路还长，沟沟坎坎你自己走吧，是好是歹妈都管不了了。说完，隆裕太后永远闭上了眼睛，终年四十六岁。

隆裕太后一生低调，没想到死后风光了一把，更具讽刺意味的是给她大办丧事的居然是取代大清朝的中华民国。袁世凯派人送来了三万元的“慰问金”，然后通令全国下半旗一天，二十七天内各地各级官员一律臂缠

① 徐珂编撰：《清稗类钞》，第 1 册，中华书局，1984 年，第 397 页。

黑纱，接着举行了“国民哀悼大会”，几万人来到紫禁城中吊唁，古老的城阙成了白花的海洋，各种挽联写满了对隆裕太后的颂扬，说她“以大公无我之心，成亘古共和之局”“值中国帝运之末，开东亚民主之基”，总之，她是“女中尧舜”。这是对她主持清室退位的褒扬，虽然让清室心里感觉不是滋味，但面子上的排场是足够的，所以，王公遗老们没有一点儿哀戚的表情，反而面露得意之色。

喜忧不定的逊清皇室

溥仪开始记事儿了，他懂得了仇恨，他恨孙中山、袁世凯，恨中华民国，这是师傅教育、太监熏陶的结果。不过此时的清皇室更多处在忧喜不定的状态，袁世凯对隆裕太后丧礼的高规格安排让他们兴奋不已，而且，令人兴奋的事儿越来越多。就在隆裕太后丧礼的前后，袁世凯跟孙中山翻脸了。

原来，孙中山当初把大总统的地位让给袁世凯之后并不甘心，他有个算盘，趁国会选举的机会，使国民党获得参众两院的多数议席，在此基础上实现国民党组阁，从而跟袁世凯一争高下。确实，宣传鼓动是国民党的长项，经过努力，果然如愿以偿，1913 年初，投票统计结果显示，国民党取得了压倒的优势。按照规则，国民党的理事长宋教仁即将出任中华民国的国务总理。

袁世凯本来没把对手放在眼里，至此发现事态严重，他派人给宋教仁送去了一套价值三千元的西服和一张五十万元的支票，想收买宋教仁。宋教仁收下了西服，退回了支票。袁世凯十分纳闷，按照他的理解，没有金钱摆不平的人和事儿，是不是送少了？于是派人询问到底多少钱合适？宋教仁直接表示了拒绝的意思。袁世凯明白了，他自嘲地笑了笑，收回了支票，然后派刺客将毫无戒备的宋教仁打死在上海火车站。

纸里包不住火，更何况暗杀曾是国民党的“革命手段”之一，这套把戏本是当年的“看家本领”，他们很快知道了真正的凶手就是袁世凯。不过，国民党并未立即跟袁世凯决裂，毕竟他们已经取得了国会中的多数席位，有信心通过法律手段解决问题。然而，几个月过去了，国会一筹莫展，袁世凯步步紧逼，走投无路的国民党决定军事解决，这下子正中袁世凯的下怀，于是，北洋军阀起兵扑灭了二次革命，孙中山被通缉，再次流亡国外。此间清皇室坐山观虎斗，自然心里感觉特别痛快。同时，民国初年，社会上诋毁清朝的书刊风靡一时，十分畅销，袁世凯指示严禁查办，也很令皇族满意。

紧接着袁世凯搞起了尊孔运动，各地祭孔、读经的活动层出不穷。儒家学说是宣扬等级制度的意识形态，核心是三纲五常；与之相反，共和国讲究平等。袁世凯现在成天宣扬君为臣纲、父为子纲、夫为妻纲，到底意欲何为？这很令清皇室产生自作多情的遐想，乐观的人甚至以为袁世凯可能要恢复清朝的统治地位。

1913 年底，光绪帝的崇陵竣工了，停灵待葬达五年之久的光绪帝和刚刚去世的隆裕太后一同下葬。袁世凯通令全国下半旗一天，学校一律停课，以示哀悼，又派大批民国要员前往清西陵崇陵为光绪帝送葬。这些民国要员大多是前清旧臣，他们来到崇陵，纷纷换上清朝丧服，来到光绪帝的灵前三跪九叩。只有外交总长孙宝琦依然西装革履，并且仅仅鞠躬行礼。为此，这位前清山东巡抚遭到了依然效忠清室的遗老们的围攻，孙宝琦被当年的上司下属指着鼻子骂了个狗血喷头，直到被迫承认自己“不是东西”方才脱身。

遗老们越来越嚣张了，一个叫劳乃宣的遗老干脆上书袁世凯，建议他“还政于清”。理由是大总统虽然是国家元首，但毕竟任满下台，跟平民百姓差不多；还不如恢复清朝，然后让溥仪赏给袁世凯“亲王世袭罔替”的待遇，这样一来，袁世凯不仅一辈子是贵族，而且，子子孙孙也照顾到了。据说袁世凯看过劳乃宣的书面材料后一笑未置可否，但请劳乃宣来京做参政，弄得大伙儿不知袁世凯葫芦里卖的是什么药。

但是，跟大多数人的盲目乐观相比，溥仪的师傅陈宝琛十分冷静。他根据自己的政治经验判断，感觉袁世凯这人很少以真面目示人，轻易不能信赖，所以，绝对不要乐观。果然，残酷的事实很快证明了陈宝琛的远见。

《优待条件》被修正了

前清皇室固然做梦都想恢复对中国的统治权，但当务之急还是保住《优待条件》，这是当年放弃政权的代价，有了它，至少还能维持形式上的皇室地位。不过，自打中华民国建立以来，一直有个疑虑萦绕心头：胜利者会信守诺言吗？一个共和国能允许皇帝长期存在吗？当时，以溥仪为首的清皇室担心的就是这一点。

《清室优待条件》是中华民国参议院匆匆通过的，其条文并不严谨。比如，《优待条件》规定溥仪终身享有皇帝的尊号，但并未明确他的皇位能不能传子孙。如果按照“法律没规定的就不禁止”的习惯性理解，应该可以传子孙，但为什么当年隆裕太后希望写明“大清皇帝尊号相承不替”却又被拒绝了呢？

再比如，《优待条件》规定溥仪可以暂居宫禁，“暂居”到什么时候？“宫禁”的范围如何界定？《优待条件》规定中华民国保护溥仪的“私有财产”，哪些是溥仪的私有财产？紫禁城中历代清帝聚敛起来的数不清的奇珍异宝算不算是溥仪的私有财产？显然，不能都算，也不能都不算。另外，像圆明园、颐和园、避暑山庄、沈阳故宫的权属怎样界定？由此看来，这个《优待条件》真是漏洞百出，并且，大家知道，只要袁世凯一翻脸，这个漏洞百出的《优待条件》立刻就是废纸一张。

果然，可怕的事情发生了，隆裕太后去世的这年，袁世凯就对前清皇室发号施令。他先是命令将紫禁城中的“三大殿”收归民国，然后，敦促皇室履行《优待条件》第三款——迁往颐和园居住。

所谓三大殿是紫禁城外朝的核心——太和殿、中和殿、保和殿，是举行典礼的地方，本来一年到头用不上几回，亡国之后没有典礼举行，交就交吧。迁往颐和园也是《优待条件》规定的，人在矮檐下，谁敢不低头。于是，清皇室复文中华民国表示同意。不料民国当局收到复文立即大怒，认为清室侵害了中华民国的主权，原来，清室复文的落款有“宣统五年”字样。

众所周知，清朝在宣统三年就“亡国”了，中华民国采用公元纪年，今年是民国二年或者是1913年，哪里来的宣统五年？所以，民国政府决定对《优待条件》做出修正，宣布：“清皇室应尊重中华民国统治权，除优待条件特有规定外，凡一切行为与现行法令抵触者，概行废止。”然后一口气公布了如下条款：

1. 清皇室文书通行民国纪年，不适用旧历及旧时年号；

2. 清帝谕告及一切赏赐，但行于宗族家庭及其属下人等，废止对官民赐谥及其他荣典；

3. 清皇室不得对人民使用公文告示及行政处分；

4. 慎刑司（笔者按：宫廷中惩罚太监、宫女的机构）应即裁撤，宫内执事人役及太监犯罪应送司法官厅办理；

5. 清皇室所用各项执事人等同属民国国民，除遇宫中典礼外，应一律服用民国制服，并准其自由剪发。[1]

---

① 《东方杂志》第21卷，第23号，第125页。

由此看来，这些条款构成了对原来《优待条件》的重大修正，此时的清皇室已经成了任人摆布的“死老虎”，袁世凯要修改《优待条件》，清皇室只能忍气吞声。按说《优待条件》是民国参议院表决通过的，政府无权修正；再则，这个条件是双方商定的条约，哪能单方面想怎么改就怎么改，所以，单从法律层面上讲，属于违法无疑。不过，消息发布，社会反响很好。确实，当时社会舆论对中华民国优待清室颇多批评，现在对原来的《优待条件》加以纠偏，也不能说没有必要。

不过，风向一变，大家立即发现了袁世凯此举的真实意图，清皇室顿时感觉面临灭顶之灾。这是怎么回事儿？

大总统要过皇帝瘾

袁世凯一生翻手为云，覆手为雨，辛亥年间，他伪装革命，逼迫清帝退位，从孙中山手中获得了大总统的地位；上台之后，逐渐露出了庐山真面目，他对外卖国，对内专制独裁，用镇压、暗杀、收买、欺骗等手段，将共和国的制度破坏殆尽。到1914年，袁世凯废除了国会、内阁，他一人大权独揽，成为不叫皇帝，胜似皇帝的“终身大总统”。尽管如此仍不满足，他感觉大总统不过瘾，要做皇帝。大家一下子明白了，怪不得袁世凯要尊孔读经，怪不得要限制清室，原来是这样的打算！

按说在袁世凯做中华民国大总统的这几年间，并无万民敬仰的丰功伟绩，反而专制独裁，弄得民怨沸腾；再则曾经发誓效忠共和，信誓旦旦永不使君主政体再行于中国，怎好出尔反尔？袁世凯对此心知肚明，他决定制造民意，造成万民拥戴的假象，然后半推半就地登上皇帝宝座。于是，通过心腹爪牙，运用威逼利诱的手段，搞起了乌烟瘴气的推戴活动。各种请愿团招摇过市，连八大胡同的妓女也走上街头，上书请愿。袁世凯认真地看了妓女们联名上的请愿书之后，感动地说：“若辈颇知大体，洵属可嘉！”[1]于是信心十足，帝制的筹备紧锣密鼓地运作开来。国号拟好了——“中华帝国”，年号——“洪宪”。为了给自己登上皇帝宝座扫平道路，袁世凯要消除北京城里清朝的痕迹。

其实，北京城里最大的前清痕迹是紫禁城中的小朝廷，这是袁世凯的眼中钉。他请小朝廷搬到颐和园，小朝廷立即着手收拾家什；他跟小朝廷要皇帝仪仗，小朝廷立即奉上；他跟小朝廷要走了皇帝玉玺，不过很快又送回来了，因为玉玺是满汉两种文字，不合他的要求。袁世凯还下令将天安门南边的大清门（笔者按：已拆除，原址在正阳门以北的城市中轴线上）改名中华门，他的亲信建议他不必重新雕刻匾额，可将大清门匾额翻过来刻上“中华门”三字即可。袁世凯立即下令取下匾额，翻过来一看，只见匾额背面刻着“大明门”三字，众人泄气了。

袁世凯的帝制在即，前清皇室坐不住了，为了自保，一些王公也组织了“请愿团”，走上街头摇旗呐喊。不过，跟生龙活虎的“人力车夫请愿团”比起来，明显愁眉苦脸、有气无力、步履沉重。同时，内务府也在跟袁世凯接洽，由于内务府大臣世续跟袁世凯是拜把子的兄弟，所以，交涉还算顺利。内务府以溥仪的名义上书推戴，表示：“现由全国国民代表决定君主立宪国体，并推戴大总统为中华帝国大皇帝，为除旧更新之计，作长治久安之谋，凡我皇室极表赞成。”然后，袁世凯做了一个书面承诺：“先朝政权，未能保全，仅留尊号，至今耿耿。所有优待条件各节，无论何时断乎不许变更，容当列入宪法。袁世凯志，乙卯孟冬。”[2]

袁世凯的承诺白纸黑字，措辞诚恳，前清皇室虽然不敢信以为真，但事已至此，办到这个程度也算差强人意。不过，袁世凯提出了让自己的女

---

① 天忏生、冬山：《八十三日皇帝之趣谈》卷上，上海文艺编译社，1916年，第30~31页。

② 爱新觉罗·溥仪：《我的前半生》，群众出版社，1964年，第93页。

儿嫁给溥仪做皇后的附加条件，这让皇室难以接受，但也只能忍气吞声地应承下来。后来，袁世凯又宣布载沣、奕劻、那桐、世续四位清室人物算是他的“旧侣”，享受“不臣”的待遇，就是说这四个人以后见到他“袁皇帝”不用称臣、不用下跪，当然，这是他的客气，载沣等四人敢不敢当真自己看着办。

表面上看，袁世凯的回应尚属乐观，但前清皇室依然十分恐惧，因为大家想不起来袁世凯一辈子说过几句真话，当年信誓旦旦忠于清朝，还不是翻脸不认账；当年信誓旦旦要维护共和，现在还不是将共和国一脚踢开。此时的溥仪懂事儿了，他晚年回忆，自己当时的心境可以用六个字形容：心酸、悲愤、恐惧。他说：“虽然陈师傅不肯明讲，我也懂得‘天无二日，国无二君’这句老话。袁世凯自己做了皇帝，还能让我这多余的皇帝存在吗？”[①] 乾清门南边高大的三大殿围上了脚手架，油漆工匠爬上爬下，那是为袁世凯的“登基大典”做准备。三大殿的油饰工程吸引了宫中所有人的注意力，大家担心工程竣工之日，就是小朝廷寿终正寝之时。

紫禁城中幸灾乐祸的旁观者

袁世凯的倒行逆施激起了举国反对，云南蔡锷宣布独立，组织护国军讨伐袁世凯。反袁声势越来越大，在四面楚歌之中，袁世凯被迫取消帝制，希望能维持原来的总统地位。中国人民再接再厉，誓将袁世凯绳之以法，最后连北洋军阀也发生分裂。在焦头烂额之中，袁世凯一命呜呼，终年五十八岁。

1916 年 6 月 6 日上午 10 点，一片哀号的声音从中南海飘进了紫禁城，那是袁世凯一妻九妾和十几个子女报丧的哭声。顿时，紫禁城变成了欢乐

① 爱新觉罗·溥仪：《我的前半生》，群众出版社，1964 年，第 91~92 页。

的海洋，太监奔走相告，太妃们前往关圣帝君像前焚香叩拜，师傅们喜形于色。为了配合狂欢的气氛，师傅立即宣布不上课了，放学！

此前，在袁世凯帝制自为的闹剧上演的时候，陈宝琛师傅就发出过这样的预言："天作孽，犹可违；自作孽，不可活！元凶大憝的袁世凯作孽如此，必不得善终！"① 果然，袁世凯的帝制刚刚起步，就遭遇了举国反对。溥仪每天跟师傅讨论全国各地的讨袁檄文，感觉真是痛快淋漓。当年被大清朝通缉了十多年的康有为发表通电，指斥袁世凯。师徒研究了这道通电，一致认为不愧是"康圣人"，大手笔！康有为在通电中指着袁世凯的鼻子说："公起布衣，而更将相，身为中国数千年未有之总统，今又称制改元，衮冕御玺而临轩，百僚称圣而上奏，已阅数月，亦足自娱矣！"大意是：你出身平民百姓，在大清朝出将入相，又做了中国数千年未有的大总统，现在却摆出了皇帝的派头，要过把瘾就死，你玩了几个月了，玩够了吧！康有为进一步指出："公对清室则近篡位为不顺，对民国则反共和为不信，故致天怒人怨，不佑不助，不吉不利，公之近状必无幸免矣。"② 是啊！袁世凯跟孙中山不同，他受过大清朝的高官厚禄，他反清不是革命，是篡位不假；他在篡夺了清朝的江山之后毕竟信誓旦旦地表示要维护共和，要不然国会也不会选举他做大总统，结果他以共和国总统的身份推翻了共和国，建立了帝制，这是不忠不信的典型。最可耻的是皇帝当不成了又赖在总统的位置上不走，现在落得如此下场，可谓大快人心。袁世凯死的时候五十八岁，明摆着是被气死的。

当然，兴奋过后，以溥仪为首的逊清皇室更关心自己的命运，袁世凯之后的民国政府会怎样对待他这个前朝的皇帝呢？

袁世凯死后，黎元洪做了大总统，段祺瑞当上了国务总理。但是，这

---

① 爱新觉罗·溥仪：《我的前半生》，群众出版社，1964 年，第 92 页。

② 康有为：《请袁世凯退位电》，载于汤志钧编：《康有为政论集》下册，中华书局，1981 年，第 939 页。

两人都不是各方面认可的能够掌控全局的人物，而且，黎元洪跟段祺瑞不同，不属于北洋军阀一系，所以，二人之间矛盾不小。各路军阀也各有自己的打算，政府四分五裂、内忧不断、自顾不暇，小朝廷自然处于无人过问的状态，不仅不再敦促溥仪迁居颐和园，就连各地遗老的复辟活动也放任不管，于是，紫禁城里面又有了生机。

当时，掌握中华民国军政大权的领导者大多有清朝的仕途背景，他们虽然背叛了清朝，但仅仅是出于自身利益的投机，绝不是政治觉悟提高的结果，所以，对故主溥仪难免有着一份复杂的感情，他们自然全力维护对清室的优待，有的人甚至偷偷溜进紫禁城，向溥仪三跪九叩，然后掏出支票，放在地上，低头退下。似乎这样一来，就能减轻内心中背叛的愧疚。

在袁世凯时代，溥仪是见不到这些民国要员的，但此后这些人越来越多。1917 年 6 月中旬的一天，安徽督军张勋进宫请安，张勋含着眼泪说了句“江苏巡抚兼署两江总督、南洋大臣张勋恭请圣安！”立即跪地叩头。溥仪低头一看，十分惊讶，原来张勋脑后还拖着一条花白的辫子。溥仪不着边际地随口问了几句，就结束了召见，然后领着一帮太监急匆匆赶往御花园。那里养着几头骆驼，他经常拿树枝伸进骆驼的鼻孔，看骆驼打喷嚏取乐。附带指出，此时的溥仪虚岁十二，还是个孩子。

1917 年 7 月 1 日，溥仪像往常一样来到毓庆宫，一进书房，顿时感觉气氛异样，师傅都站着，表情严肃，根本没有要开口授课的样子。其中地位最高的陈宝琛说了让溥仪目瞪口呆的一句话：“张勋一早进宫，来拥戴皇上复位听政，大清复辟了！”

溥仪惊得张口结舌，愣在那里，表情呆滞，他不相信这样的喜事儿从天而降，一时不知如何表态。张勋是个什么样的人？这是怎么一回事儿？溥仪真的又成了一位名副其实的君主吗？

第七章 躁动的青春

1917年，在纷乱的国内政坛，发生了一场闹剧——张勋复辟。溥仪一下子成了国人关注的焦点。张勋是个什么样的人？对于这一事件该怎样认识呢？

溥仪在成长，尤其是庄士敦的到来让他感受到了时代的气息，他剪掉了辫子，戴上了眼镜。他不愿意走祖先的老路，不愿意住在腐败的宫廷里受王公的摆布，为此提出放弃《优待条件》，出洋留学的要求，成了王公们眼里难以对付的叛逆皇帝……

为了让溥仪安分守己，王公太妃们为溥仪筹划大婚。溥仪并不热心，他冷眼旁观着其中的纷纷扰扰……

不忘故主的辫帅

张勋是江西奉新人，生于咸丰四年（1854 年），年幼时父母相继去世，孤苦伶仃，小小年纪就到当地大户人家打工。因为眉清目秀、聪明伶俐，后来做了少爷的书童，耳濡目染，也识了几个字。光绪初年，二十多岁的张勋投身军营，成为一名清军战士。光绪十一年春（1885 年 3 月），清军在中法战争中取得了著名的镇南关大捷，打得法国侵略者尸横遍野，落荒而逃。张勋在这场战役中浴血拼杀，立下战功，从此步步高升，到宣统三年（1911 年），升任江南提督，终于成长为国家的一名高级武官。清朝亡国前夕，一度临危受命，担任江苏巡抚兼署两江总督、南洋大臣等要职。民国成立后，历任江苏督军、长江巡阅使、安徽督军等，率领部队驻扎在徐州一带。

张勋性情开朗直率，回想自己从一个没有任何背景的苦孩子成长为国家军政大员，感觉一辈子都报答不完大清王朝的恩德，所以，民国建立后依然不忘故主，为此保留着清朝的辫子，并且不让士兵剪辫。当然，张勋政治立场不能与时俱进，说他反动顽固确实不错，但跟那些朝秦暮楚、见风使舵的投机政客相比，个人私德尚好。

张勋做梦都想恢复清朝的统治，但他也知道，凭着自己手下的几万条枪根本不足以实现这一目的，为此郁郁寡欢。不料 1917 年初，机会来了。

原来，日本军部的参谋次长田中义一来到中国“游历”，从南到北转悠了几个月，分别跟各地军阀密谈。谈了些什么呢？这些军阀大多秘而不宣。但据张作霖透露，田中策动各地军阀拥戴溥仪恢复清朝的统治。[①] 日本军方是出于什么考虑要恢复溥仪的统治地位呢？限于史料，学术界至今未有研究。张勋得到了田中的保证之后，顿时看到了复辟大清的希望。

就在田中义一在华活动期间，总统黎元洪跟总理段祺瑞因为是否参加第一次世界大战的事儿闹僵了。段祺瑞一定要对德宣战，但黎元洪怕段祺瑞借机扩大势力，所以坚决反对，双方撕破了脸。段祺瑞被黎元洪免职之后，跑到天津，策动了直隶、安徽、山东等省脱离中央独立，要对黎元洪动武。然后，派代表前往南京，找到当年北洋军的“老战友”——副总统冯国璋，希望获得他的支持。

冯国璋跟段祺瑞的代表说：“我虽是以副总统的身份坐督江苏，但有些事还是以徐州的张绍帅（张勋字绍轩，故人称绍帅，由于他一直保留着清朝的辫子，也称辫帅）为首，他年资在我等之上，是我们的老大哥，遇事总要请他出来主持。”[②] 于是，在冯国璋的撮弄之下，各省代表来到徐州开会，大家一致推举张勋出面调停、主持公道；张勋则趁机提出了拥戴溥仪复辟的主张。

其实，冯国璋、段祺瑞的真实用意是打倒黎元洪，然后由二人分任总统和总理，但一则这话不太好明说，再则张勋苦口婆心，坚定不移，非要大家同意他的复辟方案不可，这给了野心家们一个启发：如果放手让张勋复辟，至少打倒黎元洪的目的能够达到；等到张勋闹得不可收拾的时候，再坐收渔人之利，于是，各省代表就默认了张勋的计划。不过张勋也多了

---

① 陈文运：《复辟之役马厂誓师亲历记》，附于王健元编：《八日儿皇帝》，吉林文史出版社，1986 年，第 78 页。

② 苏锡麟：《复辟之役中的亲身经历》，附于王健元编：《八日儿皇帝》，吉林文史出版社，1986 年，第 98 页。

个心眼，他感觉空口无凭，就拿出一块黄布，让各省代表在上面签字画押。各省代表并不在乎，纷纷提笔签名支持复辟。于是，张勋率兵四千前往北京，控制了各要害部门，并把大总统黎元洪监管起来了。

儿戏般的张勋复辟

张勋进宫朝见溥仪，然后跟形形色色的遗老密谈。既然张勋愿意复辟，遗老和清室方面自然求之不得，策划在紧锣密鼓地进行，只是瞒着溥仪一人。这倒不是故意蒙蔽，因为溥仪年仅十二岁，还是个孩子，说了也白说。经过一番谋划，等到复辟大戏正式开场的时候才告诉了溥仪，这是1917年7月1日早晨的事儿，溥仪惊得目瞪口呆，不过回过神儿来，也很高兴。

为了赢得各方面的支持，复辟势力以溥仪的名义发布诏书，宣布收回国家政权、采用君主立宪国体、皇族亲贵不得干预政务、实行满汉融合的民族政策、赦免政治犯、取消苛捐杂税等。[①] 各地遗老弹冠相庆，宫中更是一团喜气，太妃们乐昏了头，每天忙于烧香拜佛。溥仪除了不上课以外，跟平时并无差别，依然玩骆驼、捉迷藏。倒是皇族亲贵愤愤不平，由于被排除在政权之外，所以大骂说这哪里是大清复辟，简直就是张勋复辟。此时张勋自命为直隶总督兼议政大臣，垄断了朝政。他还想举行一个典礼，逼迫民国大总统黎元洪亲自向溥仪交还国家权力，然后退位；但黎元洪坚决不从，并趁混乱之机，跑到东交民巷的外国使馆中避难去了。

清朝早已被中国人民唾弃了，尽管共和国的实践尚不理想，但中国人民也不能接受清朝复辟的事实。所以，消息传出后，立即招致各地舆论的

① 赵尔巽等撰:《清史稿》卷四七三，第42分册，中华书局，1977年，第12828~12829页。

反对。各界人士纷纷发表通电，要求讨伐张勋。

段祺瑞见黎元洪已经被张勋撵走，目的完全达到，不失时机地于7月3日在天津附近的马厂组成“讨逆军”，宣布兵发北京，讨伐复辟。张勋调到北京的辫子兵不过四千人，又没带重武器，天时地利一样不占，所以一触即溃，至此，张勋终于明白他被各省代表给耍了。他暴跳如雷，嚷嚷说：“他们推我出来进行复辟，这是耍咱，咱不能孬了，豁出去了，拼命亦得跟他们干！”①但部下坚决不让他以卵击石，硬把他拖进了荷兰使馆。结果这场复辟才进行了十二天就收场了。

表面上看，这场复辟如同儿戏，张勋也在历史上留下了僵化反动、不识时务、不自量力的恶名，其实，这样认识并不很公允。张勋不是不知道此举的风险，据他的部下回忆，早在来北京之前，很多亲信就反对他冒险，一则张勋毕竟没有这个实力和号召力，二则也提醒他别上了段祺瑞的圈套。张勋沉思半晌，沉痛地说：“事情已经弄到现在，不办亦不行了，再说，我亦愿意办，就是他们骗了我，使我为这件事死了亦心甘情愿。咱不能说了不算，咱们要干就干到底！”②

由此可见，张勋并非完全没有自知之明，他之所以冒险复辟，主要是因为报皇恩，他知道自己从一个没爹没妈的苦孩子直到获得了今天的地位、财富，这都是大清朝给的，报答皇家是他的信念，哪怕以卵击石，他也要试一试，不然的话他死不瞑目。与之相反，那些口口声声要维护共和、反对复辟的人大多也是为了自己的利益，并不表明他们的认识水平就比张勋高，而且，在为人道德上还差一等。或许出于良心上的内疚，段祺瑞等人上台后并未深究张勋颠覆国家的罪行，时过境迁，北洋政府甚至

---

① 苏锡麟：《复辟之役中的亲身经历》，附于王健元编：《八日儿皇帝》，吉林文史出版社，1986年，第105页。

② 苏锡麟：《复辟之役中的亲身经历》，附于王健元编：《八日儿皇帝》，吉林文史出版社，1986年，第103~104页。

重新安排张勋出来任职，但被严词拒绝。张勋从此退出政界，不问国事，1923 年病逝于天津，终年七十岁。

张勋自我感觉被耍了，其实，更委屈的还是十二岁的溥仪。他稀里糊涂地做了几天“真皇帝”，就被孤零零地扔在了最危险的风口浪尖上，没人管了。

复辟期间，溥仪除了不上书房以外，并未感觉跟以往有什么不同；然而，随着段祺瑞的“讨逆军”迫近北京，他真感到了恐慌。太妃们成天哭哭啼啼，师傅急得团团转，他们知道，等到城破之日张勋固然可以一走了之，他们却是无路可逃，只能坐以待毙。战况激烈的时候，一架摇摇晃晃的小飞机从紫禁城上空飞过，投下了三枚炸弹，虽然没有炸着溥仪，但紫禁城里面所有的人都有一种末日临头的感觉。7 月 12 日，师傅脸色铁青地拟好了《退位诏书》，拿给他看的时候，溥仪顿时放声大哭。

复辟失败了，原来的中华民国大总统黎元洪也结束了避难生涯，走出了外国使馆，不过，无颜再当总统，灰溜溜地下野了，总统一职由冯国璋代理，段祺瑞官复原职，依然当总理。至此，段祺瑞垄断了国家政权，原来的目的全部实现，不仅如此，还捞了一顶“再造共和”的桂冠，真是风光无限、踌躇满志。当他以胜利者的姿态来到北京的时候，清室代表也尴尬地挤在欢迎的人群中。此时清室方面十分紧张，他们静待胜利者的惩处，最乐观的估计也会被取消“优待”。

不过，令前清皇室喜出望外的是，无论是冯国璋还是段祺瑞，一致同意不追究清室的责任。可是，明明参与了复辟，这等于颠覆了中华民国，怎能逃脱民国的报复？面对诚恳老实的前清皇室，这些军阀感觉好笑，不得已只好直说，他们不让清室发表《退位诏书》，让清室跟他们统一口径，就说复辟是被劫持的被动行为，一切全是张勋干的，所有的脏水全泼向张勋。内务府终于心领神会，于是声明：“张勋率领军队，入宫盘踞，矫发谕旨，擅更国体，违背先朝懿训，冲人深居宫禁，莫可如何。”[1] 总之，这场复辟跟前清皇室一点儿关系都没有，溥仪也是“受害者”。

请来了一个洋师傅

一场劫难轻松化解，原来的《优待条件》继续有效，紫禁城中的氛围又恢复了常态。溥仪继续过着自己灰色的童年时光，他生长在20世纪的中国，但处在王公遗老的包围中，在腐败的宫廷里，呼吸着19世纪遗留下的灰尘，过着荒谬的帝王生活。然而，一个人的出现改变了溥仪，他开始追求自己的理想，不愿意按照祖先的模式走自己的人生路，为此跟王公们尖锐对立。

这个人是谁？这是怎么一回事儿？

原来，在1918年的时候，第一次世界大战结束了，世界格局发生了重大变化，又有一些国家爆发了革命。比如，中国最大的邻国俄国的皇室被推翻，沙皇一家死无葬身之地，这引起了一个叫李经迈的遗老的伤感。李经迈是谁？知道他的人不多，不过提到李经迈的父亲差不多家喻户晓——李鸿章。

李经迈向清皇室建议，虽然现在民国政府基本能恪守《优待条件》，但应该未雨绸缪，万一将来溥仪在国内待不下去，最好出国定居，为此，应该学一些英语。李经迈介绍了他的朋友——庄士敦做溥仪的英文师傅。

庄士敦是苏格兰人，牛津大学的文学硕士，英语水平自不待言，难得的是他在中国几十年，对中国历史和古典文学有深厚的造诣，能说一口流利的汉语。而最让内务府看中的是他曾经做过英国在华租借地威海卫的行政长官，有一定的官方背景，这样一来，庄士敦可以给清室提供一定的保

① 爱新觉罗·溥仪：《我的前半生》，群众出版社，1964年，第105页。

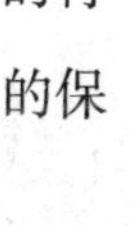

护。于是，1919 年 3 月，内务府开出了月薪一千块大洋的高价，聘请庄士敦做溥仪的英文师傅。

庄士敦后来写了一本叫《紫禁城的黄昏》的书，记载他跟溥仪的交往，他在书中写道：“1919 年 3 月 3 日，我第一次从庄严的神武门进入了紫禁城，从此，我便进入了一个新的时空世界。我所通过的那座门，不仅使我从一个共和国进入一个君主国，而且使我从 20 世纪的新中国进入一个比罗马帝国的建立还要早的古老中国。”[①] 面对这种腐败的气息，庄士敦决定改变溥仪。

庄士敦教溥仪英语，也开始改变他的思想和生活。庄士敦讲了第一次世界大战，讲西方的科技成果，甚至讲了专制与民主的区别。溥仪惊讶地说：“那么我的祖先都是不负责的专制暴君了！”[②] 庄士敦在授课的同时，还关心他的健康。庄士敦发现溥仪很可能患有近视，建议溥仪接受检查。王公太妃们炸了锅，义正词严地指出：皇上正值青年，眼睛怎么会有病？皇上的眼睛怎么能给外国人看？但庄士敦不理睬任何人的反对，他找来了协和医院的美国大夫，检查的结果是溥仪眼睛先天性近视，左眼 800、右眼 600，必须佩戴眼镜。溥仪后来戴上眼镜，目前的景物顿时清晰，他高兴极了。

庄士敦对溥仪的影响越来越大，溥仪后来回忆：“在我眼里，庄士敦的一切都是最好的，甚至连他衣服上的樟脑味也是香的……他身上穿的毛呢衣料竟使我对中国的丝织绸缎的价值发生了动摇，他口袋上的自来水笔竟使我因中国人用毛笔宣纸而感到自卑……”[③] 终于，在庄士敦的刺激下，溥仪做出了一件在王公遗老们看来是大逆不道的事儿。

---

① ［英］庄士敦著，淡泊、思齐译：《紫禁城的黄昏》，紫禁城出版社，1991 年，第 91 页。

② ［英］庄士敦著，淡泊、思齐译：《紫禁城的黄昏》，紫禁城出版社，1991 年，第 124 页。

③ 爱新觉罗 · 溥仪：《我的前半生》，群众出版社，1964 年，第 127 页。

原来，庄士敦说中国人脑后的辫子是“猪尾巴”，说这象征着落后、野蛮和不卫生。于是，溥仪决定剪辫子，但负责理发的太监跪在地上痛哭流涕，宁死也不遵旨，无奈，溥仪自己动手剪掉了辫子。这成了爆炸性的事件，太妃痛哭了好几场，师傅的脸色铁青，连太监也在背地里挖苦地说连辫子都没有，那还算个爷们儿吗？这些太监可是都留着辫子的。但这事儿传到社会上，国人对这位小皇帝刮目相看，一致好评。

庄士敦向溥仪介绍了很多西方的事物，为此，年轻的溥仪极力模仿，他穿西服、打网球、喝咖啡、骑自行车、安电话、买汽车。甚至将新文化运动的闯将、北京大学教授胡适请进了宫中，谈了一个小时的“白话文”。王公太妃得知真相后，又炸了锅。

溥仪订了很多报纸，从报上看到有生活无着的求助消息，他都会让内务府给求助者送钱。从这时起的十多年间，溥仪是中国著名的“慈善家”。一般人可能以为溥仪很有钱，沽名钓誉不在话下，其实不然，即使在后来生活极度困难的情况下，他依然慷慨解囊。不管其主观动机如何，从客观效果上看，确实令人感动。对于这一点，王公遗老们一般不加反对。

作为一个西方人，庄士敦有独特的价值观和行为方式，所以，他逐渐成了宫中不受欢迎的人。有一次过旧历年，庄士敦进宫，太监纷纷前来磕头拜年，但磕完头之后并不起来。原来，太监是在向他讨赏，因为按中国的习惯，庄士敦该给太监红包。但庄士敦坚持不给，理由是我并没让你给我磕头，你愿意磕头，跟我有什么关系？最后闹得面红耳赤。另外，庄士敦经常向溥仪揭发内务府的黑幕，所以，很多人讨厌庄士敦，太监背地里管他叫“洋鬼子师傅”。但一则，溥仪欣赏他；二则，他毕竟是外国人，所以，讨厌归讨厌，大家拿他也没有办法。

留洋计划的破灭

溥仪在逐渐成长，庄士敦的到来使他思考了很多，他不愿意走祖先的老路，也不相信一个共和国会长期优待前朝的皇室。当时社会上废除《优待条件》的呼声越来越高，每次国会开会，都有议员建议对《优待条件》加以修正。在这种情况下，溥仪不得不思考这样一个严峻的问题——《优待条件》还能维持多久？从 1920 年夏天开始，溥仪居然多次向王公们提出主动放弃《优待条件》，出洋留学的要求。这下子简直把王公们急白了头，他们拼死抵制，苦苦相劝：既然民国没有取消《优待条件》，为什么自己先要放弃它呢？

溥仪慷慨激昂："我不要什么优待，我要叫黎民百姓和世界各国都知道，我不希望民国优待我，这倒比人家先取消优待的好。"

王公们众口一词："《优待条件》载在盟府，各国公认，民国倘若取消，外国一定帮助我们说话。"

溥仪振振有词："外国人帮我们，你们为什么不叫我到外国去？难道他们见了我本人不更帮忙吗？"

王公们哑口无言，但就是不同意他出洋留学。[①]

溥仪换了个思路，他说民国政府经济窘迫，人民困难，不应该再接受民国的优待费。对此，王公们简直嗤之以鼻，他们说民国是大清的敌人，根本不用考虑敌人的难处。没想到让溥仪一句话就给噎回去了，溥仪说："如果他们是我的敌人，那就越发不应该拿他们的钱了。"[②] 读者可能会疑虑，中国末代皇帝有这样的认识水平？不管是真情还是假意，溥仪确实说过这样的话。据胡适先生的日记记载，溥仪曾对他说过："我们做错了许多

① 爱新觉罗 · 溥仪：《我的前半生》，群众出版社，1964 年，第 137~138 页。

② ［英］庄士敦著，淡泊、思齐译：《紫禁城的黄昏》，紫禁城出版社，1991 年，第 175 页。

庄士敦向溥仪介绍了很多西方的事物，为此，年轻的溥仪极力模仿，他穿西服、打网球、喝咖啡、骑自行车、安电话、买汽车。

喻大华语录

表面上看，这场复辟如同儿戏，张勋也在历史上留下了僵化反动、不识时务、不自量力的恶名，其实，这样认识并不很公允。

事，到这个地位，还要靡费民国许多钱，我心里很不安。”

在溥仪出洋这个问题上，王公们无论如何都不让步。溥仪无奈之下甚至打算“离家出走”，他通过庄士敦跟荷兰驻华使馆取得了联系，为此双方约定了时间、地点，届时使馆的汽车开到神武门外，但溥仪离开紫禁城的计划被王公得知，被堵在了宫门口。为了能让溥仪收收心，王公们加紧了溥仪婚事的筹办。溥仪对结婚一点儿兴趣也没有，由于王公苦苦相劝，再加上考虑到自古以来毕竟没有“光棍”的皇帝，所以，溥仪勉强答应了。

末代皇帝选后妃

溥仪决定选皇后的消息一传开，立即引起了轰动。满蒙王公贵族闻风而动，民国政府要员上门提亲，由于进不去紫禁城，人们纷纷涌向载沣的王府。别看溥仪是个退位的君主，但在当时中国人的价值观中依然具有神一样的魅力，谁家的闺女要是能攀上这个高枝儿，真不知是几辈子修来的福分。

中国过去的婚俗规定，男女双方都没有婚姻自主权，一律由长辈做主，皇帝也是这样。其实，溥仪对结婚本来毫无兴趣，更是懒得过问，于是，太妃和王公们一手操办。面对汹涌而来的“应聘”大潮，不得不做出限制，只选满族和蒙古族贵族的女孩子。由于抬出了“祖宗家法”这块挡箭牌，方才阻止了民国政客一厢情愿的自作多情。

清朝皇帝大多在登基之前就已经成婚，所以，不存在选皇后的问题，以前只有康熙、同治、光绪三位君主选过皇后。那时的办法是把候选的女孩子请进紫禁城，一个个地展示一下，供太后和皇帝现场挑选。但现在毕竟已经是民国时期了，皇室没有了国家政权，人权平等的呼声不断高涨，

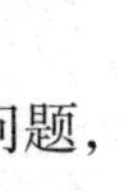

让人家的大闺女站成一排挑来挑去不太合适，更重要的是照相术已经普遍应用，在这种情况下，王公太妃们研究决定通过照片挑选。

于是，成册的照片送进了紫禁城，太妃们戴上老花镜，夜以继日地聚在一起讨论。王公们不时应召进宫，一起切磋，最后范围越来越小，分歧越来越大，因为剩下的几位小姐都有很硬的背景，太妃也各有自己的考虑，于是，争执发生了。由于难以协调，最后还是师傅给打了圆场——请皇上圣裁。

溥仪本来不愿意掺和这事儿，爱选谁选谁，一看王公太妃拿着照片找上门来，顿时感觉头疼，不过弄明白原委之后松了一口气，原来就是画个圈，于是，不假思索地在一张照片上画了个圈。溥仪晚年回忆说，之所以在这张照片上画圈，是因为这张照片上旗袍的花色图案看起来相对顺眼。

“圣裁”的结果一公布，正中下怀的太妃自然高兴，相反的则愤愤不平。持反对意见的太妃来找溥仪，说皇帝挑选的皇后叫文绣，家境贫寒，祖上没人做过大官，长相也不体面，况且才十二岁，请皇帝另选婉容做皇后。婉容出身大户人家，长得更没得说，亭亭玉立、风姿绰约，是少见的美人。其实，是不是美人溥仪倒不在乎，关键是拗不过太妃的唠唠叨叨，好在画个圈也很容易，于是，又在婉容的照片上画了个圈，至于太妃间如何协调，他就懒得问了。

果然，太妃之间吵闹起来了。这些太妃是同治、光绪皇帝的配偶，在宫中禁锢了几十年，百无聊赖，现在对溥仪的婚事都很热衷，由于争执不下，王公和师傅出面协调，最后决定立婉容为皇后、文绣为妃。不过消息反馈到溥仪那里又遇到了麻烦，溥仪本来一个都不想娶，结果弄了两个，感觉很委屈。众人又是一番劝解，说皇帝不同凡人，必须有后有妃，溥仪这才气鼓鼓地不说什么了。

确定了后妃的人选，下一步就是按照皇家婚俗，紧锣密鼓地筹备大婚典礼。前清皇室固然希望把溥仪的婚礼办到同治、光绪皇帝那样的规格，当然，他们也知道，此时凡事儿都要看中华民国的脸色。要把婚礼办得体面，一则离不开大笔的金钱，二则有些礼仪需要民国政府的默认。不过，清室信心十足，这不仅因为此时的大总统是做过大清朝东三省总督、军机大臣、大学士的徐世昌，更由于徐大总统跟清室关系密切。要知道，徐世昌竞选总统，前清皇室赞助了三百万元的竞选经费，所以，无论是从利益交换的角度，还是历史渊源的旧情来说，徐大总统没有任何理由不为溥仪的婚礼一路开绿灯。

然而，风云突变，1922 年第一次直奉战争结束，徐大总统受到南北军阀的夹攻，黯然下野，继任者是黎元洪。提起黎元洪，清室立即感到头疼。黎大总统在前清做过中级军官，蒙受的“皇恩”不多，更主要的是前几年张勋复辟，把黎元洪赶下了总统宝座，现在他能不念旧恶为溥仪的婚礼开启绿灯吗？大家一点儿把握都没有，而婚礼的筹办已经是开弓没有回头箭了，怎么办？中国末代皇帝的大婚典礼又将是一番怎样的盛况呢？

第八章 日落紫禁城

溥仪大婚典礼盛况轰动一时，沉寂已久的紫禁城中花团锦簇、贵宾盈门。然而，洞房花烛夜，新郎、新娘却各自独居，婚礼的大戏上唱起了《霸王别姬》……

结婚之后，溥仪就算成年，面对紫禁城中的腐败景象，他忧心忡忡，内务府变卖宫中珍宝；太监、宫女参与盗窃；一场大火将清宫藏品的精华付之一炬……溥仪不得不承认，他已经无力维持庞大的宫廷开支，也约束不了成百上千的太监、宫女，小朝廷的末日不远了！

溥仪忍无可忍，将太监全部驱逐出宫，太监们哭喊着被撵出了紫禁城，这标志着中国宦官制度的终结。对此，该怎样评价？

婚礼上演《霸王别姬》

溥仪选定了后妃，紧锣密鼓地筹划大婚典礼，但面临很多困难，尤其是民国政府态度不明朗，清室因为跟大总统黎元洪交情不够，信心不足。但经过交涉，结果喜出望外。

溥仪婚礼面临的两大难题很快迎刃而解：

第一个难题是经费。尽管一再精打细算，但估计至少需要四十万块大洋。① 民国政府的“优待费”年年拖欠，内务府一贫如洗，现在要办喜事儿，只好硬着头皮上门催讨。民国政府无处回避，答应拨款十万元，剩余款项让内务府自筹。内务府官员高兴得睡不着觉，他们最愿意听到的就是这句话，别看账面上一贫如洗，但紫禁城中数不清的珍宝很容易变现，更何况珍宝交易中还有大笔“回扣”可吃，所以，即使民国政府一文钱不拨，只要允许“自筹”，他们就一点儿意见都没有。

第二个难题是大清朝的国旗、仪仗队能不能出现在北京的大街上。这牵涉到民国的“主权”，不料民国政府一口应允，而且答应派出军警义务执勤，算是赞助。王公们真有点儿感激涕零了，看来黎大总统真像民间传说的那样，是个“黎菩萨”，一肚子慈悲心肠，其实，即使徐世昌仍在台

① 溥佳：《溥仪大婚纪实》，载于中国人民政治协商会议全国委员会文史资料研究委员会编：《晚清宫廷生活见闻》，文史资料出版社，1982 年，第 126 页。

上，也不过办到这个程度而已。

婚期临近，民国要人纷纷送来了贺礼：大总统黎元洪送来了金瓶银壶一类的器皿；前总统徐世昌送来了地毯、家具以及两万元现金；吴佩孚送来了七千块大洋；冯玉祥送来了如意、金表、金银器皿等；张勋送来了一万元钱，由于未能实现溥仪的复辟，张勋从此退出政界，不做中华民国的官儿了，现在下海经商，收入不错。此外，各地遗老成群结队地来到北京，也带来了各自的礼品。连上海、香港等地的大富商哈同、何东等人也送来了钻石珠宝。溥仪看到堆积如山的礼品，感觉眼花缭乱，他命令内务府把这些东西存放到紫禁城西北的建福宫，然后挑了一辆自行车，推回了他居住的养心殿。

1922 年 11 月 29 日，溥仪的婚礼在紫禁城拉开了序幕。这天晚上，溥仪派人接文绣进宫，次日凌晨，文绣乘骡车进了紫禁城，来到养心殿，向溥仪叩头，然后被册封为淑妃。为什么皇后还没进宫，妃子先来了呢？原来，这是皇家传统，文绣先于皇后进宫是为了跪迎皇后。这时的文绣不过是个十四岁的女孩子，第一次离开温暖的家，来到深宫似海的紫禁城，晕头转向，紧张得浑身发抖。

婉容是 12 月 1 日凌晨进宫的，北京市民不顾严寒，摸黑起来看热闹。中华民国的军乐队前导，后面是浩浩荡荡的前清皇室仪仗队，全套仪仗是当年光绪大婚时候置办的，稍加修整，光彩如新。看着大清帝国的国旗，看着身穿大清礼服的人骑着高头大马，大摇大摆地走在北京的大街上，北京市民的心态是复杂的。实事求是地说，北京的老百姓对前朝皇室并无太多恶感，这在中国王朝更迭的历史上实属罕见。

跟民间娶亲不同，皇帝是不会亲自上门迎娶的。这时的溥仪在乾清宫西暖阁迎接皇后，差不多凌晨四点的时候，皇后的大轿来到了乾清宫，越过火盆、马鞍，万众瞩目的时刻到来了，按例溥仪要张弓搭箭，向轿子连射三箭，然后皇后下轿。不过溥仪独出心裁，宣布取消射箭的礼节。随后溥仪夫妇前往坤宁宫，行合卺礼，经过一番烦琐的仪式，溥仪跟婉容正式结为夫妻。

新婚之夜溥仪闹了个让皇家难以启齿的笑话。此时溥仪十七岁，皇后婉容跟他同岁但比他小九个月，淑妃文绣十四岁。溥仪对这两位“小妹妹”一点儿感觉都没有，洞房花烛夜的时候，他撩起婉容的盖头，看了一眼新娘子的红脸蛋，就出了坤宁宫。难道溥仪是去文绣那里了吗？不是，溥仪晚年回忆，他当时认为坤宁宫气氛压抑，跟婉容又是初次见面，感觉很不自在，于是，独自一人回了养心殿。至于文绣，溥仪连想也没想。

溥仪的婚礼隆重热闹，历时五天，中华民国的政府要员、来自各地的遗老涌进紫禁城，向溥仪表示祝贺。遗老行的是三跪九叩大礼，受气氛感染，很多民国要员也一起三跪九叩，这些遗老互相拉着手感慨嘘唏，尤其令他们兴奋的是外国外交官也来了不少。清室接受庄士敦的建议，在乾清宫举行招待酒会，溥仪用英语致了谢词。

从 12 月 2 日起，作为婚礼的重要组成部分，连唱了三天大戏。中国京剧界对前清皇室感情非同寻常，从乾隆年间徽班进京开始，就跟皇家结下了不解之缘。若没有慈禧太后的格外垂青，哪有今天红遍中国的局面，饮水思源，上海、北京的很多名角来到了紫禁城，他们宣称为“旧东家”义务奉献，分文不取，不过，若有赏赐不敢不受，因为当年伺候慈禧皇太后就是这么个例子。溥仪听这些戏子说得振振有词，心花怒放，立即拍板赏银三万元。[①] 这些人叩头谢恩之后，又神秘兮兮地说他们还有一出新戏，在外面刚刚公演，绝对叫座，票房收入惊人，愿意报效皇家，不过戏名不太吉利——叫《霸王别姬》，不知圣意如何？溥仪大大咧咧地表示并不忌讳，尽管上演。

① 溥佳:《溥仪大婚纪实》，载于中国人民政治协商会议全国委员会文史资料研究委员会编:《晚清宫廷生活见闻》，文史资料出版社，1982 年，第 135 页。

于是，溥仪大婚典礼的压轴戏粉墨登场，梅兰芳、杨小楼领衔主演，确实功力非凡，太妃们看得如醉如痴，自言自语说当年陪老佛爷看了一辈子的戏，全白看了。不过演到最后霸王四面楚歌、虞姬挥剑自刎的场面时，观众个个泪水涟涟，大婚的喜庆气氛一扫而光。

难以为继的帝王生活

大婚之后，溥仪就算成年了，假若清朝不亡，他现在就开始执掌国家政权了。现在他领着一后一妃，过着百无聊赖的生活，毕竟不是孩子了，他要担负起自己的责任。

当时，小朝廷的经济窘迫，溥仪为此烦恼不少。按说当年退位的时候，民国政府承诺每年付给清室四百万两白银的“优待费”，尽管后来改成了“四百万元”，仍足以维持皇室的开支而有余，但民国政府口惠而实不至，“优待费”年年拖欠，清室又不敢跟民国政府翻脸，只好坐吃山空，这样一来，经济形势自然困顿无比。

其实，造成小朝廷经济危机的原因除了民国方面拖欠优待费以外，还在于虽然已经成了亡国之君，但帝王的排场一点儿没减。以太妃、皇帝、皇后、淑妃这几个人为中心，养着近千名太监、宫女、几百名护军，此外为皇家服务的各色人等数不胜数，比如师傅、侍卫、医生、画匠、工匠等，还有东陵、西陵维修保护的费用、太庙祭祀的费用、内务府贪污腐败的侵蚀等。溥仪晚年撰写《我的前半生》，其中统计有的月份消耗仅猪肉就达 14642 斤，其他开支更是惊人。[①]

而且，溥仪长大成人之后，兴趣广泛，挥金如土。他订了很多国外的杂志，然后按照杂志上刊登的广告指示内务府给他买汽车、买钢琴、买

---

① 爱新觉罗·溥仪:《我的前半生》，群众出版社，1964 年，第 52 页。

钻石。溥仪一度喜欢上了养狗，养了近百条名犬，其中从国外进口的名犬一条就达几千元。此外，溥仪还热衷“慈善事业”……当时，社会上普遍认为溥仪是个有钱的富人，所以，往往拿他当敲诈的对象，溥仪也愿意装傻充阔。前面说庄士敦发现溥仪视力不好，请协和医院的美国大夫前来诊断，诊断的结果是近视眼。溥仪要支付出诊费，但协和医院坚决不收，表示他们志愿为皇帝服务，如果皇帝一定要出钱，建议捐款。于是，溥仪命令内务府向协和医院捐款一千块大洋。这样一来，小朝廷的经济情况自然捉襟见肘了。

为了维持庞大的宫廷开支，内务府只好变卖宫中的文物和艺术品。按说宫中珍宝的所有权不一定都属于溥仪，其中很多作为“国家财富”应由中华民国继承，但由于一直没有区分哪些是溥仪的“私产”，哪些是民国的“公产”，加上民国违约在先，所以，内务府先下手为强，理直气壮地变卖宫中珍宝，其中很多文物流入了外国人之手。当时，北京的报纸一经披露，往往引得舆论沸腾，国会议员向政府咨询，弄得小朝廷压力不小。

后来，内务府想出了个办法，不卖了，改为向银行借款。众所周知，如果没有抵押物，银行是不会贷款的。于是，内务府挑选一些文物或艺术品，押给银行，然后宣称等中华民国的拨款一到，立即赎回抵押物。然而，民国政府的拨款肯定遥遥无期，内务府自然无钱还款，抵押期满抵押物全归银行，欠款一笔勾销。这跟拍卖比起来，损失更大，因为抵押物的价值远远超过借款额。但清室跟银行一个愿打一个愿挨，民国政府在一边瞪眼干着急没办法。

内务府变卖、抵押宫中珍宝引发了一系列严重的后果。

紫禁城是一座闻名世界的宝库，里面存放着二百多年间清朝皇帝的财富和收藏，为了保证财宝的安全，本来有着极为严格的管理制度。内务府变卖、抵押这些财宝，首先就破坏了严格的管理制度，于是，偷盗开始了。最先动手的是太妃，她们将宫中宝物通过太监弄回自己的娘家，这一举动启发了太监、宫女以及内务府的官员，于是，众人一齐下手。而此时的溥仪虽然是皇帝，但早就没有了皇权，实际上也是个无权无势的人，他根本约束不了手下人的越轨行为。偷盗者胆子越来越大，在1923年的时候，终于发生了一场大乱子，中华文化遗产蒙受了巨大的损失。这是怎么回事儿呢？

建福宫大火

早在溥仪结婚的前一年，他无所事事，在宫中闲逛，突然，走到紫禁城西北的建福宫，发现了蹊跷。

原来门上贴着嘉庆年间的封条，也就是说，这座宫殿已经封闭一百多年了。这引起了溥仪的好奇感，他向内务府询问究竟，无奈内务府一问三不知。溥仪索性下令打开殿门，这才发现整个宫殿就是个宝库，每间房子里面都码放着堆到天花板的大箱子，打开箱子，里面有的装着字画，有的装着玉器，有的装着青铜器，有的装着手抄本，有的装着宋瓷。溥仪后来才弄明白，原来这大多是乾隆皇帝的收藏品，乾隆爱好收藏，在位六十多年，利用皇帝权力在天下“淘宝”，乾隆死后，其子嘉庆皇帝崇尚节俭，把父亲的藏品集中存放于建福宫。为了避免子孙玩物丧志，所以，把建福宫封闭了。此后，道光、咸丰、同治、光绪四位皇帝都未涉足这里，时间一长自然被人遗忘了。

令人感到震撼的是建福宫的藏品中还有很多各省的贡品，封条上写着进贡的省份和时间。完好无损的封条显示，这些贡品自从装箱之后就没打开过，① 就连收礼的乾隆皇帝也不知道其中装的是什么东西。

① ［英］庄士敦著，淡泊、思齐译：《紫禁城的黄昏》，紫禁城出版社，1991年，第208页。

溥仪发现了宝库的消息顿时传遍了紫禁城，这无疑更激发了很多人的贪欲，而且，建福宫的珍宝不同别处——根本没有账，长期封闭状态一旦打开，又未建立起相应的管理制度，所以，胆大的太监、宫女开始偷盗。此时的溥仪名义上是皇帝，但手中没有生杀之权，对手下人的威慑力不大。太监、宫女等人盗宝已是公开的秘密，溥仪也没办法。

溥仪结婚之后，为了制止偷盗，也是为了对自己的珍宝心中有数，他决定对宫中的珍宝逐一清点。有账的要逐一对照，无账的重新建账。建福宫是清点的重点，清点工作刚开始，一件令他心胆俱裂的事情发生了。

1923 年 6 月 27 日，一个晴朗无风的夜晚，九点多钟，溥仪正跟婉容聊天，突然，凄厉的消防车警笛声由远及近，划破了宁静的北京夜空。原来，东交民巷使馆区的意大利消防队瞭望到紫禁城中火光冲天，开着消防车前来砸门并切断了紫禁城的电源，大家这才发现建福宫发生大火，紫禁城立即陷入了三百年来从未有过的混乱状态。紧接着，北京当局的消防队也赶来宫中，不过几车水喷洒完后大家就束手无策了，消防队找不到水源，英雄无用武之地，怎么办？

建福宫以北的紫禁城外有一条护城河，直线距离不远，但被宫墙阻隔，七拐八绕，好歹把管子接上，发动抽水机，一根细细的水柱喷向火海，众人立即就明白了“杯水车薪”的含义。大火在熊熊燃烧，院子里数百年的古树变成了“火树”，高大的楼阁轰然倒塌，正在燃烧的房屋木料四处飞溅，火势迅速蔓延。意大利消防队员立即指挥拆毁附近的宫殿，截断火路，就这样忙活到第二天的中午，大火基本被扑灭。

建福宫宫殿群化为一片废墟。次日庄士敦赶来宫中，只见溥仪站在余烬未熄的火场边上，他一宿未睡，一脸疲惫和忧伤。几十年后，据目击者回忆：“在残垣断瓦之下，不时发现有未烧完的珍本书籍及大堆烧得毫无光泽的各种宝石”，“那些金佛、金塔等，俱被熊熊烈火熔化，有的成了碎块，有的化成金水流入土中，结成半土半金的板块”。[①]事后内务府报告，不算建筑物的价值，这场大火烧毁了2665尊金佛、1157幅古画、435件从西周到元朝的玉器、瓷器、青铜器和几万册古书等。几十年后，溥仪回忆说内务府完全是信口开河，因为建福宫的珍藏本来就没有账，但损失巨大无疑。溥仪举出了一个例子，他说后来从火场的灰烬里提炼出了一万七千多两黄金。[②]另外，溥仪大婚收到的礼品大多存放在这里，现在全都化成了灰烬。

溥仪愤怒到了极点，这场大火到底是怎么回事儿？一定要追查到底！

据分析，起火这天晚上晴朗无风，不存在雷电等天气现象，所以，可以排除自然因素导致的火灾。此外，能不能是电线短路引起的火灾呢？可能性也不大，因为宫中电线都是近年铺设的，使用的都是进口名牌产品，施工也符合规范，但也不能完全排除电路起火的可能。最后，还有一个推测：人为纵火。

溥仪更相信是人为纵火，目的应为盗窃珍宝的人纵火灭迹。联想到毓庆宫的库房被人砸开了，乾清宫的后窗户被人撬开了，自己刚买的钻石不翼而飞，溥仪更坚信这一点。于是，下令扣押了一些嫌疑较大的太监加以审问，但太监大呼冤枉，而内务府又不敢对嫌疑人用大刑，只能用不让睡觉的熬审的办法，大不了打几个耳光。他们也怕审出人命，那就得惊动民国当局了。溥仪手里没有权力，无法彻查，即使查出结果也难以惩处。说起来他是至高无上的皇帝，实际上是个无权无势、孤立无助的人。

---

① 溥佳：《清宫回忆》，载于中国人民政治协商会议全国委员会文史资料研究委员会编：《晚清宫廷生活见闻》，文史资料出版社，1982年，第21页。

② 爱新觉罗·溥仪：《我的前半生》，群众出版社，1964年，第148~149页。

皇帝跟太监的缘分尽了

建福宫的案子还没有审出个头绪，养心殿东套院又发生了火灾，一团浸过煤油的棉花刚烧着就被扑灭，这明摆着是故意纵火。溥仪感到了前所未有的恐惧，这跟以前的火警性质完全不同，这明显是冲着他来的，甚至可以说是要烧死他。溥仪想到自己平日里对太监打骂虐待简直就是"家常便饭"，不知结下了多少冤仇，他越想越怕，都不敢睡觉了。

偏偏此时又发生了一起行凶案，一个太监将另一个太监刺成重伤。这事儿本来跟溥仪毫无关系，但让他心惊肉跳。特殊的身份使溥仪的心理敏感多疑，他更不敢信赖这些太监了。白天还好说，一到了晚上，自己蒙头大睡，屋里屋外全是值夜班的太监，万一趁机下手，自己只能坐以待毙。但如果不睡觉，身体的生物钟也不适应，怎么办？最后溥仪想出了一个办法，找一个值得信赖的人在他睡觉的时候为他守夜，一旦有紧急情况，立即叫醒他。

谁值得信赖呢？溥仪经过盘算，只有两个人可以放心：皇后婉容和淑妃文绣。溥仪把自己的意思跟婉容一说，婉容十分高兴，表示非常愿意为溥仪守夜，并一再强调这事儿不用文绣参与，她一个人就能胜任。溥仪未加深思，就同意了。其实，婉容自从结婚，每天晚上都是自己过夜，一直没有机会接近溥仪，现在能在溥仪的寝宫过夜当然浮想联翩，十分兴奋。

然而，几天过后，婉容就发现这是个苦差事。晚上溥仪睡得香甜，自己拎着个棍子彻夜不能合眼，一直挨到天明，真是苦不堪言。溥仪一觉醒来，看到婉容疲惫憔悴的样子，想把文绣叫来替换一下，但婉容脑袋摇得像个拨浪鼓，她宁愿累死，也不让文绣接近溥仪。

几天过后，婉容支撑不住了，溥仪也觉得这样下去不是个办法，他经过深思熟虑，为了一劳永逸，做出了一个具有"划时代"意义的抉择——所有太监，不管是总管大太监还是打扫处的小太监，不管是皇帝身边的太监还是太妃身边的太监，不管是安分守己的太监还是心怀叵测的太监一律驱逐出宫。

溥仪知道，中国的太监史跟中国的皇帝史一样长，将太监驱逐出宫是一件前无古人的创举，必将面临巨大的阻力。他也知道，这些阻力不是来自太监，而是来自太妃和王公，为了使自己的计划得以顺利实施，他使用了计谋。

1923 年 7 月 16 日中午，溥仪乘汽车突然来到了醇王府。他采用的是突然袭击的战术，不给王公和内务府官员商量的时间，利用自己的皇帝权威，立即降旨，命令内务府执行。溥仪摆出了一副跟太监不共戴天的架势，不把太监驱逐出宫，紫禁城都可能被烧光！不驱逐太监他就不回到紫禁城！溥仪的父亲醇亲王载沣满头大汗，苦苦劝说，内务府官员急得像热锅上的蚂蚁，但溥仪不为所动，双方僵持到傍晚，载沣终于妥协了。双方讨价还价，最后达成了一致，除了太妃身边各留二十名太监以外，其余太监立即驱逐出宫。

当天晚上，中华民国首都卫戍部队的士兵开进了紫禁城，他们应内务府的邀请，前来帮助驱逐太监出宫。晚上八点多钟，近千名太监被集中在乾清门前，跪听溥仪的圣旨，当得知自己必须立即出宫的时候，现场响起了惊天动地的号哭声。

这些太监大多来自河北农村，因为生计所迫或者是为了出人头地，自小阉割进宫，当了几十年的差，宫中就是他们的家，现在命令他们立即出宫，让他们投奔何处？而且，身无一技之长，手无缚鸡之力，今后何以为生？所以紫禁城中哭声一片，骂声一片。这是一幅多么凄惨的景象！太监收拾起简单的行李，然后排队出宫，并在神武门前接受搜身检查，他们以断子绝孙为代价换来的饭碗被砸了，有的太监出了神武门直接就投了护城河……

溥仪晚年反省了自己的前半生，承认他此时对太监的处理过于“多疑”和“神经过敏”。[①] 太监虽然参与了宫中宝物的盗窃，但毕竟是少数人，多数太监并没有盗窃的条件和胆量，至于谋害皇帝更是毫无根据。1959 年溥仪特赦出狱，回到北京，特意前往一些寺庙，看望住在那里的太监，向他们鞠躬道歉。他在《我的前半生》中深情地说：“他们服侍我吃饭、穿衣和睡觉，陪我游戏，侍候我上学，给我讲故事，受我的赏也挨我的打。别人还有不在我面前的时间，他们却整天不离我的左右。他们是我幼年的主要伴侣，是我的奴隶，也是我最早的老师。”[②]

中国末代太监的结局虽然悲惨，但当时的社会舆论对溥仪驱逐太监出宫评价极高。溥仪这一多疑的举动造成了中国太监制度的终结。为了保护自己数不清的后宫佳丽的贞操，皇帝将宫中服役的男人一律阉割，作为皇帝制度的一部分，是极度自私的体现和惨无人道的象征，是吃人社会的余毒。现在，中国的末代皇帝主动宣告了这一制度的结束，虽然神武门前太监的哭声令人心酸，但这一举措使得中国今后再也不会有男孩子在童年就被阉割，不管溥仪的主观动机如何，其结果必将是朝向人道公平的迈进，是值得肯定的举动。当时北京的报纸肯定溥仪是开明进步的人，甚至说他假如早生三四十年，也许不会有中华民国。[③]

晚上九点多钟，溥仪乘车回到了紫禁城，他亲眼看到了神武门前混乱的场面。再往前走，宫内一片漆黑，这里似乎是一座荒废的古庙。没有了太监，紫禁城的夜晚格外的寂静，宫中的生活似乎停滞了，残败的宫廷、凄凉的环境，令人倍感压抑。

在养心殿，溥仪满面愁容，心惊肉跳。不仅仅因为寂静带来的恐惧，还有他那茫茫无着的前程，今后的路该怎么走？近年来的一系列纷扰表

---

① 爱新觉罗·溥仪：《我的前半生》，群众出版社，1964 年，第 149 页。

② 爱新觉罗·溥仪：《我的前半生》，群众出版社，1964 年，第 71 页。

③ ［英］庄士敦著，淡泊、思齐译：《紫禁城的黄昏》，紫禁城出版社，1991 年，第 212 页。

明，无论是民国政府还是前清皇室，都因《优待条件》而承受了巨大的压力。对中华民国来说，保留前朝皇室显示了共和国的不彻底和不体面；而对前清皇室来说，他们不得不承认，在失去皇权之后，已经无力继续住在紫禁城中，这不仅由于他们无力维持宫廷的庞大开支，而且也约束不了成百上千的太监、宫女。然而，《优待条件》是自己主动放弃，还是等中华民国来修改呢？

此时的溥仪无论如何也想不到，这个胜利者曾经信誓旦旦的白纸黑字的《优待条件》即将被撕毁，他被人用枪逼着走出了这座祖先居住了将近三百年的紫禁城。当这一时刻到来的时候，又是怎样的惊心动魄？溥仪会屈服于强权的压力吗？这对溥仪的前途命运又会产生什么影响呢？

第九章 被逐出宫

1924年第二次直奉战争中，直军将领冯玉祥倒戈回京，发动政变。这本是一场民国实力集团之间的博弈，早已置身事外的前清皇室为什么反倒成了政变的牺牲品？

溥仪被逐出宫，走到了人生命运的十字路口，他将何去何从？王公跟遗老们尖锐对立，野心勃勃的遗老逐渐取得了对溥仪的支配地位。

本来，随着段祺瑞的复出和张作霖的掌权，形势对清室越来越有利，然而，溥仪为什么偏偏在这一关头潜入日本驻华公使馆避难？溥仪的命运由此发生了怎样的改变？

旁观者掉进了旋涡中

1924年9月，爆发了第二次直奉战争。

所谓“直”就是直隶，今天的河北省；所谓“奉”就是奉天，今天的辽宁省。此时直系的代表人物是曹锟、吴佩孚，奉系的代表是张作霖。双方战争的目的是争夺对北京政府的控制权。对于这场战争，前清皇室绝对持中立的立场，反正双方当年都是大清朝的臣子，都对小朝廷旧情难忘，所以，尽管蒙头睡大觉，谁打赢了就到谁那里领“优待费”。

10月23日傍晚，溥仪接到一个惊人的消息，直军第三军总司令冯玉祥趁吴佩孚跟张作霖激战正酣之机，倒戈回京，发动政变，大总统曹锟已被软禁，生死不明，北京不少交通路口已被封锁，电话线也被切断了。尽管如此，溥仪依然没太当回事儿，反正跟自己毫无关系，不过几天后，风声越来越紧，有消息说冯玉祥还要对小朝廷采取行动，这下子王公们不敢掉以轻心了。

王公们召开紧急会议，商讨对策，他们普遍感觉困惑。冯玉祥出身于军人世家，父亲当年是淮军的下级军官，冯玉祥子承父业，也做过清朝的职业军人。冯家父子对大清朝没有报不完的恩，也绝对没有结什么仇，前两年溥仪大婚，冯玉祥还随了礼，按说冯玉祥不应该跟小朝廷过不去。

不过，王公们立即感觉这个想法很幼稚。政治家讲的是原则，讲的是利益，谁会讲恩德？要讲恩德，曹锟对冯玉祥恩德厚不厚？冯玉祥从一个中级军官成为高级将领，还不是曹锟提拔的结果？彼此这样“铁”的关系，现在还不是说翻脸就翻脸！目前冯玉祥控制了北京，据说还要把孙中山请到北京，改良民国政治，拿小朝廷开刀也不是没有可能。在这种情况下，唯一安全的办法就是让溥仪住进北京的使馆区或外国兵营，以防万一。

研究到这里，大家普遍感觉到为难，由于清室跟冯玉祥缺乏深厚的关系，谁都说不上话。虽说让溥仪住进外国公使馆可保安全，但这个办法明摆着是对民国的不信任，稍有不慎就会引火烧身，况且那么多的财产怎么办？两位太妃也住进公使馆？她们不愿意去怎么办？还有，政变的前两天，端康太妃（光绪帝的瑾妃）刚刚去世，上自溥仪，下到王公，都是一身重孝，丧事还没办完，这也是一个麻烦。所以，会议的结果就是没有结果，一切听天由命。

前清皇室束手无策，形势越发不利。冯玉祥发动政变之后，很快陷入各方面的掣肘之中，原来的设想步履维艰，于是，已成了死老虎的前清皇室进入了冯玉祥的打击视野。因为小朝廷的存在是当年革命不彻底的象征，若能解决这一问题，将完成辛亥革命的一个未竟之业，获得广泛的社会赞誉。在这种情况下，清室在劫难逃了。

溥仪在养心殿陷入深深的思索中。如果被逐出宫，生活费用一时不至于太发愁，近几年来，他未雨绸缪，往宫外运了一批珍宝。当时，溥仪学业还没有完成，每天要上课，为了营造课堂气氛，给他配了两个“伴读”，一个是弟弟溥杰，另一个是堂弟溥佳，这两位老弟每天出宫都要带走一些珍宝。考虑到搬运的方便，拿走的主要是体积不大、重量较轻的书籍和字画。书籍全是“宋版书”，字画大多是中国历代名家的作品，堪称价值连城。[1]本来，溥仪早就不相信《优待条件》会永远有效，也不愿意住在腐朽的宫廷里受王公的摆布，近几年来，他考虑过出宫独立生活的问题，但是，受制于王公们的阻挠，直到陷入今天的被动局面，所以，溥仪愁肠百结，长吁短叹。

形势越来越危急了，11 月 2 日，冯军占领了景山，并制造事端，挑战紫禁城的守军。第二天，冯军将紫禁城的守卫部队缴了械，这意味着大祸即将临头。在这种情况下，王公们仍然认为不应逃到外国公使馆，但有人建议溥仪化装冒险出宫，然而，这一计划尚未实施，冯玉祥便对紫禁城下手了。

末代皇帝被逐出了紫禁城

冯玉祥发动北京政变，固然有着争地盘、拓势力等复杂的背景和原因，其中也不排除要求停止内战，建立一个独立、富强的共和国的良好意愿。自从民国建立以来，小朝廷的存在成了共和国的一个污点，所以，冯玉祥将打击矛头指向前清皇室，11 月 4 日晚，操纵“摄政内阁”废止了《优待条件》，并做出了新的规定，然后于次日强制执行。

11 月 5 日早晨，冯玉祥的亲信、北京警备总司令鹿钟麟率部队来到神武门前，一同前来的还有北京警察总监张璧。鹿钟麟下令割断宫中的电线，然后带二十名手枪队士兵进入了紫禁城。社会名人李煜瀛也自告奋勇，一同进宫，他从事教育工作，今天的行动本来没有他什么事儿，但他坚持要来，说是要亲眼看看末代皇帝的下场。李煜瀛为什么跟溥仪有这样

① 笔者按：溥仪晚年回忆，书画中有王羲之、王献之、钟繇、僧怀素、米芾、赵孟頫、王维、马远、阎立本、司马光、宋徽宗、董其昌等人的作品，达一千多件。见爱新觉罗·溥仪：《我的前半生》，群众出版社，1964 年，第 143~144 页。

的深仇大恨？说起来难以置信，其父就是同治皇帝的老师、慈禧太后的军机大臣李鸿藻。李煜瀛后来留学法国，信奉了无政府主义，加入了同盟会。他反对一切皇室，昨晚他跟内阁要员争论，非要杀死溥仪不可，但没有人敢答应他。

鹿钟麟和士兵们拎着手枪，腰别炸弹，张璧、李煜瀛亦步亦趋地紧跟着，在紫禁城中长驱直入，他们首先找到了内务府大臣绍英，气势汹汹地拿出了“摄政内阁”昨晚修正的《优待条件》，命令他转交溥仪签字，立即离开紫禁城。

绍英故作镇静，他对李煜瀛说：“你不是故相李鸿藻的公子吗，何忍出此？”李煜瀛连连冷笑，并不作声。

绍英眼巴巴地跟鹿钟麟说：“你不是故相鹿传霖的一家吗，为什么这样逼迫我们？”

鹿钟麟说：“我们来此执行国务院的命令，是为了民国，同时也是为了清室。如果不是我们，那就休想这样从容了。”

绍英又说：“我大清入关以来，宽仁为政，没有对不起百姓的事，况优待条件尚在，怎么能够这样办呢？”

鹿钟麟说：“你这是替清室说话，可是，满清入关以后的‘扬州十日’和‘嘉定三屠’，老百姓是永远忘不了的。况且张勋复辟，颠覆民国，《优待条件》早为清室所毁弃，当时全国军民一致要求严惩复辟祸首，到现在还是一个悬案。最近摄政内阁成立，各方又纷纷提出惩办复辟祸首的要求，群情激奋，就要直接采取不利于清室的行动。现在宫内外已布满军警，气势汹汹，就要动手，如果不是我劝阻他们稍等片刻，现在就出了乱子了！”①

不得已，绍英只好去见溥仪。此时的溥仪正在储秀宫跟婉容在一起。

① 吴锡祺：《驱逐溥仪出宫》，载于中国人民政治协商会议全国委员会文史资料研究委员会编：《文史资料选辑》第四辑，中华书局，1960年，第75页。

绍英失魂落魄地闯进门来，带着哭腔说："冯玉祥派了军队来，还有李鸿藻的后人李煜瀛，说民国要废止《优待条件》，拿来这个叫签字！"溥仪一下子跳了起来，接过公文，紧张地看了起来。

这个文件的内容主要有以下五点：

1. 大清宣统帝从即日起永远废除皇帝尊号，与中华民国国民在法律上享有同等一切之权力。

2. 民国政府每年补助清室家用五十万元。

3. 清室应按照原优待条件第三条即日移出宫禁，以后得自由选择住居，但民国政府仍负保护责任。

4. 清室之宗庙陵寝永远奉祀，由民国酌设卫兵妥为保护。

5. 清室私产归清室完全享有，民国政府当为特别保护，其一切公产应归民国政府所有。[①]

几十年后，溥仪回忆说：这个新修正条件并没有我原先想象的那么可怕，但是绍英说了一句话，立即让我跳了起来："他们说限三小时内全部搬出去！"

"那怎么办？我的财产呢？太妃呢？"溥仪急得直转，"打电话找庄师傅！"

"电话线断，断，断了！"荣源回答说。荣源是皇后婉容的父亲，溥仪的岳父。

"去人找王爷来！我早说要出事的！偏不叫我出去！找王爷！找王爷！"这里说的王爷指的是溥仪的父亲醇亲王载沣。

"出不去了"，宝熙说："外面把上人了，不放人出去了！"[②]

内务府的人满头大汗，跑来跑去，他们向鹿钟麟苦苦哀求，但鹿钟麟和他带来的二十名手枪队士兵个个面色凝重，不理不睬。突然，鹿钟麟发

① 章伯锋主编：《北洋军阀》（四），武汉出版社，1990年，第1001页。

② 爱新觉罗·溥仪：《我的前半生》，群众出版社，1964年，第167~168页。

话了：“再限20分钟，不然的话，景山上就要开炮了！”

这句话完全是唬人，但这些皇室贵族哪里见过这场面，至此，溥仪气馁了，他完全屈服，领着婉容、文绣出了紫禁城，在神武门前坐上了鹿钟麟给准备好的汽车。但两位太妃宁死不出宫，鹿钟麟吓唬了半天也不见效果，反而是太妃要自杀，这倒把鹿钟麟吓坏了，好在溥仪同意出宫，主要目的已经达到，所以，鹿钟麟出了紫禁城，指挥汽车向载沣的醇王府开去。那里是溥仪的出生地。

溥仪进入醇王府之后，王府随即被鹿钟麟的士兵看守，断绝跟外界的一切联系。两天后，鹿钟麟进入醇王府，勒令溥仪交出“传国玉玺”。所谓“传国玉玺”相传是秦朝用和氏璧雕刻而成，上面刻着“受命于天，既寿永昌”八个字，历代王朝把它作为政权合法性的象征，但这块玉玺在元朝之后就失踪了，只不过明清两朝的皇帝都掩盖了玉玺失踪的消息，现在鹿钟麟向溥仪索要“传国玺”，溥仪和王公们哪里拿得出？他们指天画地，赌咒发誓，反复解释。鹿钟麟半信半疑，转而命令溥仪交出内务府存在银行的现金之后离开了醇王府，再未露面。

张大帅进关，冯玉祥失势

可见，冯玉祥废止了原来的《清室优待条件》，修正后的条件既然规定溥仪的地位等同于平民，自然谈不上优待，更何况除了溥仪被逐出宫之外，其他各款也均未履行，所以，中华民国对前清皇室的优待已经终止，溥仪的皇帝地位被剥夺，小朝廷寿终正寝。冯玉祥自豪地说：“我此次班师回京，可说未办一事，只有驱逐溥仪，才真是对得住国家对得住人民，可

告天下后世而无愧。”[1] 次日，北京市民奉命悬挂国旗，以庆祝一个名副其实的共和国的诞生。

然而，对于冯玉祥的这一举动，中外各种势力集团是如何反应的？以溥仪为首的小朝廷就坐以待毙吗？

溥仪自从被送进醇王府之后，就处在忐忑不安之中，他的父亲载沣更是恐惧得失态，聚集在王府里面的王公、师傅们也是一筹莫展。王府外面已被冯玉祥的军队围得水泄不通，大门口站满了身背大刀、手持步枪的士兵，一幅如临大敌的景象，进出王府的人都要受到严密的盘查，尤其是第二天起门禁更严，只准进不准出，买米买菜都受到限制。溥仪连一套换洗的衣服也没有，跟弟弟们挤在一个屋里睡觉，自打记事儿起，他还没有受过这样的委屈。然而，此时的溥仪顾不上抱怨这些，他忧心的是自己命运的莫测。

其实，此时冯玉祥控制下的“摄政内阁”也面临着巨大的压力，开始意识到问题的棘手了。虽然社会舆论和远在广东的孙中山表示赞成，但真正的实力派发表了不同意见。

就在驱逐溥仪出宫的当天，荷兰、英国、日本三国驻华公使紧急约见“摄政内阁”的外交总长王正廷，向他了解上午事件的原委并要求保证溥仪的安全。王正廷弱弱地说了一句：这是中国的内政。日本公使芳泽谦吉立即拍着桌子说：对皇帝的任何虐待都将被日本政府看成不愉快的事情！英国公使很有风度地表示他们关心贵国能否尊重自由、诚信这些人类的普遍价值观。荷兰公使则表示他没什么可说的，他将在请示政府之后再跟中国交涉，并建议各国政府共同出面关注这一事件。至此，王正廷不敢再强硬，他承诺保护溥仪的生命安全和人格尊严。

另外，很多社会名流也发表了反对意见，以胡适为代表的自由主义者

① 杜春和等编：《北洋军阀史料选辑》下册，中国社会科学出版社，1981年，第165页。

骂政府欺软怕硬，不守信用，做了“民国史上的一件最不名誉的事”。北洋元老唐绍仪也发表声明不认可冯玉祥的做法，他当年主持了《清室优待条件》的起草，他说：对清室的优待使我们缩短了辛亥革命的时间，挽救了很多人的生命，如果认为这个条件已经不合时宜，也应该公正、合理地解决，在解决之前应该恪守对清室的优待。①

当然，这些书呆子和失意政客的话尽可以置之不理，但北方实力派的立场绝不能等闲视之，段祺瑞得知驱逐溥仪出宫的消息后立即通电反对，更可怕的是张作霖的东北军正源源入关，已经抵达天津。尽管张作霖未对驱逐溥仪的事件发表公开评价，但他私下对溥仪派去求助的人说：“告诉皇上不用怕，有俺老张！”又说：“冯玉祥这是想抢宫中的宝物，哼，小样！”说起来奇怪，张作霖在大清朝本来出身“穷棒子”，但自从他成了清政府的军官之后，他就认准了一个理儿——忠于皇室。这些年来不仅把沈阳的宫殿陵寝保护得一丝不苟，而且经常给溥仪寄钱。

显然，局势的发展对冯玉祥越来越不利了。本来，冯玉祥倒戈之前跟张作霖有一个默契——通过倒戈搞垮曹锟、吴佩孚，帮张作霖取得直奉战争的胜利，但是，东北军不能开进关内。张作霖当然明白冯玉祥想控制京津，他满口答应说：“只要推翻了曹、吴，奉方的目的既已达到，决不再向关内进兵。”② 没想到张作霖现在翻脸不认账，大军入关，大有席卷京津之势。冯玉祥的军事实力和政治影响力哪里比得上张作霖，更何况张作霖背后还有日本人的支持。不过张作霖有自知之明，他知道自己的政治声望尚不足以掌控北京政府，他的算盘是搬出段祺瑞，做政府的名义元首和他的傀儡。在这种情况下，冯玉祥下台就是个时间问题了。

---

① 转引自［英］庄士敦著，淡泊、思齐译：《紫禁城的黄昏》，紫禁城出版社，1991年，第266页。

② 鹿钟麟等：《冯玉祥北京政变》，载于中国人民政治协商会议全国委员会文史资料研究委员会编：《文史资料选辑》第四辑，中华书局，1960年，第11页。

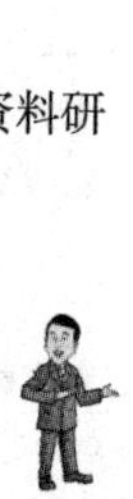

从 11 月 9 日开始，冯军放松了对醇王府的封锁，并且允许溥仪派人回宫取回一些衣物。这里有这样一个花絮：当时，溥仪的心情好了很多，他格外交代把他的一条德国警犬牵回来。此外，他新买的一顶帽子也务必取来。溥仪说这顶帽子镶着钻石，放在养心殿东暖阁的炕桌上。傍晚，取东西的人回来说警犬牵回来了，但帽子已经无影无踪。不过溥仪获得一个意外的收获，他的亲信在找帽子的时候意外地发现了溥仪的皇冠，他当然不敢把皇冠拿出来，但他趁人不备将皇冠上的顶珠揪下来了。这是一颗像小鸡蛋那样大小的晶莹剔透的珍珠，从康熙皇帝以来，九位清朝皇帝把它装饰在皇冠上，珍贵无比。[①]不久，两位依然居住在宫中的太妃也迁出了紫禁城，她们带出来了很多东西，鹿钟麟没有干涉。

形势对前清皇室越来越有利了。22 日，段祺瑞抵达了北京，次日张作霖也来到北京，受到了各方面的普遍欢迎，清室也派代表来到车站迎接，并向段祺瑞提出恢复溥仪自由的请求，段祺瑞一口答应，而张作霖更是向皇室的代表承诺恢复《优待条件》，让溥仪回到紫禁城。

27 日，冯玉祥通电辞职（后改为请假）。28 日，围困醇王府的冯军撤离，同日，前清皇室发表声明，宣布不承认此时已经垮台了的摄政内阁对《清室优待条件》的修正，并表示保留追究冯军“强暴胁迫”溥仪出宫的法律责任的权力。

一失足成千古恨

由以上介绍可见，随着段祺瑞、张作霖的掌权，溥仪不仅绝处逢生，而且前途堪称柳暗花明，即使恢复原来的《优待条件》似乎也不是奢望。

① 爱新觉罗·溥佳：《溥仪出宫的前前后后》，载于吕长赋等编：《溥仪离开紫禁城以后——爱新觉罗家族成员的回忆》，文史资料出版社，1985 年，第 12、28 页。

然而，就在前清皇室暗自庆幸的时候，11 月 29 日，溥仪突然离开了醇王府，到日本驻华公使馆避难。这改变了溥仪一生的命运，影响了近代中国历史的进程。

令人不解的是既然段祺瑞已经做出了承诺，而掌控北方局面的张作霖又是清室完全信赖的人，溥仪为什么还要不惜得罪现在的民国当局，寄希望于外人呢？将溥仪引向歧途的人是谁？他是个什么样的人？

古语道一失足而成千古恨。

溥仪最终走进了日本使馆，可以说是走上了邪路，因此毁了他一生，也给中国人民，尤其是东北人民带来了深重的灾难。

溥仪为什么走上了这条邪路呢？这要从一个人谈起。

大概是在 1923 年，溥仪结婚以后，想振作一番，于是，引进了一批人才做自己的亲信。这主要是一些学者，比如王国维、罗振玉、郑孝胥等。其中王国维是享誉世界的学者，绝对的学术大师，也是个书呆子，对小朝廷来说，主要是拿他装点门面，不指望他能为清室做些什么；罗振玉则不同，不仅学问好，而且跟日本人关系密切，有心计、有胆识；不过比起郑孝胥来，又显得小巫见大巫了。

郑孝胥生于咸丰十年（1860 年），福建闽侯人，曾高中福建乡试解元，[1]在晚清长期做中国驻日本的外交官，后来参与过戊戌变法、立宪运动，做过按察使、布政使等，清朝灭亡后以遗老自居。要讲学问，郑孝胥似乎也没有什么专业造诣，但他是享誉全国的书法家、诗人。

郑孝胥虽然没有什么学术成果，但他的口才好、语言表达的感染力极强。他给溥仪讲《资治通鉴》，这本来是一部很枯燥的历史书，但郑孝胥讲得妙趣横生，讲到激动的时候，老泪横流。溥仪后来回忆说，郑孝胥虽然是个老学究，但嘴里常有新名词，像法西斯、托拉斯、社会主义、引进

① 笔者按：乡试（考举人）第一名称为“解元”。

外资等。他讲历史往往把历史跟现实的关系拉得很近，不让人感觉他说的是遥远的过去，而是感觉历史就是活生生的身边事儿。另外，这个人虽然年纪不小，但言谈举止朝气蓬勃，使溥仪感觉不到代沟，就像同龄的朋友一样，能说到一块儿。而且，郑孝胥很随和，不像陈宝琛师傅，一旦溥仪做错了事儿就瞪眼不理人，即使是向溥仪提意见，也说得很委婉中听，所以，溥仪对郑孝胥言听计从。几十年后，溥仪打了个比方，他说：我跟郑孝胥的关系，就是慈禧跟荣禄的关系。[1]

然而，后来的历史证明，郑孝胥是个地地道道的野心家，他利用溥仪，有自己的如意算盘，而他最终将溥仪引入日本公使馆，更是溥仪后半生刻骨铭心的痛。

在 1924 年 11 月 5 日被驱逐出宫之前，溥仪一直被王公包围控制着。这些生来就享有富贵的王公贵族阅历不足、交际不广，他们在北京都有庞大的产业，因此希望溥仪安于现状，别惹出事儿来。当时，溥仪住在紫禁城，按照宫廷规矩，不能想见谁就见谁，要经过一套烦琐的手续，即使见了面也不能想谈什么就谈什么，宫廷的规矩无处不在。

但是，溥仪出宫后情形就不一样了，由于没有了宫廷制度的限制，溥仪就被郑孝胥、罗振玉等人包围了。这些人论能力比王公强，论交际比王公广，论魄力有的人简直胆大包天。早在溥仪被驱逐出宫的当天晚上，郑孝胥、罗振玉就分头去找京津一带的日本驻军，甚至计划将日本骑兵领到醇王府一带，不惜使用武力营救溥仪。

此时，以载沣为首的王公跟以郑孝胥为代表的遗老围绕着溥仪的前途问题尖锐地对立着。

在王公看来，最理想的结果是恢复《优待条件》，回到紫禁城继续小朝廷的生活，但是，这一愿望实现的难度很大。尽管段祺瑞、张作霖对清

① 爱新觉罗·溥仪：《我的前半生》，群众出版社，1964 年，第 242 页。

溥仪突然
离开了醇王府，
到日本驻华
公使馆避难。
这改变了溥仪
一生的命运，
影响了
近代中国
历史的进程。

喻大华语录

溥仪走到这一步，郑孝胥要负很大责任，民国政府也不能说一点儿责任没有，溥仪本人应该负多少责任呢？

室寄予同情，但他们在自己立足未稳的情况下也要考虑民心、舆论，所以，有点儿爱莫能助的意思。张作霖后来说过："要不让皇上到俺们奉天去，住在宫殿里？"张作霖说的宫殿指的是沈阳故宫，是清朝入关前的宫殿，规模不大，还比不上北京的王府气派。

以郑孝胥为代表的遗老们建议溥仪放弃对中华民国的幻想，跟外国人建立密切的联系，或者出洋留学，伺机而动。这一主张风险最大，但一旦成功，利益也最大，远比回到紫禁城做个徒有其名的皇帝强得多。

为了不让遗老们控制溥仪，王公们想了很多办法，比如由载沣每天陪着溥仪，但溥仪一瞪眼王公们就气馁了。此时的溥仪是个 19 岁的大男孩，正处在心理上的逆反期，对这些有血缘关系的王公有一种天生的抵触，以前要出洋留学被阻止，前些天又不让他溜进使馆区，以致现在陷入软禁之中。他恨王公们自私自利，只顾自己，不管他的安危，更瞧不起他们的懦弱无能，这为郑孝胥等人左右溥仪提供了条件。

此时溥仪已经恢复了自由，但局面依然不平静。冯玉祥虽然离职而去，但北京警备总司令还是鹿钟麟，冯玉祥的部队也没有撤出北京，而且，随着孙中山启程北上，北京流言四起，社会上要求杀掉溥仪的呼声也见诸报端。中国历代亡国之君的下场已经使溥仪成了惊弓之鸟。在这种情况下，郑孝胥向溥仪建议利用难得的自由，立即前往北京的使馆区避难。

溥仪正在犹豫，罗振玉带来了日本朋友的情报：冯玉祥准备东山再起，第二次对北京采取行动，除了要收拾张作霖以外，还要对溥仪下手。这下子溥仪紧张了，连一贯稳健的陈宝琛也慌张起来。让溥仪下定决心的是庄士敦，他带来的情报跟罗振玉一样：冯玉祥确实准备对北京采取行动。至此，溥仪下定了离开醇王府前往使馆区避难的决心。当然，溥仪知道自己的计划肯定会遭到父亲载沣的反对，所以，他们决定秘密前往。

11 月 29 日上午，溥仪在郑孝胥、庄士敦等人的陪同下，以看病为名，乘汽车离开了醇王府，前往德国医院（今北京医院）。抵达目的地后，大家商议到哪国使馆避难，郑孝胥主张去日本公使馆，庄士敦主张到英国或荷兰公使馆，于是，请皇上“圣裁”。溥仪选择了英国使馆，庄士敦立即前往联系，但并不顺利，待庄士敦返回德国医院的时候，溥仪已经被郑孝胥带往日本兵营，随后被送进了日本驻华公使馆。[①]

傍晚时分，溥仪冒着漫天的沙尘暴狼狈地来到了日本驻华公使馆。在这里，他受到了以芳泽谦吉公使为首的使馆人员的热烈欢迎，芳泽谦吉喊了一声陛下，立即将他那高傲的身躯弯成九十度，然后将最好的房子——自己的寝室让给溥仪，后来又腾出了一座楼房供溥仪使用。陈宝琛等人激动得热泪盈眶，他们从日本公使的热情接待中看到了希望。随即，载沣和段祺瑞的代表分别来到使馆，劝说溥仪回去并保证安全，溥仪直率地拒绝了，这无疑表明了溥仪对中华民国的不信任。次日，日本驻华使馆宣布收留溥仪避难并希望中国政府谅解。

根据溥仪的堂弟溥佳回忆，庄士敦曾忧伤地说：“他到了日本人手中，恐怕不会再放他出来了。”[②] 庄士敦毕竟做过多年的外交官，他预见到了日本人的企图，虽然此时日本尚无利用溥仪的明确目的，但正如一位英国学者说的那样，日本人“把他视为一笔沉睡的财富”，[③] 从此，日本帝国主义开始控制、豢养溥仪，以备作为侵略中国的工具。

溥仪走到这一步，郑孝胥要负很大责任，民国政府也不能说一点儿责任没有，溥仪本人应该负多少责任呢？毕竟此时的溥仪年仅 19 岁，在他的周围，没有人真正关心他，他每天听到的都是要抓他、要杀他的消息，

---

① 《爱新觉罗·溥仪笔供》（1954 年 6 月 1 日），载于中央档案馆编：《伪满洲国的统治与内幕——伪满官员供述》，中华书局，2000 年，第 4 页。

② 爱新觉罗·溥佳：《溥仪出宫的前前后后》，载于吕长赋等编：《溥仪离开紫禁城以后——爱新觉罗家族成员的回忆》，文史资料出版社，1985 年，第 33 页。

③ ［英］爱德华·贝尔著，靳革、黄群飞译：《中国末代皇帝》，中国建设出版社，1989 年，第 96 页。

在这种情况下，除了自己的安全，他能考虑到什么？他懂得什么？

溥仪开始了寄人篱下的生活，但毕竟获得了安全上的保障。然而，谁能想到，他命运多舛，一个中国历史上罕见的事件发生了，溥仪因此哭得打滚儿，他发誓跟中华民国势不两立！要复辟大清，为祖先报仇！这是怎么回事儿呢？

第十章 东陵浩劫

对溥仪来说，1928 年是困顿和充满悲情的一年。

中华民国曾经承诺永远保护清朝的宗庙陵寝，然而，这年夏，一支政府军借口军事演习，盗掘了清东陵中乾隆和慈禧的陵寝。主持盗陵的孙殿英是个什么样的人，他为何如此胆大包天？

东陵被盗之后的惨状如何？以溥仪为首的前清皇室是怎样的表现呢？面对举国一致的声讨，国民政府能公正处理此案吗？这对溥仪产生了怎样的影响呢？

溥仪住进了天津日租界

溥仪潜入日本驻华公使馆避难不久，婉容、文绣也来了，带来了太监、[1]宫女、厨师、随从等人。遗老们每天趋之若鹜，互相争吵，公使馆简直成了溥仪的“行宫”，乌烟瘴气，门庭若市。日本人的忍耐终于到了极限，于是，表达了让溥仪前往天津日租界居住的意思。溥仪一听十分高兴，他早知道天津是国际大都市，一直想去逛逛，另外，他还没坐过火车。

1925 年 2 月 23 日傍晚，溥仪向芳泽谦吉公使告别。公使夫妇不知鞠了多少个躬，才算告别完毕，然后，芳泽谦吉将溥仪送到了使馆的大门口，派一名秘书送溥仪前往前门火车站。考虑到秘密离京，所以，日本人安排溥仪先走，家属后走，给他买了一张三等车的车票，而且还是夜行慢车，说这样不惹人注意。

日本秘书把溥仪送上火车，千叮咛万嘱咐，告诉溥仪不要乱走乱动，本节车厢的乘客多是日本军警人员装扮的；到达天津之后，日本驻天津总领事吉田茂将上车迎接；日本的天津驻军也布置了警卫。总之，非常安全，然后跟溥仪挥手告别。

① 笔者按：溥仪曾撵走了太监，结束了中国几千年的太监制度，但后来觉得不方便，又偷偷找回了几个，用来侍候婉容、文绣。

一声汽笛，火车缓缓驶离了北京。溥仪能想到吗？此时一别，直到三十四年后的1959年他才重返北京。这些年他走过了一条怎样坎坷、悲怆的人生路！

溥仪到了天津之后，遇到了一点儿小麻烦。

原来，溥仪在天津有一座楼房，那是前几年为了应付动荡时局买下的，但这座楼房位于英租界，吉田茂认为不方便保护，不让溥仪入住。此时溥仪的经济较为拮据，虽说手里有不少珍宝，但毕竟不好出手，所以，只能在日租界里租房子，首先选中了张园。张园的主人是张彪，他原来是清政府武昌驻军的统帅，武昌起义之后弃官而逃，做梦都想不到原来的主子要做自己的房客，吓得连连摆手。张彪不是不愿意让溥仪住，而是不敢收溥仪的房租。既然如此，溥仪自然笑纳，从此，不仅住房不花钱，年逾七旬的张彪每天还来给溥仪扫院子，连清洁工都可以少雇一个了。

日本人在溥仪身上下了很大功夫。他们给溥仪派来了"警察"，义务充当门卫和保镖，不管溥仪走到哪里，即使是带着婉容逛大街，这些人也紧紧跟在后面。日本军方派出参谋人员定期给溥仪开讲座，讲中国、世界的形势。溥仪后来回忆，日本人做得十分认真，常常带来很多图表、照片，向他宣扬日本的强大、无敌，当然，更多的话题是渲染中华民国的腐败无能。此时溥仪的世界观逐渐形成，他产生了对日本的敬畏，对民国除了仇恨之外，更多了一分鄙夷。

日本人时时刻刻向溥仪转达他们的"关爱"，每逢有重大社交场合，溥仪都是座上宾。一次，吉田茂请溥仪参观一所日本小学，日本学生摇旗呐喊，山呼万岁的场面让溥仪激动得热泪盈眶。还有一次在为天皇生日举行的阅兵式上，日军司令植田谦吉在检阅部队之前，突然策马走向观礼席，在众目睽睽之下向溥仪行礼致敬。当时，中国政局动荡，军阀混战，一次战火临近天津，日本驻军司令特意前来向溥仪报告，请他放心，日军绝对不让中国兵进租界一步。①

在这种情况下，溥仪形成了对日本的敬畏和仰慕，他逐渐明白了自己在日本人心目中的价值，他有自己的算盘，打算让弟弟溥杰、妻弟润麒到日本念军校。日本天津领事全力协助，1929 年，溥杰和润麒东渡日本，但军校方面认为二人不够入学标准，于是，安排到贵族学校学习。

自从 1925 年迁居天津，溥仪就一直处于激动、渴望和郁闷、失落之中。他被形形色色的野心家包围着，有的为他活动北洋政府，企图恢复优待条件；有的为他联络国内军阀，力图复辟大清；有的为他招兵买马，企图独树一帜；有的要给他筹办报纸，以此营造声势。事实表明，除了个别忠心耿耿的遗老以外，大多是骗子，哄得溥仪拿出大笔金钱之后就无影无踪，溥仪几乎被骗得破产了。

从 1926 年起，国民党发动了北伐战争，要消灭军阀，统一中国。在当时中国的旧势力看来，这就是“赤化”。溥仪知道，待到国民党北伐成功的那一天，别说复辟大清，恐怕在国内立足都难。

噩耗一个接着一个。

1927 年 6 月 2 日，中国学术界的一颗巨星陨落了，他就是王国维，他带着极度的失望投颐和园昆明湖自杀，遗老们断定王国维的死是“殉清”。王国维的死因是复杂的，至今仍是中国学术界的一个谜，对溥仪沦落到今天境遇的哀伤肯定是原因之一。考虑到王国维穷困潦倒，家属生计艰难，溥仪派人送去了两千块大洋。

1928 年 6 月初，一个把溥仪震撼得目瞪口呆的消息传来——北洋政府最后一位领袖张作霖在撤回东北的途中在皇姑屯被炸身亡。张作霖是溥仪寄予最大希望的人，三年前，张作霖来到天津，给溥仪送了十万大洋并求见溥仪。由于张作霖是中国政界的领袖级人物，自然不便进入外国租界，溥仪不得不前往张作霖的官邸见面。当时，溥仪心想自己一个无权无势的

---

① 爱新觉罗・溥仪:《我的前半生》，群众出版社，1964 年，第 234~235 页。

亡国之君，见了张作霖该用什么礼节呢？没想到的是张作霖一见溥仪，开口说了一句皇上好，然后跪地叩头。张作霖絮絮叨叨地跟溥仪说缺啥短啥尽管开口，住在租界里不习惯就上奉天，日本小鬼子要是欺负你就告诉我……众所周知，张作霖的死是日本人下的黑手，溥仪很困惑，日本人为什么要杀张作霖呢？无疑，溥仪很伤感。此时国民党的北伐已经接近成功，变天了！什么恢复优待条件，什么复辟大清，溥仪连想都不敢想，他只是忧心忡忡地琢磨着得到了江山的新政权会怎样对待他这个末代皇帝。

孙殿英掘了乾隆和慈禧的陵

溥仪还没有想出个所以然来，1928年8月上旬的一天早晨，溥仪接到一个堪称晴天霹雳的噩耗——国民政府的军队洗劫了清东陵，其中乾隆和慈禧的陵寝被盗掘。

在中国过去的伦理观念中，掘人祖坟是伤天害理、十恶不赦的恶毒行为。溥仪几乎从椅子上跳了起来，他不敢相信竟能发生这样的事儿，他两眼发呆，直勾勾地盯着失魂落魄的报信者，确信无疑之后，突然跪地大哭。大家赶紧搀扶，溥仪索性瘫倒在地，哭得死去活来……京津一带的王公、遗老也纷纷赶来张园，他们全都痛哭流涕。这真是历史上罕见的事件，法律何在！天理何在！什么人如此胆大包天？

事情的原委是这样的。

东陵是清朝入主中原之后的皇家陵区，在河北遵化附近的马兰峪，埋葬着顺治（孝陵）、康熙（景陵）、乾隆（裕陵）、咸丰（定陵）、同治（惠陵）五位君主。[①] 慈禧是咸丰帝的配偶，所以，她的陵寝在咸丰帝的定陵

① 笔者按：另一个陵区是河北易县的清西陵，埋葬着雍正、嘉庆、道光、光绪四位君主。

东边，叫定东陵。经过长时间的经营，这里古木参天、红墙黄瓦、庄严肃穆。清政府驻扎重兵，设有完整的陵寝管理机构；溥仪退位后，民国政府承诺“宗庙陵寝永远奉祀，由中华民国酌设卫兵妥慎保护”，所以，这里依然是皇家禁地。

民国政府虽然承诺保护清朝皇帝陵寝，但只是说说而已，并未派兵保护。此时的清室已经失去了国家政权，加上时局不宁，土匪蜂起，东陵时常成为洗劫目标。土匪偷伐陵区的古木，盗窃祭祀用的金银器皿，后来胆子越来越大，居然搬走隆恩殿前的铜炉、铜鹤、铜鹿以及贮水的大铜缸。尽管如此，依然无人敢打那些恢宏壮丽、坚固无比的帝王陵寝的主意。不过，一个人的出现终于使这种情况发生了，这个人就是孙殿英。

孙殿英原名孙魁元，也叫孙大麻子、孙老殿，河南永城人，生于光绪十五年（1889 年）。小的时候读过几年私塾，但爸爸死后就失学了，跟着妈妈过着艰苦的生活。俗话说穷人的孩子早当家，孙殿英也要找个事儿做，结果进了赌场，他在那里练就了一手掷骰子的绝活儿，一掷一个准，也学会了吸毒。当然，孙殿英这个人很聪明，知道在赌场里混不出什么名堂，于是跳槽不干了。

孙殿英不干赌场干什么呢？贩毒。他起初以为贩毒利润大，但干了几年之后，感觉没出息，风里来雨里去，危险也不小。孙殿英梦想将来骑上高头大马，统领千军万马。毫无疑问，当个将军肯定比贩毒利润更大，但怎样才能当将军呢？办法只有一个——当兵。

孙殿英当了几年兵，升到连长，但要想当将军还有很长的路要走，他迫不及待，干脆把自己的一连兄弟拉到山上，自己任命自己为旅长，实际上就是土匪，干绑票的勾当。当然，他这个人心眼儿活，除了专职绑票以外，也兼职贩毒，还印假钞，此外还组织会道门，装神弄鬼、呼风唤雨，样样在行。

孙殿英的势力越来越大。他是个有奶便是娘的主儿，投靠过无数的主子。1927 年春，孙殿英投到蒋介石的门下，他的队伍成了国民革命军，简称“国军”，他担任第六军团第十二军军长，驻扎在蓟县的马伸桥一带，离清东陵仅一山之隔。

孙殿英成了“革命军人”，风光了几天，烦恼也接踵而至。毕竟手下有上万名弟兄，人吃马喂，开销不小。搞些贩毒、绑票、印假钞的勾当也是杯水车薪。国民政府经济窘迫，有限的军费首先满足嫡系部队，他这支杂牌军想跟着混口汤喝都难，孙殿英真是愁白了头。

东陵这地方土匪不少，都打东陵的主意，现在孙殿英在此驻扎，自然不容这些“毛贼”在自己的地面上横行。经过一番“黑吃黑”之后，孙殿英打跑了各路土匪，也从土匪那里获得了重大启发——原来自己是“捧着金饭碗要饭”，东陵里面每个皇陵都是一座宝库，随便打开一座两座，那就富可敌国了！他把盗陵的想法跟弟兄们一说，顿时欢声雷动。经过研究，决定拿乾隆和慈禧的陵寝开刀，因为这两人都是挥金如土的主儿，估计地下宫殿里面财宝无数，而且，慈禧刚刚下葬二十年，熟悉墓道的人还在，容易得手。

于是，孙殿英宣布“军事演习”，东陵三十里内戒严，居民擅入陵区枪子不长眼睛。1928 年 7 月 4 日，他派第八师师长谭温江带上两旅人，开进东陵，用绑票的办法绑架了当年参与慈禧陵寝修建的匠户，当然，一不要钱，二不要命，只要他说出墓道的走向，以此得知了地宫的线索。经过七天七夜不停地挖掘，分别打开了裕陵和定东陵的地宫，其中为了打开裕陵地宫，甚至使用了爆破的方法，席卷了所有的宝藏。当时，清室在东陵还有所谓的“守护大臣”，但早就徒有其名。此时的“守护大臣”是毓彭，他已经被吓破了胆，一溜烟儿跑回北平家中，躲了起来。附带指出，国民党北伐成功后定都南京，改北京为北平。

乾隆和慈禧的陵寝被劫掠一空。孙殿英亲临现场视察，眼看着将珍珠、翡翠、玉石、象牙、字画、宝剑等殉葬品装进了几十口大箱，贴上封条，盖上自己的印章后拉回了军营。

一个月后，孙殿英派人前往北平销赃，被警方缉拿，移交平津卫戍司令部；同时，孙殿英部队的一名士兵因盗墓发了财，开小差溜回了家乡，在途中因形迹可疑被警方拿获，在身上搜出了珠宝、现金等物，经审讯供出了孙殿英主持盗陵的这起大案，顿时震惊了全国。

地宫中的惨象

此时的天津张园搭起了灵棚，分别供着乾隆和慈禧的灵位，白花黑帐，一片肃穆的景象。溥仪一身重孝，每天祭拜号哭，晚上就在灵前打地铺。各地遗老纷纷前来吊唁，他们流着泪表达了对孙殿英的愤恨，中国各界人士也对孙殿英的行为表达了谴责之意。确实，无论是从法律、伦理，还是从历史文化遗产保护的角度来说，孙殿英的行为均不可饶恕，唯一沉默的是民国当局。

溥仪召开由王公、遗老参加的“御前会议”，做出三项决定：1. 致电南京国民政府、平津卫戍司令部，强烈要求严惩盗匪孙殿英，赔偿修陵的费用。2. 东陵守护大臣毓彭不能保护祖宗陵寝，贪生怕死，擅离职守，革除宗室身份。此时的溥仪手中没有生杀大权，只能以此泄愤。3. 立即善后，重新安葬乾隆、慈禧。

对于前两点，大家均无异议，但安葬两位祖宗需要大笔金钱，王公们都报以沉默。此时溥仪的经济状况也很窘迫，他让王公捐款，但王公们一毛不拔。根据遗老回忆，溥仪为此一边哭一边指着王公的鼻子骂，最后还是遗老们给打了圆场，建议向北平、天津的遗老化缘，这才让溥仪止住了哭声。此时清朝亡国已经快二十年了，遗老们大多年逾古稀，当年的“灰色收入”也花得差不多了，尽管如此，依然你一百我二百地凑了一万块

大洋。

1928年8月18日，溥仪派叔叔载泽，堂兄弟溥忻、溥佣以及“总管内务府大臣”宝熙、耆龄、陈毅等宗室、遗老从北平出发，前往东陵善后。同行的还有工匠和法院、军方的人士，一共七十多人，分乘十五辆汽车。其中耆龄、宝熙均以日记的形式完整地记载了这次善后过程，是今天了解东陵盗案的第一手资料，由此可见这场浩劫的触目惊心。

随着汽车进入东陵陵区，景象让人倍感凄凉。只见一座座皇陵孤零零地矗立在荒野中，当年清政府种植的上百万株松树近年已经被土匪、军阀、守陵人砍光了。行近一看，大殿的窗户多被拆除，殿内空空如也。在裕陵的宝城下面，散落着几根人骨和一件破烂的龙袍。看到这一幕，清室人员心情沉重，虽经旅途劳顿，但晚上每个人都难以入眠。

本来，大家商定先清理乾隆的地宫，然后再清理慈禧的地宫。这是考虑到辈分的尊卑，但大家顺着盗洞来到裕陵地宫一看，顿时倒吸了一口凉气，只见地宫中满是积水，水面上漂浮着枯骨，根本无法涉足。原来，裕陵当年建造的时候就出现地宫渗水的问题，经防水处理已经克服。可能是此次盗陵破坏了当年的防水结构，以致裕陵地宫成了“积水潭”。无奈之下，只好调抽水机排水，先清理慈禧的地宫。

8月24日，王公遗老们身穿棉衣，手持蜡烛，顺着盗洞口到了慈禧的地宫中，经过两道石门才到达墓室，顿时一股令人作呕的霉烂气味扑面而来。抬眼一看，一片狼藉，价值连城的棺椁一半被掀了下去，斜倚在石床上，棺椁的盖子被扔到了墓室的西北角，慈禧的遗体就放在这上面，还盖了一层薄板。掀开这层薄木板，景象惨不忍睹，只见慈禧上身裸体，嘴巴被撕烂，左手搭在后背上，两眼烂成了两个黑洞，浑身长满一寸长的白毛，下身穿着裤子，色彩已辨不清，一只脚上的白袜子被脱下扔在旁边。因为慈禧的寿衣上面缀满了珍珠，口中含有夜明珠，所以遭遇了这样的惨祸。王公遗老找来了妇差，用黄绸子包裹慈禧的遗体，放到残破的金棺之中。在清理过程中还发现了一些遗落在地上的珍珠，清理者将其全部砸碎，投入慈禧棺下的金井中，最后由木匠对金棺做简单的修理。整个过程历时五个小时。

相比之下，裕陵地宫的清理真是困难重重。经过几天的抽水，8 月 28 日，积水基本被排除，王公遗老们钻进了地宫，只见头三道石门洞开，而第四道石门却被炸药炸毁，西扇石门倒塌压在一具棺材上，东扇石门斜挂在门轴上，摇摇欲坠，一根根白骨散布在泥水里。

众所周知，乾隆皇帝活了八十九岁，几个皇后早就先他去世，地宫中除了安葬乾隆帝以外，还有五位皇后、皇贵妃，经过一百多年的时间，大多成了白骨一堆，经过这番折腾，根本分不清哪块遗骨属于哪位先人。王公遗老个个悲愤难忍又莫衷一是，最后决定将所有遗骨集中到一个棺材里安葬。8 月 29 日，开始捡拾遗骨，这时发生了两件令人意想不到的事情：

一件事是在泥水里发现了一具完整的女尸，据记载这具女尸“似五六十岁人，而皮骨具存，丝毫未腐，笑容圆相，有如古佛”。经过分析，认为是嘉庆帝的生母孝仪皇后的可能性最大。仿照安葬慈禧的办法，用黄绸子包裹，放于棺内。

另一件事是忙活了半天，只找到四具头骨，经随行的法医鉴定，均为女性。也就是说，乾隆皇帝的头骨下落不明，王公遗老急得团团转，度过了一个不眠之夜后，有人建议到地宫门口被石门压住的棺材里面找一找，果然发现了乾隆帝的头骨。乾隆的棺材怎么跑到门口去了？原来，棺材是被地下水冲下了宝床，漂到了门口。根据陈毅的《东陵纪事诗》记载，在手电筒的照射下，乾隆头骨的两眼眶内似有白光一闪而过，似乎预示着这位创造了辉煌盛世的“古稀天子”“十全老人”在天之灵的愤恨。

捡拾工作大体结束，令大家痛心疾首的是未能找全遗骨。据分析，在盗墓结束后，本地的地痞进入地宫，将泥土装筐抬到西大河过筛子，一些零碎的骨骼顺水漂走，已经无法找回。乾隆遗骨缺少左腿骨，肋骨不全，手指足趾缺得更多，骨骼呈现出紫黑色，脊骨还粘有皮肉。看到这里，王公遗老心酸落泪，放声大哭。大家将遗骨捧到金棺中，盖上黄绸子，然后由工匠对金棺做了修缮，又对裕陵地宫做了简单的防水处理，8月31日中午，裕陵地宫再次封闭。根据宝熙的日记记载，这时一道闪电划破阴郁的天空，大雨倾盆而下。似乎苍天也在为主宰中国命运六十多年的乾隆大帝哀泣，清室的王公遗老们跪在泥水里哭得抬不起头来。

王公遗老还巡视了东陵其他各陵，其中埋葬着孝庄文皇后的昭西陵损坏最严重，整个大殿被拆得摇摇欲坠。在康熙的景陵，还拾到了孙殿英部旅长韩大保名片一张。就是这个韩大保带兵砸开了乾隆的地宫，看来他还打过景陵的主意。王公遗老们将这些东西连同在裕陵地宫中发现的一把军用铁镐带回北平，交给法院作为证据。

灵堂里的复仇誓言

当时社会上对乾隆、慈禧陵寝被盗的损失情况做了各种各样的猜测，其实，具体数据早已无从核对，但必定是天文数字无疑，这是中国历史文化遗产的一场浩劫。孙殿英盗掘东陵，受到了举国舆论的声讨。

9月中旬，载泽等人来到天津，向溥仪报告了东陵善后的经过，指出盗匪："毁冠裂冕，伤及发肤，残酷惨毒，亘古罕见。"得知详情的溥仪的心情可想而知。试想祖坟被盗掘，辱及先人，怎能不痛心疾首！以载沣为首的清皇族也致电北方军事首脑阎锡山，要求严缉凶手，处以军法。

在全国一片声讨之中，国民政府最初摆出了一副公事公办的姿态，蒋介石指示查办，平津卫戍司令阎锡山一方面派兵保护东陵、西陵，严防再发生类似事件；另一方面下令组织军事法庭，前往北平销赃的孙部师长谭温江被羁押，审判在紧锣密鼓地进行着。同时，天津警方在海关查获了三十五箱企图外运的东陵文物。

孙殿英发觉事态严重了，不过他根据多年“跑江湖”的经验，感觉不难应付。一方面，他以案情以外的“第三者”身份，向上级递交呈文，为谭温江辩护，好像这事儿跟他一点儿关系都没有；另一方面，他从赃物中拿出一些分赠民国要员。根据孙殿英自己透露，他送给戴笠两颗朝珠，然后拿出一柄镶嵌着宝石、刻着九条金龙的宝剑，请戴笠转交蒋介石或何应钦，又捎给宋美龄一颗夜明珠，给宋子文一个“翡翠西瓜”，给孔祥熙两串宝石。①此外，据说送给阎锡山价值五十万元的黄金，还给一些文化界的监察委员送过书画。

俗话说钱能通神，孙殿英这番打点之后，来自上面的压力自然小了很多；更何况当时蒋介石跟阎锡山明争暗斗，在这种情况下谁都不愿把孙殿英推到对方一边；至于一般社会舆论，大可不必过虑，只要时间一长，自然风平浪静。

在这种情况下，审判的结果就可想而知了。此案于 1928 年底由军事法庭开庭调查，1929 年 4 月才开庭预审，此间，审判方面一直含糊其词，回避盗贼的“国民革命军”的身份，而是使用“逆军”“残军”等字眼。谭温江拒不承认盗陵一事，而主犯孙殿英更是逍遥法外，6 月中旬，军事法庭封存全案卷宗呈交南京处理，然后就无下文了。不久，谭温江也被释放了。

随后，孙殿英背叛蒋介石投奔阎锡山、冯玉祥，参与中原大战。

中原大战后孙殿英又投向张学良，抗日战争期间投降日军，抗战胜利后重投蒋介石，1947 年其部被解放军歼灭，孙殿英不久病死于战俘营中。附带指出，孙殿英虽然盗取了富可敌国的宝藏，但经官兵分赃、用于行贿、主动上交以及法院扣押、海关截获等，最后所剩无几。中华民国扣押

① 文强:《孙殿英投敌经过》，载于《文史资料选辑》第六十四辑，文史资料出版社，1979 年，第 140~142 页。

的赃物也没有发还清室，这笔宝藏流失了。

无疑，孙殿英盗发乾隆、慈禧陵寝的行为是赤裸裸地对祖国文化遗产的破坏，是挑战人类道德底线的兽行，是严重的犯罪行为，应该永远钉在历史的耻辱柱上。孙殿英虽然是土匪起家，但作案的时候毕竟属于“国民革命军”的编制，一支共和国的“国军”居然在光天化日之下明目张胆地对历史遗产实施爆破、挖掘、破坏，这是一起多么骇人听闻的事件！更为严重的是对于这样一个事实清楚、情节恶劣、主犯一目了然的惊天大案，国民政府竟然刻意歪曲掩盖，没有一个犯罪者受到惩处，没有对受害者做任何交代，连一句表示歉意的话都没说。在这种情况下，溥仪的心境可想而知，可以肯定，这一事件是促成他跟中华民国决裂的重要原因之一。

溥仪晚年回忆，他说因此受到的刺激比被驱逐出宫时还严重。从 1924 年以来，民国撕毁了《优待条件》，没收了他的财产，现在孙殿英又掘了他的祖坟，他简直没有立足之地了。溥仪恨透了蒋介石的中华民国，他在心里一遍又一遍地诅咒着这个政权及其领袖，在阴森森的灵堂里，跪在乾隆大帝的灵位下，看着满脸鼻涕眼泪的王公遗老，溥仪发下了这样的誓言：“不报此仇，便不是爱新觉罗的子孙！”溥仪感觉力度尚嫌不足，又恶狠狠地补充了一句：“有我在，大清就不会亡！”[1]

溥仪发誓要报仇。然而，无权无势的他有能力报仇吗？他将怎样报仇呢？在他的前途中又将面临哪些曲折险阻？

① 爱新觉罗·溥仪：《我的前半生》，群众出版社，1964 年，第 230~231 页。

第十一章 津门彷徨

1931 年 8 月，淑妃文绣宣称饱受溥仪和婉容的虐待，离家出走并提出分居，几经调解，最终以离异告终。皇帝离婚，真是亘古未见，溥仪恼羞成怒又无计可施，这场婚变的深层原因究竟是什么？

同年秋，关东军制造“九一八事变”，迈出了侵占中国东北的第一步。为了蒙蔽中外舆论，日本军阀打算拥戴溥仪建立傀儡政权，作为其统治东北的遮羞布。溥仪既怕上当受骗，又怕坐失机会，举棋不定，焦灼彷徨……他将何去何从呢？

妃子要起诉皇帝

如前所述，溥仪在东陵事件后发誓要报仇，但此时的溥仪不过是个二十出头的年轻人，无权无势，拿什么报仇？更何况自己家里的事儿还愁不过来呢，哪里顾得上祖宗！

溥仪愁什么呢——家务之争，具体地说是妻妾纠纷。

妻妾纠纷是旧社会大家庭里面最常见的难题，解决这个难题的办法有两个：其一，实行一夫一妻制度；其二，如果不愿实行一夫一妻制度，一定要纳妾的话，最好多多纳妾。相比之下，“一夫一妻一妾”这种家庭模式最容易导致妻妾之间的矛盾，争风吃醋，无事生非，丈夫夹在妻妾之间两头受气；相反，小老婆多了，往往是小老婆之间打架，再多一些就打麻将，连架都懒得打了。

此时溥仪的家庭结构就是“一夫一妻一妾”，妻是皇后婉容、妾是淑妃文绣。溥仪在1922年结婚，当时的他还享受着中华民国的优待，拥有皇帝的头衔，所以，他一下子娶了两个妻子。

结婚的当天晚上，就发生了一件意想不到的事儿。按说洞房花烛夜，溥仪应该跟婉容共度良宵，但结果是这三个年轻人分别睡在了三个地方——溥仪住在养心殿、婉容住在坤宁宫、文绣住在自己的寝宫。当时，宫中的人大都猜测是婉容跟溥仪赌气，对他实行“制裁”——不让他亲近。

不过，时间一长，大家发现了蹊跷，不是小夫妻闹矛盾，而是溥仪这人特别——不近女色。皇家的习惯跟民间不同，皇帝跟皇后嫔妃有各自的生活圈，到了傍晚，皇帝自己决定今晚到谁的寝宫睡觉，或者召来一位妻子侍寝，但溥仪一直独居。夫妻之间的事儿，别人无从置喙，只能暗地里干着急。

婉容和文绣都是美好年华的青春少女，渴望得到丈夫的关爱本是人之常情，但溥仪从不跟她们同居，她们难免要琢磨，是自己不可爱吗？是自己哪里做得不好吗？丈夫不爱自己爱谁呢？时间一长妻妾之间就发生了猜忌。在婉容看来，溥仪跟文绣好，但文绣心知肚明，结婚这么多年溥仪还一次都没和自己过夜，说到底还是对婉容好。加上婉容是皇后，地位高、待遇优厚，跟溥仪在一起的机会多，文绣心里真不是个滋味。

在 1924 年溥仪被驱逐出宫之前，由于宫廷礼法的限制和高墙的隔绝，彼此矛盾暴露不多，但出宫之后就不同了，尤其是在天津张园，妻妾同居一楼，误解越来越深。当时溥仪跟婉容住在二楼，文绣住在一楼。在文绣看来，显然婉容更便于接近溥仪，因为他们虽然不住在一个房间里，毕竟住在一个楼层，难保没有“越轨”行为。并且，溥仪有熬夜的习惯，晚上常到婉容的房间聊天，叽叽喳喳，谈笑风生，一点儿也不考虑楼下“邻居”的感受，文绣在楼下听得快要发疯。当然，文绣不知道，溥仪谈到半夜就回房睡觉了，所以，婉容也是有苦难言。

婉容、文绣都是二十出头的年轻人，共侍一夫，争风吃醋在所难免。此时没有了宫廷制度的制约，矛盾越来越尖锐。婉容怪文绣不尊重她这个皇后，文绣怪溥仪偏心眼，二人常找溥仪“打官司”。溥仪毕竟旧思想较重，虽然也想一碗水端平，但有时心情不好，就让文绣吃闭门羹，甚至“传旨申斥”——派随从前去骂文绣一顿。据文绣后来控诉说，溥仪派人骂文绣："古来无你这等之人！清朝二百多年无你这不知礼之人！"[1] 文绣不得宠，连下人也不尊重她，时间一长，养成了歇斯底里的毛病，甚至闹过几次自杀，连遗书都写好了，把婉容吓得够呛，但溥仪认为文绣在吓唬人，并不在乎。

文绣疯疯癫癫，要死要活，她有个妹妹在天津，经常来劝文绣，然而，就是这个妹妹跟文绣谋划了一个惊天动地的计划。1931 年 8 月 25 日，文绣在妹妹的陪同下，借口出去散心，乘溥仪的汽车离开了静园。附带指出，从 1929 年 7 月以来，溥仪搬出了张园，住在距张园不远的静园。哪能想到，文绣这一去就不复返，在天津藏起来之后，通过律师向溥仪摊牌。

溥仪接到消息后急得火冒三丈，他派人去找文绣，直到天黑也没找到。溥仪绝望了，如果过了一夜，事情就发生了"质变"，试想大清二百多年间哪有"夜不归宿"的妃子，自己的脸往哪儿搁？况且，连自己的妃子都摆不平，将来如何能治国平天下？看着文绣托律师转达的信件，溥仪长吁短叹，夜不能寐。

其实，文绣向溥仪提出的条件并不算很苛刻，其内容有三点：1. 搬出静园独居，显然，这是为了躲开婉容；2. 溥仪每个月定期前往文绣住处同居；3. 溥仪向文绣支付生活费。但是，文绣的附加条件很苛刻——如果不答应这些条件，即向法院起诉溥仪虐待她。

溥仪恼羞成怒，却无处发泄，此时的他真正领略了"虎落平阳"的感觉。按皇家传统，除了皇后，嫔妃不过是皇帝的禁锢终身的玩物而已，予取予夺，无人干预，嫔妃失宠，只能怪自己命苦。现在文绣一个妃子居然跟皇帝叫板，而且口口声声要到法院起诉，自己万一被法庭传去"过堂"，那可真是奇耻大辱。于是，他指示自己的律师去跟文绣的律师交涉，总的

① 笔者按：这些情节是文绣在其"遗书"中转述的。该"遗书"载于天津《益世报》1931 年 9 月 7 日。

来说，交涉还算顺利，经过讨价还价，文绣已经同意把溥仪每月前往同居的次数降为一到两次，生活费的数额也好商量，但这时又发生了一件意想不到的事儿，让溥仪心绪大乱。

原来，婉容听说溥仪准备答应每月定期到文绣那里同居，醋劲儿大发，她最希望借机撵走文绣，跟溥仪过一夫一妻的生活。为了达到目的，婉容时而撒泼耍赖，表示跟文绣是“有她没我”；时而一本正经，劝溥仪顺应潮流，解放妇女。[1]还娇滴滴地缠着溥仪起誓：一生就爱她一个。溥仪本来对婉容和文绣谁也不爱，但被纠缠得没办法，只好起誓。无奈溥仪起誓之后婉容又不相信他的誓言，溥仪不得不一遍一遍地信誓旦旦，不断重复那些鬼都不信的废话。说来奇怪，婉容就爱听这些废话。

溥仪的这场婚变成了国内小报的绝好话题，记者捕风捉影，夸夸其谈，弄得满城风雨；家门之内婉容步步紧逼，溥仪不胜其扰；再考虑到既然跟文绣已经撕破了脸，还不如一了百了。所以，两个月后，溥仪派律师跟文绣达成协议：1. 二人完全脱离关系，也就是离婚；2. 溥仪一次性付给文绣五万五千元生活费，允许文绣带走她的衣物首饰；3. 文绣永不起诉溥仪，双方互不损害对方名誉。文绣走了，溥仪很郁闷，他接受遗老的建议，发了一道“上谕”，把文绣“贬为庶人”。[2]其实，溥仪跟“庶人”又有什么区别呢？

此后，婉容并未像原来期望的那样过上幸福的生活，她付出的代价也很大。溥仪认为文绣的离婚一定程度上是婉容逼的，所以，从此不理婉容了。婉容在苦闷中染上了毒瘾，每天靠吸大烟打发时光。相比之下，文绣的结局还算差强人意，虽然溥仪给了她一大笔钱，但经律师、家族成员等多方分润，所剩不多，文绣又不善经营，到 1940 年代末也沦落到贫困的

---

① 关于文绣与溥仪婚变一事，笔者查阅了国家图书馆藏：《北平晨报》（缩微本）、《益世报》（影印本）等相关报道。

② 爱新觉罗·溥仪：《我的前半生》（全本），群众出版社，2007 年，第 191 页。

地步。她曾有过一段平淡的婚姻生活，死在20世纪50年代初，据说死于心脏病。但无论如何，她比死无葬身之地的婉容幸运得多。

关东军急需一块遮羞布

在溥仪处于困顿焦灼的时候，一件震撼世界的事发生了。1931年9月18日夜，经过蓄意谋划，驻扎在中国东北的日本关东军悍然爆破了沈阳北郊柳条湖一带南满铁道的一小段路轨，然后贼喊捉贼地诬称中国军队破坏，借口保护南满铁道，进攻沈阳的东北军。东北军执行了不抵抗政策，以致关东军顺利占领了沈阳。日军得寸进尺，以此为契机，迈出了侵占东北的第一步。这就是改变东北人民命运、深远影响历史进程的“九一八事变”。

这一事变是怎样发生的，它有着怎样深刻的背景和原因？而这跟溥仪有着什么关系呢？

在近代历史上，日本一直有着很深的“大陆情结”。日本自明治维新之后，走上了资本主义道路，也确立了独霸亚洲、称霸世界的野心。但是，日本是个岛国，国土狭隘、资源有限，野心跟实力不相匹配，于是，他们把眼光投向了亚洲大陆，而首先进入他们视野的是中国东北大陆。在甲午中日战争中，日本打败了中国，强迫清政府割让了东北大陆的南端——辽东半岛。然而，冤家路窄，日本的“大陆政策”遇到了一个强有力的对手——沙皇俄国。

沙俄本来是欧洲国家，极其富有扩张性，自晚清以来，从中国割去了大片领土，但得陇望蜀，还想把中国东北也纳入自己的版图，连名字都起好了，叫“黄俄罗斯”。然而，尚未来得及下手，东北的南端就被日本割去，沙俄怎能坐视。于是，口口声声仗义执言，联合法国、德国，逼迫日本把辽东半岛还给了中国。当然，清政府付出了很大的代价，除了原定的赔款之外，又多支付了三千万两的“赎辽费”。

日本吐出辽东半岛之后，东北就成了沙俄的势力范围。沙俄租借了旅顺、大连，在东北修建了一条西起满洲里，东到绥芬河，北起哈尔滨，南到旅顺的号称“中国东方铁路”的大干线。不久，义和团运动爆发，沙俄出兵东北，实行军事占领，迈出了独占东北的一大步。沙俄想独霸中国东北，等于堵住了日本称霸东方的路，日本自然恨得咬牙切齿，于是，在美国的支持下，1904 年日本发动日俄战争，打败了沙俄。战后，俄日两国瓜分了东北，以长春为界，长春以南叫“南满洲”，是日本的势力范围，长春以北叫“北满洲”，是沙俄的势力范围。当然，东北的主权名义上属于中国。

1917 年十月革命之后，沙俄势力基本上退出了东北，日本在东北取得了独霸的地位。当时，日本控制东北有两大机构：一个是关东军，司令部设在旅顺，另一个是南满洲铁道株式会社，简称“满铁”，总部设在大连。日本控制东北的办法是扶植代理人，间接实施统治。日本在东北的代理人本来是张作霖，但张作霖翅膀硬了之后不但不听话，甚至对日本人做了抵制，于是，关东军的少壮派军官在 1928 年 6 月暗杀了张作霖。当时日本人的打算是制造混乱，趁机占领东北。但东北并没有出现混乱，而且，张作霖的儿子张学良对日本的抵触情绪更强，在父亲被暗杀的半年后，1928 年底，张学良干脆宣布东北“易帜”——挂起了青天白日旗，跟蒋介石实现了“统一”，使日本的大陆政策蒙受了巨大的挫折。于是，1931 年 9 月 18 日，日本军方赤膊上阵，打响了武装占领东北的第一枪。当时，张学良错误判断了形势，以为日军是一般性的挑衅，为了避免事态扩大而姑息退让，使得日军顺利得手。

1931 年 9 月 19 日，“九一八事变”爆发的十几个小时之后，溥仪在天津就得知了消息，他激动得跳了起来。他知道自己的机会来了。

溥仪心知肚明，东北军肯定不是关东军的对手，日军占领东北就是时间问题，但是，日本也将面临一个十分棘手的烂摊子。东北人民肯定拼命抵抗，世界霸主美国必然要坚决谴责，在东北有着直接战略利益的苏联更不会坐视东北的沦陷，在这种情况下，日本人早晚要找上门来，请他这位“大清皇帝”出山收拾残局。因为东北毕竟是满族的老家，而自己是满族的首领，他自信自己在这块土地上是有号召力的。几个月前，日本的军界朋友就委婉地向溥仪转达了“满洲可能出点事”的意思，让溥仪有心理准备。日本朋友还告诉溥仪，说他的希望大大的。附带指出，当时国际上普遍将中国东北称为“满洲”。

溥仪的判断是准确的。

事变爆发的一周后，关东军的一些军官召开了一个关于东北前途的小规模会议。会上，极少数激进的少壮派军官建议一不做二不休，以此为契机，将中国东北纳入日本的版图，一劳永逸地解决东北问题。这个方案立即遭到了多数人的反对，大家普遍认为直接吞并东北时机尚未成熟，这将遭遇国际列强的抵制，超越了国民政府的忍耐底线，东北人民也会更激烈地抵抗。最后，通过了由日本军界的“中国通”土肥原贤二提出的建议，先成立一个由关东军控制的、脱离中国本土的“国家”，作为日本统治中国东北的遮羞布。

那么，由谁做这个“国家”的领袖呢？一想到十几年间张作霖、张学良父子对日本人阳奉阴违的教训，大家一致同意这个“领袖”不能由东北人担任。不用东北人用谁呢？土肥原说出了溥仪的名字，顿时现场响起了一片掌声。

用溥仪出任“元首”真是最妙的一个主意。土肥原归纳了溥仪的这样一些特点：

第一，“出身于名门而又德高望重”，更难得的是溥仪虽然“德高望重”，但手里无一兵一卒，不存在跟日本抗衡的实力。

第二，“家世属于满洲系统”，统治东北顺理成章，更难得的是溥仪虽然是满族的领袖，但实际上是个汉化的北京人，在东北没有任何势力，好摆布。

第三，“同张学良、蒋介石都不能联合”，“可以同日本合作”。[1]确实如此，溥仪被逐出紫禁城，走投无路之际是日本人收留了他。溥仪跟蒋介石有着深仇大恨，跟张学良也没有任何关系，真是最佳的人选。

但是，土肥原深知溥仪的要求跟日本人的立场并不是没有距离，在这种情况下，溥仪愿意出任这个“国家”的元首吗?

日本军方抛来了诱饵

1931 年是中华民国二十年，也就是说，清朝亡国二十年了，此时的溥仪二十六岁，这些年来，他朝思暮想、魂牵梦绕的一个问题是复辟大清。

今天看来，复辟这个早已被中国人民唾弃的清朝，不仅必将是徒劳的，而且无疑是逆历史潮流而动的行为，但溥仪不会这样看，他毕竟做过清朝的皇帝，他是爱新觉罗的子孙，他的身份、地位、处境和他接受的教育都促使他必然为复辟清朝一条道走到黑，哪怕碰个头破血流。更何况 1924 年以来，中华民国废止了优待条件，将他驱逐出宫，东陵事件又未加处理，这些仇恨已经使他丧失了理智。

当然，溥仪没有复辟的能力，在这种情况下，只能借助外力。“九一八事变”的发生为溥仪提供了一个机会，他知道自己的价值，他等着日本人找上门来。果然，1931 年 9 月 30 日下午，日本驻屯军司令派人来到静园，请溥仪前往司令部，说是有两个“满洲”来的人要朝见皇帝，

① 转引自易显石等著:《“九一八”事变史》，辽宁人民出版社，1981 年，第 196~197 页。

商议重要的事情，而且，请单独前往，不要带随从。溥仪知道捅破窗户纸的这一天到来了，立即上了日本军方的汽车，前往海光寺的日军兵营。

溥仪在《我的前半生》中回忆，在日军的司令部里，驻屯军司令向溥仪引见了两个人：一个是罗振玉，他本来是溥仪的近臣，因受郑孝胥等人的排挤，最近几年住在旅顺，很少见面；另一个穿西服的中年汉子是关东军参谋板垣征四郎大佐的代表上角利一。引见完毕，罗振玉从怀里掏出一封信交给溥仪。

拆开信封一看，这是熙洽的来信。溥仪知道，熙洽是宗室黄带子，[①]沈阳人，光绪末年官派到日本陆军士官学校学习骑兵，毕业后回国正赶上民国建立，服务于东北军，是张作霖的亲信之一，担任过东北讲武堂的教务长，但他没有一天忘记复辟大清。"九一八事变"时，熙洽任吉林边防军司令长官公署参谋长，他受日军胁迫投敌叛国，帮助日军占领了吉林省，发表通电，宣告吉林独立，声明与南京政府和张学良政权脱离关系。现在他给溥仪去信，请溥仪回到东北建国，培养实力，待时机成熟，再次入主中原。熙洽在信中承诺只要溥仪到了沈阳，吉林首先宣布大清朝复辟。

看完熙洽的信，溥仪抬起头来，倾听罗振玉的意见。罗振玉夸夸其谈，说东北"光复"指日可待，三千万子民期盼皇上盼了二十年，关东军仗义协助，支持复辟，请皇上立即动身。上角利一也操着流利的汉语说：关东军此次行动完全出于自卫，对满洲绝无领土野心，将诚心诚意地帮助溥仪建立自己的政权，希望溥仪立即乘船前往大连，然后转往盛京。[②]溥仪立即发现上角利一的说法别致，因为"盛京"是清朝时候的地名，现在叫沈阳，但他故意使用"盛京"的叫法，可见用心良苦。

按说朝思暮想的这一天来到了，溥仪该兴奋才是，但他深知，虽然罗

① 笔者按：所谓"宗室"是努尔哈赤及其兄弟的子孙，系黄带子，来显示身份的特殊，所以，宗室也称为"黄带子"。

② 爱新觉罗·溥仪：《我的前半生》（全本），群众出版社，2007年，第197页。

振玉的忠诚无可置疑，但遗老师傅们普遍认为罗振玉有个毛病——举止乖戾、言过其实。以前就出过不少异想天开的主意，甚至跟日本的浪人勾结在一起，连日本领事馆对他都有意见，所以，溥仪不敢轻易相信罗振玉的话。不过，此次会面的地点是在日军的司令部，而且，罗振玉手中还有熙洽的亲笔信，这增大了罗振玉的权威性，溥仪也不敢不信，于是，表示回去考虑一下再做答复。这时，日军司令在一旁帮腔说应该接受关东军的建议，立即起程，况且天津治安不好，为了安全，也要尽快前往满洲。溥仪打着哈哈，忧喜不定，满心狐疑地坐车回到了静园。

溥仪的焦灼和彷徨

溥仪回到静园，召集师傅近臣研究罗振玉带来的计划。据溥仪后来回忆，授业恩师、年逾八旬的陈宝琛立即给溥仪兜头泼了一瓢冷水。在陈宝琛看来，罗振玉“举止乖戾”的毛病又犯了，“九一八事变”发生还不到半个月，东北的局势尚未稳定，东北人民是不是真的希望清朝复辟尚待观察，国际列强的态度也没有完全明朗，在这种情况下怎么能贸然前往东北呢？陈宝琛沉痛地说：“局势混沌不分，贸然从事，只怕去时容易回时难！”[①] 确实，这一步棋关系到身家性命，必须万分谨慎，否则，冒冒失失地前往东北，一旦跟关东军谈不拢，人家会放你回来吗？退一步说，即使关东军放你回来，国内还有你的立足之地吗？

陈宝琛进一步指出了罗振玉计划的破绽：板垣征四郎仅仅是关东军的一个参谋，军衔不过是个大佐，他能代表关东军吗？再则，即使军方有这个计划，并不意味着日本政府能同意这个计划。另外，陈宝琛以他的洞察力还看出了日本军方的野心——利用溥仪作为他们控制东北的工具，当

① 爱新觉罗·溥仪：《我的前半生》，群众出版社，1964 年，第 269 页。

然，他不便说破，所以，他强调如果不是东北人民真心拥护，而仅仅是日本军方的打算的话，建议溥仪不要前往东北。并且，万一决定前往东北，必须跟日本人约定好这个“国家”的独立自主，否则，事事都由关东军说了算，就不要去跳这个陷阱。

溥仪的热情蒙受了挫折，他很苦恼。在他看来，陈宝琛师傅的话不无道理，但陈师傅毕竟年逾八旬，锐气消磨殆尽，过于谨慎迂腐，所以，他召来了雄心勃勃的郑孝胥，想听听他的意见。此时的郑孝胥是溥仪的绝对亲信，已经达到了言听计从的程度，而且，这年春天，溥仪做主把二妹嫁给了郑孝胥的孙子，所以，郑孝胥算是“皇亲”。

出人意料的是郑孝胥也赞同陈师傅的意见，希望不要理睬罗振玉，先观察一段时间再说。其实，溥仪后来才弄明白，郑孝胥之所以附和陈师傅的主张，是怕罗振玉抢了“建国”的头功，并不是真心为溥仪着想。但当时溥仪并不知道郑孝胥的真实想法，既然大家都不同意他立即前往东北，也就只好先观望一段时间再说了。于是，溥仪通知罗振玉和上角利一，暂不前往东北。

最令溥仪困惑的是，日本驻天津领事得知溥仪跟军方商议的消息之后，立即前来劝说，建议溥仪哪儿也别去，老老实实在天津待着，他们肯定保证安全。溥仪反唇相讥，表示军方说天津治安不好，不安全。日本领事不假思索地说：安全大大的，军人说谎的。不久，日本领事又转告溥仪，说经过协商，日本驻屯军司令也改变了观点，不主张溥仪立即离开天津。

溥仪虽然已经二十六岁了，但他的身份、经历决定着他实际上很单纯，不仅不懂人情世故，而且往往容易相信别人的话，容易把问题看得很简单。他得到领事馆转告的天津日军经过协商已经改变主意的消息后，居然派人向军方询问，结果军方大怒，大骂领事馆撒谎，根本不存在协商这回事，硬要溥仪给他们出证词，要状告领事馆。溥仪居然给写了证明信，这下子把领事馆又给得罪了，日本外交官前来纠缠，让溥仪收回证言，搞得溥仪焦头烂额。但透过纷扰，看起来正像陈宝琛疑虑的那样，日本的军方跟政府不能协调一致。

溥仪决定派人直接到东北探探虚实，结果蒙受了更大的打击。关东军司令官本庄繁向溥仪的代表说：等到东三省“团结稳固，当由内田请上临幸沈阳”。[1]可见，本庄繁自己承认东三省尚未在日军的控制之下，而且，他认为溥仪来东北的最合适邀请人是南满洲铁道株式会社的总裁内田康哉。本庄繁认为应该由满铁总裁出面邀请，实际上验证了陈宝琛的另一个猜测——板垣征四郎代表不了关东军，溥仪有点儿泄气了。

其实，在侵略中国这个大方向上，日本政界和军界绝无分歧，但是，侵略中国的这盘棋该怎么走，彼此分歧巨大。总的来说，军方比政府激进，军方的下层比上层激进，为此莫衷一是，矛盾重重，甚至剑拔弩张，你死我活。对溥仪来说，很多内幕都是后来才知道的。

溥仪在天津彷徨困惑，真是度日如年。众所周知，机遇与挑战同在，人们大多不愿意失去机遇，又害怕面对挑战，当然，更可怕的是“偷鸡不成蚀把米”。当时愿意出任东北傀儡政权首领的大有人在，谣言纷纷，令溥仪心烦意乱。溥仪一会儿听说关东军打算拥立隐居在旅顺的恭亲王溥伟做皇帝，一会儿又听说日本人打段祺瑞的主意，这让他心急如焚又无计可施。

总之，在1931年萧瑟的秋天，年轻的溥仪被抛到了人生命运的“十字路口”，他将何去何从，真是举步维艰。就在这关键的时刻，一个后来被远东国际军事法庭判处死刑的恶魔来到了天津，敲响了静园的大门，也彻底改变了溥仪的命运……

这个恶魔是谁？他会把溥仪领向何方？

① 爱新觉罗·溥仪：《我的前半生》，群众出版社，1964年，第275~276页。

第十二章 潜往东北

土肥原贤二前来天津，拐诱溥仪。陈宝琛等人力图阻止溥仪的冒险举动，国民政府也许诺恢复优待条件，但溥仪已决心孤注一掷，潜往东北。土肥原到底用了什么计谋？

溥仪冒险偷渡，前来东北，然而，他很快发现自己身陷魔窟，土肥原的承诺全是谎言。关东军先是把他软禁在旅顺达三个月之久，继而要在东北建立一个所谓的“共和国”，不仅没有兑现建立帝国的承诺，反而要他放弃皇帝的尊号。对此，溥仪是怎样的态度呢？他有胆量拒绝关东军的安排吗？

土肥原的谎言

如前所述，“九一八事变”爆发，关东军诱惑溥仪前往东北，溥仪举棋不定，焦灼彷徨。在这关键的时刻，一个恶魔来到了天津，改变了溥仪的命运。他就是在历史上声名狼藉的日本战犯土肥原贤二。

土肥原生于1883年，毕业于日本陆军士官学校和陆军大学，1913年来到北京从事特务活动，此后在华二十多年。他了解中国的历史、文化、风俗、人情，而且出手阔绰，广交朋友。表面看去，他跟一般的日本军人不同：面貌和蔼、敦厚诚实、文质彬彬、衣着整洁，能说一口较为流利的汉语，在旧中国的政界、军界、文化界甚至黑社会里可谓路路通，有些中国军阀夸赞土肥原仗义有信用，是个说话算数的人。其实，土肥原随和的外表下是一张凶恶的面孔，他在20世纪二三十年代的中国可谓坏事做绝，无论是暗杀张作霖的皇姑屯事件、“九一八事变”，还是伪满洲国的制造都有他的参与，所以，他后来晋升为陆军大将，日本投降后被远东国际军事法庭认定为甲级战犯，判处绞刑。执行的时候战犯不少，绞首架不够，只能抽签决定谁先死，土肥原手气好，一把抽了个第一号，当然，这是后话。

“九一八事变”发生后，土肥原被关东军任命为“沈阳市长”，他首倡成立“满洲国”，建议由溥仪出任元首。当然，溥仪举棋不定，迟迟不来东北，无奈，土肥原只好亲自出马。为了将溥仪带到东北，设计了周密的方案，首先收买了溥仪的亲信郑孝胥，所以，11 月 2 日他走出天津火车站的时候显得信心十足。

土肥原抵达天津后，立即求见溥仪。见还是不见？溥仪征询郑孝胥的意见。郑孝胥不假思索地说：土肥原是关东军司令本庄繁的亲信，是重量级人物，必须见，而且事不宜迟。溥仪没有注意郑孝胥立场的转变，更不可能知道他被日本人收买的事实，所以采纳了意见，同意会见土肥原。

当天晚上，土肥原敲响了静园的大门。对于这次会面，《我的前半生》一书有详尽生动的记载。

土肥原穿着一身合体的西服，一见溥仪，立即鞠躬，然后面带微笑，以诚恳的语调说了一套问候语。溥仪顿时倍感亲切，他后来回忆说："这种笑意给人的唯一感觉，就是这个人说出来的话，不会有一句是靠不住的。"

宾主落座，又是一番寒暄，然后谈话进入正题。土肥原先解释日军在东北的军事行动只是对付张学良一个人，因为张学良"把满洲闹得民不聊生，日本人的权益和生命财产得不到任何保证，这样日本才不得已而出兵"。他保证关东军对满洲绝无领土野心，只是"诚心诚意地要帮助满洲人民，建立自己的新国家"。

说到这里，土肥原停顿了一下，然后深情地劝溥仪不要错过这个时机，早日回到祖先的发祥地，亲自领导这个"国家"。他说日本将和这个"国家"订立攻守同盟，它的主权领土将受到日本的全力保护；作为这个"国家"的元首，溥仪一切都可以自主。

土肥原对溥仪的心态把握得很准，他知道年轻的溥仪不甘寂寞，一心要重登宝座，所以，向溥仪提供了一个"国家元首"的位置，而且，强调东三省是溥仪祖宗的发祥地，把溥仪前往东北跟祖宗联系起来，这样容易动听。果然，溥仪动心了，他现在不担心土肥原代表不了关东军，但是，关东军能代表日本政府吗？面对这个疑虑，土肥原斩钉截铁地说："天皇陛下是相信关东军的！”溥仪连连点头。确实，日本军人我行我素，独断专行，根本不把日本政府当回事儿，政府对军方毫无办法。

溥仪还有一个疑虑，他问道：“这个新国家是个什么样的国家？”

土肥原词不达意地说：“是独立自主的，是由宣统帝完全做主的。”

溥仪说：“我问的不是这个，我要知道这个国家是共和，还是帝制？是不是帝国？”

土肥原含糊地说：“这些问题，到了沈阳都可以解决。”

“不！”溥仪坚持地说，“如果是复辟，我就去，不然的话我就不去。”

土肥原面不改色，微笑地说：“当然是帝国，这是没有问题的。”

“如果是帝国，我可以去。”溥仪表明了自己的态度。

“那么就请宣统帝早日动身，无论如何要在十六日以前到达满洲。详细办法到了沈阳再谈，动身的办法由吉田安排吧。”土肥原说的吉田是日本驻屯军司令部的汉语翻译吉田忠太郎，他是天津日军跟溥仪沟通的代表，彼此很熟悉。说罢，土肥原起立，毕恭毕敬地向溥仪鞠躬，后退几步，转身离去。[1]

其实，土肥原的承诺依然不乏破绽，比如，他没有回避关东军跟政府的矛盾；他在“满洲国”的“国体”问题上闪烁其词；溥仪强调如果是复辟他就前往东北，土肥原没有接茬儿。但溥仪对会谈的结果大体是满意的，一方面，他涉世不深，看不透其中的玄机，更不是土肥原的对手；另一方面，溥仪也知道办这样一件大事儿不能不担一点儿风险，所以，他基本下定了孤注一掷，前往东北的决心。

---

① 爱新觉罗·溥仪：《我的前半生》，群众出版社，1964 年，第 280~281 页。

溥仪孤注一掷了

土肥原一踏上天津的土地，他的行踪就在中国方面的监视之下。为了阻止溥仪跟日本人合作，国民政府突然一改冷漠态度，向溥仪伸出了“橄榄枝”。

11月4日，国民党监察院委员高友唐来到静园，给溥仪带来了南京方面的消息：国民政府愿意恢复《优待条件》，照付优待费，数额是每月两万元。当然，国民政府知道自己这个政权信誉度不够，所以，提出两个支付方案：或者一次性“买断”——付给溥仪一笔整数，请溥仪提出数目；或者由外国银行担保，按月支付。至于住的地方希望选择上海或者出洋，即使想回北平也可以商量。

可见，国民政府的态度相当诚恳，但正像俗话讲的“平时不烧香，临时抱佛脚”，不仅不会有效果，反而勾起了溥仪的新仇旧恨。他直率地说：“国民政府早干什么去了？优待条件废了多少年，孙殿英渎犯了我的祖陵，连管也没有管，现在是怕我出去丢蒋介石他们的人吧，这才想起来优待，我这个人是不受什么优待的！”在当时，溥仪对中华民国不抱任何幻想，确实，东陵事件使他伤透了心。

虽然溥仪说得很绝情，但高友唐还是做了一番喋喋不休的劝说。溥仪又挖苦地说自己不过是一介平民，不值得中央挂心；况且，当前内忧外患，灾民遍野，国家如果有钱花不完，建议救济灾民。[①] 原来，这年夏天江淮大水，沿江人民受灾惨重，中国各界人士踊跃捐款赈灾。溥仪已经给陕西灾民捐了价值十万大洋的财物，现在手头并不宽裕，但听说捐三块钱就能救人一命，于是慷慨地将位于天津英租界的楼房捐出，请慈善机构代为变

① 笔者按：关于国民政府争取溥仪之事，见爱新觉罗·溥仪：《我的前半生》，第283~284页。另见佚名：《溥浩然离津之前》，载于《北洋画报》1931年12月22日。孙继武等编：《“九一八”事变资料——日本外交文书选译》第二卷，第16~17页。

卖，救济灾民。所以，他非常自负地将了国民政府一军。

高友唐被溥仪请出了静园，但他尚未死心，表示过几天再来。

11 月 5 日，溥仪的师傅、智囊陈宝琛在报纸上看到了溥仪会见土肥原的消息，立即从北平赶来天津，阻止溥仪的冒险举动，在静园当着溥仪的面，陈宝琛跟郑孝胥发生了激烈的争吵。陈宝琛强调东北局势未定，日本内阁尚无拥戴的打算，不能仅仅相信军人的诺言就孤注一掷。郑孝胥反唇相讥，说陈宝琛不识时务。陈宝琛一针见血地揭发郑孝胥为了自己的利益不惜陷皇上于险地。二人为此翻脸对骂，溥仪没有表态，但他心中是倾向于郑孝胥立场的。

通过各种间谍手段，土肥原暗中掌握着静园里面的一举一动，虽然国民政府的争取和陈宝琛的阻止对溥仪没有发生大的影响，但为了确保万无一失，土肥原还是采取了一系列的措施。

第一项措施：策动天津“便衣队暴乱”。当时，日军用每天四角到一元不等的代价，在天津招募了一些土匪、兵痞、流氓、混混、吸毒者，组成了一支不穿军装、没有番号的军事力量。因为不穿军装，所以天津人称之为“便衣队”。11 月 8 日，便衣队向河北省政府、天津市政府和市公安局等发动了攻击。1924 年参与把溥仪驱逐出紫禁城的“北京警察总监”张璧就是这支便衣队的头目，如果说当年的“壮举”似乎带有点儿“革命”的色彩，现在则是彻头彻尾的卖国了。

此时的天津在张学良的东北军控制之下，东北军早就得知了便衣队要闹事儿的消息，所以，严阵以待，把这群乌合之众打得落花流水。但是，土肥原的一个目的达到了，日军趁天津炮火纷飞之机，宣布戒严，把装甲车开到了静园的大门口，手持大枪的日本军人取代了领事馆派来的警察，一片杀气腾腾的景象。这样一来，溥仪实际上被日军控制起来了，除了郑孝胥等人，谁也进不了静园。当时曾有北平的王公企图劝说溥仪不要冒险，但根本进不了门。

第二项措施：制造紧张气氛，撵走溥仪。他们向溥仪散布谣言，说张学良派来了刺客，为了把谣言弄得逼真，每天静园都会接到无数个“威胁电话”和“警告信件”，一到了晚上，土肥原派人在静园附近打黑枪、扔石头，吓得溥仪夜不能寐、无精打采。一天，溥仪的随从突然大呼小叫地跑上楼，报告说一个陌生人送来了一筐水果，放下筐之后扬长而去，随从翻看这筐水果，结果在筐里发现了两颗炸弹。溥仪听完报告，吓得瘫软在椅子上。

日军如临大敌，拿走了炸弹。一会儿，吉田忠太郎来了，说经检验证明炸弹是张学良兵工厂制造的，然后劝溥仪尽早动身，天津实在不安全。溥仪惊魂未定，身心疲惫，看来天津不能住了，他无可奈何地摆出一副任凭摆布的姿态。

1931 年 11 月 10 日傍晚，在戒严的萧条气氛中，溥仪藏在一辆敞篷跑车的后备厢里，驶离了静园。抵达接头地点之后，换上一套日军军装，在日本军人的簇拥之下登上了海河岸边的一条汽艇。这条汽艇上堆满了沙袋，架着机关枪，日本人打算用这条汽艇把溥仪送到大沽口外，换乘日本轮船前往东北。几十年后，溥仪才从亲历此事的日本人的回忆录中看到了一个秘密——这条汽艇上暗藏着一大桶汽油，万一被海河两岸的中国军队拦截无法脱身，日本人就放火烧船，杀溥仪灭口。这是土肥原阴谋措施中的最后一项内容。

对于溥仪潜往东北该做何评价呢？

无论人们对溥仪寄予多大的同情，都不能否认他走的是一条通敌叛国的不归路；无论人们如何责备民国政府不公正地对待了溥仪，都不能抹杀溥仪自己应负的历史责任。这一举动不仅给他的一生留下了抹不掉的污点，也给中国人民，尤其是东北人民带来了沉重的苦难。但是，也应指出，日本人利用了溥仪的单纯、天真和复辟大清朝的梦想，把他骗到了东北。其实，何止日本人，溥仪身边的人上至郑孝胥，下到随从仆人，都在打溥仪的主意，他们中的很多人已经被日本人收买，跟日本人一起造谣鼓动、推波助澜，只有涉世不深的溥仪被蒙在鼓里，他懵懵懂懂又心怀憧憬地走进了命运的深渊……

有时，笔者大胆假设，如果溥仪坚定地拒绝土肥原，那么，这个混世魔王会不会揪着溥仪的衣领子把他拎到东北？联想到日本法西斯军人无法无天的一贯作风，这种可能性也是存在的。因为自打溥仪被逐出宫，处于日本人的“保护”之下，就已经越陷越深，身不由己了。

汽艇启动了，望着逐渐远去的天津灯火，溥仪的心情像潮水那样波澜起伏，然而，此时的他无论如何也想不到，那些衣冠楚楚、彬彬有礼、口口声声要帮助他复辟大清的“日本友人”竟然在一夜之间翻脸不认人，露出了一副凶恶的面孔……

“日本友人”翻脸了

溥仪乘坐的汽艇一路上还算顺利，有郑孝胥的陪同，溥仪心里也较为有底儿。经过军粮城的时候中国军队要对汽艇做例行检查，汽艇在冲破封锁过程中遭到了枪击，日军没有还击。抵达大沽口外已是半夜，直到凌晨，方才等来了日本商船“淡路丸”。溥仪跟郑孝胥登上了商船，前往东北的营口港，至此，终于脱离了险境。郑孝胥十分兴奋，跟溥仪大谈“治国平天下”的道理，还诗兴大发，做了几首诗，日本船员也纷纷缠着溥仪照相。不过，溥仪第一次经历大海航行，更多时间是在凭栏远眺，思绪飞扬。

11 月 13 日清晨，轮船的前方出现了一丝黑线，无疑，那就是东北大陆。溥仪激动不已，三百年前，祖先就是在这块大陆上金戈铁马、横扫千军，迈出了创建帝国的第一步。自打曾祖父道光皇帝以来，清朝皇帝有

一百年未曾回过老家，他确信当踏上东北土地的一刹那，肯定是个永生难忘的场面，千千万万东北人民一定会举着旗帜向他欢呼雀跃。“九一八事变”以来的近两个月里，很多遗老告诉溥仪：东北人民盼皇上盼了二十年，所以，溥仪才会有这样的想法，他居然能相信这样的鬼话，可见他有多么天真！

轮船停靠营口码头，溥仪傻眼了，哪有什么欢迎的场面，空旷的码头上稀稀落落站着几个身穿黑衣、面无表情的汉子。第一次到天津勾引溥仪的板垣征四郎的代表上角利一也来欢迎，而且，操着汉语为溥仪一一引见介绍。其实，一看欢迎者鞠躬的姿态，不用介绍，溥仪就知道来的全是日本人。

日本人请溥仪上了马车，前往火车站。溥仪以为是去沈阳，没想到火车行驶了一个小时之后，静静地停在了旷野里。溥仪迷茫了，这是什么地方呢？原来，这个地方叫汤岗子，距离沈阳将近100公里，是个小地方，因温泉得名。很快，溥仪的马车驶入一片豪华的别墅区，这是满铁高官的疗养地，溥仪入住一座非常讲究的小楼，在那里，他见到了罗振玉。罗振玉喋喋不休地介绍了东北的情况，溥仪没有太往心里去，他只注意了罗振玉说他来到满洲的消息尚未公布。溥仪恍然大悟，怪不得没有欢迎的人群。由于旅途劳顿，溥仪简单地吃了些日本料理之后，进入了梦乡。

然而，次日清晨，溥仪发现自己处境不妙。一则他居住的楼房已被封锁，连下楼散步都被禁止；二则关东军的头面人物全不露面，能见到的只有联络官上角利一。但上角利一仅是个翻译，一问三不知，不过，他话里话外表示关于“新国家”的很多问题还在讨论，让溥仪耐心等待。这使溥仪感到一种前所未有的恐惧，他怒气冲冲，心想既然没有商议出结果，为什么把我弄到东北？但话到嘴边又咽了回去。他开始明显感觉到日本人态度的变化——已经不像在天津的时候那样毕恭毕敬了。

其实，溥仪一辈子都没弄明白一个秘密，就在他抵达东北的两天后——1931年11月15日，日本陆军大臣南次郎在政府的压力下，电令关东军司令本庄繁停止拥立溥仪的活动。[①]

别看表面上关东军在东北节节得手，其实，此时的日本面临着空前的压力。“九一八事变”爆发之后，中国代表在日内瓦召开的国际联盟理事会上控诉日本侵略中国的罪行，请求国联依据自己的宗旨，制裁日本，保护成员国免遭侵略。9月底，国联理事会正式形成决议，要求日本停止军事行动并撤军，后来为此作了表决，除日本一票反对以外，所有成员国一致赞成，连弃权票都没有，可见日本的孤立。至于各国舆论更是一边倒地谴责日本，《纽约时报》发表文章，说日本披着文明的外衣，是一个完全不讲国际信义的野蛮国家。《泰晤士报》则指责日本在挑战全世界，断言必将招致可耻的失败。

在世界列强的压力下，日本外务省的文官们从自己的利益出发，曾宣布“不扩大事态”的方针，企图改变因“九一八事变”造成的日本在国际上的被动局面。显然，关东军拥立溥仪建立傀儡政权的打算是在火上浇油，将使日本在国际上更加孤立，所以，日本外务省先是命令天津领事阻止溥仪潜往东北，继而通过政府向军方施加压力。不得已，11月15日，陆军大臣命令关东军停止拥立溥仪，所以，关东军不得不暂时将溥仪“藏起来”，一个星期后溥仪被送上了火车，连夜送往旅顺，从此，软禁达三个多月。此间，无人解释，无人过问，溥仪的心情可想而知。他虽然不知道这些内幕，但他完全明白了土肥原信誓旦旦的承诺全是谎言，深深后悔当初的草率和天真，但已经身陷魔窟，只能听天由命了。

附带指出，当初溥仪是秘密潜往东北，甚至保密到连婉容都不知道的程度。婉容随后由川岛芳子送来旅顺，但关东军居然不许婉容跟溥仪见面，婉容大吵大闹，川岛芳子一筹莫展，她硬着头皮请求关东军允许溥仪

① ［日］中田整一著，喜入影雪译：《溥仪的另一种真相——秘藏日本的伪满皇宫最高机密》，上海人民出版社，2009年，第37~38页。

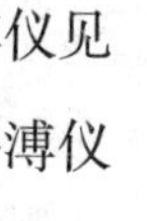

夫妻团聚，居然被拒绝，只好买通日本宪兵，让婉容跟溥仪偷偷见了一面。另外，平津一带的遗老也陆续来了一些，但全让关东军给挡了驾。

关东军要建一个“共和国”

在溥仪被软禁的漫长的三个多月中，关东军一直未放弃制造东北傀儡政权的努力，他们把溥仪弄到东北，一方面是为了造成既成事实，向内阁施压；另一方面，他们操纵东北各地的汉奸为“建国”制造声势。经过一番紧张的较量，日本政府逐渐对军方妥协，默认了关东军的计划。

虽然排除了来自政府的压力，但关东军依然面临着很多难题。比如，这个即将成立的傀儡政权采取什么组织形式呢？显然，不能复辟清朝，因为清朝早就被中国人民唾弃了；那么，能不能采用君主制呢？似乎也不能。此时日本欺骗全世界的谎言就是“满洲民众要求独立自治”，关东军行动的目的是“帮助满洲人民消除苛政，建立王道乐土的国家”。如此说来，建立一个“共和国”势属必然，因为共和制是体现多数人意志的一种政体，但这样一来又造成了新的麻烦——溥仪原来的身份毕竟是皇帝，不给他复辟清朝已经算是失信了，好歹也要让他做个皇帝，否则降格为共和国的总统，他能屈尊接受吗？

可能有人会产生疑虑，无论是皇帝还是总统，都是国家元首，二者有什么差别呢？为什么说溥仪很难接受总统的职位呢？其实，二者之间堪称天壤之别，因为皇帝是国家的主人，是不受监督、制约的终身统治者，而且，还能子子孙孙世袭；相反，总统是选民选举的，为选民服务的公仆，他要接受各方的监督，要遵守国家的法律，任期届满自动下台。更何况溥仪的皇位是祖传的，如果放弃皇位，他对祖宗来说就是不忠不孝，对子孙后代来说是破产败家，所以，关东军深知溥仪的底线，他轻易不会接受总统的职位。

再比如，东北的汉奸们也争得头破血流。他们争什么呢？“国家元首”已经确定由溥仪担任，谁也取代不了，他们争的是“政府首脑”——“国务总理”这个位置。吉林的熙洽、辽宁的臧式毅、黑龙江的张景惠这些人八仙过海各显神通，上蹿下跳，乌烟瘴气。但是，关东军另有主张，因为这些老军阀在东北有着盘根错节的各种基础，跟张氏父子有着根深蒂固的联系，鉴于以前张作霖忽悠日本人的教训，现在日本人决定这个傀儡国家不仅“总统”不用东北人，连“总理”也不能由东北人担任。

不用东北人用什么人呢？不用发愁，现成的就有两个人选：一个是江苏的罗振玉；另一个是福建的郑孝胥。他们不仅在东北没有任何势力，而且都是文人，属于耍嘴皮子、抡笔杆子的主儿，谁干都行，只要能劝说溥仪屈就这个“共和国”的“总统”，关东军就以“国务总理”的职位酬谢。

首先败下阵来的是罗振玉。他听说关东军要建立一个“共和国”，大惊失色，他的理想是复辟大清，为此跟关东军苦苦争执。于是，关东军找来了郑孝胥，郑孝胥明白了关东军肯定不复辟大清之后立即表示，只要保证让他当上“国务总理”，他即负责说服溥仪接受“总统”的地位。关东军也知道郑孝胥跟溥仪的关系比罗振玉深，于是，将罗振玉一脚踢开。

根据《我的前半生》记载，1932 年 2 月中旬，溥仪在旅顺终于得知了关东军即将在东北建立一个“共和国”的消息，他愤怒到了极点，他想，自己放弃优裕的生活来到东北，不就是为了复辟大清吗？自己承担这样大的风险偷渡来东北，不就是为了恢复祖业吗？如果就任这个“总统”，则意味着自动放弃了皇帝的称号，还有什么颜面上对祖宗，下对宗室！他掀翻了茶几，打碎了茶杯，捏碎了一根根的纸烟，把土肥原贤二和板垣征四郎骂了个狗血喷头……突然，溥仪站住了，坚定地命令郑孝胥向关东军转达他的立场：如果不能满足他的要求，他立即回天津！

郑孝胥早在半个月前就知道了“共和国”的方案，未敢告诉溥仪，现

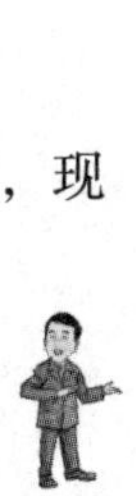

在对溥仪苦苦相劝。当然，别看溥仪说了狠话，既然已经走到了这一步，他也不甘心前功尽弃。恰巧这时板垣来电话通知郑孝胥到沈阳开会，于是，溥仪抱着一线转机的希望写了一封亲笔信，强调必须复辟大清的十二点理由：比如东北人民的道德、伦常、信仰倾向于君主；日本属于君主国家，傀儡政权应该跟主子保持一致；溥仪还列举了中华民国二十年的失败来证明共和制度根本行不通。总之，洋洋洒洒地写了好几页，然后交给郑孝胥，让他转交板垣征四郎，嘱咐他如果板垣看后仍不答应复辟清朝，他就卷铺盖回天津。郑孝胥连连点头，恭顺地把信揣进怀里。

几天之后，郑孝胥回到了旅顺，他垂头丧气地向溥仪报告：经他力争无效，木已成舟，"新国家"的"国体"仍为共和制，但是日本人照顾溥仪的面子，不叫他"总统"，叫"执政"。郑孝胥还劝溥仪接受现实，向前看，说了些从长计议的话。

什么"执政"，这简直是哄三岁小孩儿！溥仪怒气冲冲，他质问为什么不说不满足要求就回天津？

郑孝胥一再表示"执政"就是"国家元首"，只要当上了"元首"，以后不愁不能发展自己的势力，复辟大清并不是没有希望；相反，现在跟日本人翻脸，一切希望就破灭了。他又讲了很多历史上忍辱负重、能屈能伸、终成大业的故事，劝溥仪委曲求全，但溥仪不为所动。溥仪后来才知道，郑孝胥根本就没有把他的信转交板垣，反而表态保证说服溥仪接受关东军的安排。此时的郑孝胥完全成了关东军的工具，溥仪早就成了他手中的一张牌。

郑孝胥说了半天不见效果，最后使出了吓人的一招儿，他告诉溥仪，板垣下午前来觐见，请皇上亲自跟板垣说。溥仪气呼呼地说了三个字："让他来！"[①]

---

① 爱新觉罗·溥仪：《我的前半生》，群众出版社，1964年，第300~303页。

板垣征四郎是个什么样的人？他来到旅顺向溥仪摊牌，怒火冲天的溥仪将怎样跟这个骗子周旋？溥仪有跟板垣拍桌子的勇气吗？而最后的结局又将会是怎样的呢？

第十二章 粉墨登场

溥仪不愿放弃皇帝的尊号，拒绝出任伪满洲国执政。关东军参谋板垣征四郎来到旅顺，在劝说无效的情况下发出死亡威胁。溥仪被迫屈服，但提出了出山的附加条件，这是个什么条件呢？

在伪满初期，溥仪处于忧喜不定的状态，他时而为自己高高在上的“元首”地位而雄心勃勃；时而又为自己一筹莫展的傀儡处境而憋气窝火。1934 年伪满改行帝制，溥仪重登皇帝宝座，然而，这是他地位提高的标志吗？

关东军发出了死亡威胁

1932年2月23日午后，关东军参谋板垣征四郎①肩负着说服溥仪出任“满洲国”执政的使命来到了旅顺。此时军方都知道了溥仪的态度，不免忧心忡忡，“九一八事变”已经发生将近半年了，傀儡戏基本排练出了眉目，即将上演，“主角”却要撂挑子不干，这怎么能行！为此，关东军司令本庄繁命令板垣不惜运用一切手段迫使溥仪屈服，当然，尽量不要闹得太不愉快。

此时溥仪正压抑着满腔怒火在客厅里等着板垣的到来，他想质问崇尚“武士道”的日本军人，到底知不知道“信用”两个字怎么写！明明说好了复辟大清，为什么翻脸不认账！

板垣下车，推开了溥仪住所的大门。

此时板垣已经四十八岁了，个子很矮，即使在身高普遍不高的日本人中也算矮小，但他身穿笔挺的日军礼服，佩戴大佐军衔，气质不凡，见到溥仪，立正敬了个军礼，然后脱帽鞠躬。溥仪叼着烟卷，脸色铁青，哼了一声，斜倚在沙发上没挪窝。

板垣厚着脸皮来到溥仪的对面坐下，首先说了一套问候语，然后夸夸

---

① 笔者按：板垣征四郎后来任关东军副参谋长、师团长、陆军大臣、中国派遣军参谋长等职，晋升陆军大将，日本投降后被远东国际军事法庭认定为甲级战犯，判处绞刑。

其谈。据溥仪回忆，板垣从张作霖、张学良父子不得人心，弄得“满洲”民怨沸腾谈起，大讲日军行动的“正义性”；然后又说关东军帮助满洲人建国的诚心诚意。溥仪早就听了上百遍，他既不感兴趣，也不相信。

板垣接着说：这个“国家”叫“满洲国”，“国都”设在长春，因此长春改名为“新京”。为什么选择长春呢？按说沈阳也行，只是离关内较近；哈尔滨也不错，但距苏联不远。比较起来，长春处于“满洲”的中心，战略纵深大，相对安全，而且交通发达，所以权衡考虑，决定在此建都。溥仪看着天花板，一言不发。

板垣接着说：“满洲国”的年号叫“大同”，今年就是“大同元年”。这个“国家”由五个民族组成：满族、汉族、蒙古族、大和族、朝鲜族。说到这里，板垣停顿了一下，他要讲讲“满洲”的近代史，他说如果不是日本人在日俄战争中流血牺牲，“满洲”早就是俄国人的地盘了，所以，大和民族不是外族，跟满人、汉人一样热爱这片土地，都是“满洲国”的主人，一样可以做官。板垣本来以为溥仪可能会提出不同意见，但溥仪依然不理不睬。

板垣跳下了沙发，打开手提箱，从里面拿出一面黄色的旗帜，一边介绍说这是“满洲国”的“国旗”，一边要往茶几上摊。溥仪一把拦住，怒气冲冲地质问：“这是个什么国家？难道这是大清帝国吗！”溥仪后来回忆，他当时激愤得连说话的声调都变了。

板垣不紧不慢地说：“自然，这不是大清帝国的复辟，这是一个新国家，东北行政委员会通过决议，一致推戴阁下为新国家的元首，就是执政。”

想不到这句话把溥仪惹火了。原来，溥仪听到板垣叫他“阁下”而不是“陛下”，立即跳了起来，挥舞着双臂，声色俱厉地喊着：“名不正则言不顺，言不顺则事不成！满洲人心所向，不是我个人，而是大清的皇帝，若是取消了这个称谓，满洲人心必失！”现场的气氛顿时紧张了起来。

板垣反唇相讥：“满洲人民推戴阁下为新国家的元首，这就是人心所归，也是关东军所同意的。”以此为开端，双方激烈地辩论起来。

溥仪情绪激动，坚持不放弃皇帝称号，板垣一会儿哄骗溥仪说“满洲国”实行的不是共和制，是“执政制”；一会儿又承诺“执政”仅仅是个过渡，将来“国会”成立之后，一定能通过决议，恢复君主制，让溥仪再当皇帝。但溥仪不为所动，也不相信板垣的承诺，双方谈了三个小时，直到太阳落山也没谈拢。无奈，板垣脸色铁青，收拾起皮箱，灰溜溜地走了。

板垣刚走，郑孝胥前来警告：无论如何不能跟关东军翻脸，否则张作霖的下场就是殷鉴。溥仪听了之后又急又恨又怕，他很孤立，要去跟谁商量呢？

板垣也很紧张，说服溥仪是一个只能成功不能失败的任务。他苦苦思索，发现溥仪虽然坚持不放弃皇帝称号，但毕竟没有当面说出不当皇帝就卷铺盖回家的话，这使得板垣心中有底了。本来，双方约定第二天继续会谈，但板垣决定不跟溥仪废话，直接采用强硬手段，不怕溥仪不屈服。于是，第二天他找来了郑孝胥和罗振玉，让他们向溥仪转达这样一句话：“军部的要求再不能有所更改，如果不接受，只能被看作敌对态度，只有用对待敌人的手段做答复！”说完，板垣看着罗振玉和郑孝胥，恶狠狠地加了一句：“这是军部最后的话！”[①] 面对板垣凶横的目光，罗振玉耷拉着脑袋不表态，郑孝胥赶紧打圆场，说皇上肯定能做出明智的选择，希望从长计议，有话好说。

郑孝胥向溥仪转达了板垣的立场，溥仪瘫倒在沙发上，他知道，这是死亡威胁。近半年来，他跟日本军方秘密沟通，涉及核心机密，现在谈不拢他想不干，关东军能放他走？统领千军万马的张作霖还不是说杀就杀。

① 爱新觉罗·溥仪：《我的前半生》，群众出版社，1964 年，第 305~307 页。

况且，溥仪来东北已经三个多月了，跟日本勾结现在是全中国都知道的事情，即使日本人放他走，中国还有他的容身之地吗？想到这里，溥仪彻底气馁了，但他实在不甘心放弃皇帝的称号。

郑孝胥又对溥仪作了恫吓，表示好汉不吃眼前亏，日本人说得出做得出等。最后，罗振玉有气无力地建议溥仪这样答复板垣：以一年为期，到期不实行帝制，即行辞职。溥仪同意了，他派郑孝胥前往答复板垣，一会儿，郑孝胥满面春风地回来说板垣同意了。

傀儡戏粉墨登场

1932 年 2 月 29 日，在关东军的导演下，东北汉奸组成了“全满洲会议”，宣布“满洲”脱离中华民国独立。次日，所谓的“东北人民代表”来到旅顺，向溥仪表达拥戴之情，请他就任“满洲国”国家元首。经过两次推戴，3 月 5 日，溥仪接受了。其实，这全是关东军导演的把戏，双方均只是按照关东军拟好的稿子面无表情地念了一遍而已。

3 月 6 日清晨，溥仪早早起床了，经过简单的准备和早餐，七点三十分乘车离开了被软禁三个多月的旅顺。车队沿着崎岖起伏的山路向大连方向疾驶，九点，车队抵达大连市西北的沙河口火车站。一辆专列静静地停在站台上，没有人欢送，没有人话别，现场冷冷清清。溥仪上车之后，一声汽笛，列车向北驶去。当时，旅顺、大连是日本人的殖民地，为了撇清日本人制造伪满洲国的“嫌疑”，渲染“满洲国”是“满洲人”自己的选择，大连殖民当局低调处理，既不让溥仪在大连火车站上车，也不派人相送，并且，直到此时，溥仪的行踪仍未公开。

下午 1 点 49 分，溥仪乘坐的列车抵达了汤岗子火车站，溥仪“从天而降”，正式向世界公开了他的行踪。“满洲国”的政府要员在此迎接溥仪，跟上车时候的冷清相比，此时是另一番景象。按照日本人的安排，溥仪接受由汉奸组成的“满洲人民代表”的迎接，溥仪面无表情地跟这些汉奸见了面，然后一起照相。应新闻界的要求，溥仪跟婉容两人还并肩单独照了一张相。

3 月 8 日上午，溥仪和汉奸们在汤岗子火车站登上了南满洲铁道株式会社的特快专列，前往长春。汽笛一声长鸣，蒸汽机车喷云吐雾缓缓开动了，随着列车的加速，广袤的东北原野在眼前飞旋起来，遥远的村庄飞速扑来，又迅速地被抛在了视野之后。车厢里除了车轮摩擦铁轨的声音，人们都缄口不语，前途莫测的恐惧使得气氛压抑，这根本不像是去出席庆典，简直像是出殡。

列车运行了一个小时之后，突然，一件意想不到的事情发生了，列车紧急制动，直到“咣当”一声停在了沈阳城北的荒野里。门开了，几位身穿黄色军衣的日本军人走进了车厢。原来，这是来向溥仪献殷勤，他们告诉溥仪，在列车前进方向的左侧三公里处，是沈阳北陵，那里面埋葬着清太宗皇太极的英灵，为此特意停车三分钟，请溥仪不离开车厢向北陵致敬。

溥仪立即起立，面向北陵方向下跪叩头，在心中默默祷告，请求祖宗的宽恕，当年列祖列宗打下的皇帝称号让他放弃了，他是祖宗的不肖子孙，他痛哭流涕，然而，他能想到吗？由于他的叛国，关东军对东北的统治获得了一块“遮羞布”，作为亡国奴的东北三千万人民是怎样的感受呢？直到今天，那首“我的家在东北松花江上”的歌曲依然催人泪下。

下午三点，列车驶进长春火车站，顿时军乐声、欢呼声响成一片，溥仪和婉容先后走下火车，在汉奸、日本军人的簇拥下步出站台，抬眼一看，火车站的广场上是旗帜的海洋，溥仪一眼看到了稀稀落落的几面大清帝国的国旗，他激动得挥手致意，没想到打旗的人纷纷跪了下来，据说这是吉林的满人。溥仪顿时热泪盈眶，他一下子想到了被逐出宫的屈辱，想到了东陵事件时报仇的誓言，他心中产生了复仇的快感，同时，对日本人

的怨恨也少了一些。

次日，在破烂不堪的原吉长道尹衙门，举行了溥仪的就职典礼。溥仪升旗、发表演说。汉奸们向溥仪三鞠躬，献上“执政大印”。郑孝胥以“国务总理”的身份发表了“建国宣言”。但是，此时还没有一个国家承认“满洲国”，说起来难以置信，连它的主子日本政府都没有承认这个所谓的国家。关东军司令本庄繁、满铁总裁内田康哉出席了就职典礼。

溥仪背叛了国家和民族，无论什么理由都无法辩解他的罪行。3 月 12 日，中华民国发布了对溥仪的通缉令。

从雄心勃勃到愤懑焦灼

中华民国的通缉令当然无法执行，此时溥仪“新官上任”，正处在激动和兴奋之中，并且忙得一塌糊涂。他雄心勃勃，发誓要做一个像祖先那样勤于政事的统治者。

伪满的首都定在长春，当时的长春并不是一个大城市，基础设施较为薄弱。溥仪最初没有合适的居住、办公场所，先在吉长道尹衙门凑合了一段时间。这个衙门破败不堪，而且伪满“国务院”也在这里办公，每天门庭若市，乌烟瘴气。不久，日本人把长春东北角的吉黑榷运局改名“执政府”，溥仪迁到这里，一直住到伪满垮台。

吉黑榷运局由几座二层小楼和一些平房组成，根本不成格局。溥仪把一座灰色的小楼作为自己和婉容的寝宫，取名“缉熙楼”，典出《诗经·大雅·文王》“于缉熙敬止”句，寓意“前途光明”，然后将缉熙楼北面的另一座二层小楼命名为“勤民楼”，作为办公场所，体现了勤政“治国”的意思。

据溥仪晚年回忆，刚刚当上执政的这段时间，他每天清晨六点前往勤民楼“办公”，直到深夜十一点才能结束。[①] 他忙什么呢？

首要大事是谋划复辟大清。虽然关东军翻脸不认账，没让他坐上皇帝的宝座，这使他苦恼和愤恨，但毕竟成了“国家元首”，他感觉比以前任何时候都更有能力实现复辟大清的梦想。一想到即将像祖先那样率领铁骑劲旅，杀出山海关，横扫中原大地；想到各地的遗老、遗少打着黄龙旗，迎接清朝的复辟，他兴奋得夜不能寐。

当然，光靠做梦解决不了任何问题，必须付诸行动。溥仪心知肚明，自己名为“国家元首”，实际上是个光杆司令，要兵没兵，要将没将，无权调动“满洲国”的一兵一卒，拿什么复辟？溥仪召来东北军界的元老熙洽，说了自己的想法。熙洽此时已经退出军界，被关东军安排到“满洲国”的财政部工作，担任财政总长，还兼任吉林省省长。熙洽十分赞同复辟，认为兵员不成问题，关键是缺乏统兵的将领，所以，建议尽快培养军事人才，另外，要秘密建军，尽量低调。

溥仪接受熙洽的建议，采取了一系列措施。

第一，派亲信前往日本学陆军，培养复辟势力的军事骨干。溥杰、润麒早就在日本了，现在又派出一些皇亲、皇族成员和个别信得过的侍卫，一共十几人到日本念军校。考虑到这些人基础薄弱，不可能通过日本陆军士官学校的入学考试，溥仪绕过关东军，不惜屈尊拜托原来天津驻军司令小泉中将，请他跟日本陆军省交涉，使这些人通过了入学考试。

第二，溥仪也知道，要想操练一支足以“入主中原”的大军，仅靠这十几个人远远不够，所以，又从北京找来了不少近支皇族子弟，组成了一个“军事训练班”。这些人大多是溥仪的晚辈，把他们弄到身边，补习数理化、日语等课程，准备将来分批派往日本。当时，清朝垮台已经二十多年了，当年显赫一时的皇族大多破落了，这些人来到长春，住在溥仪身

① 爱新觉罗·溥仪：《我的前半生》（全本），群众出版社，2007年，第248页。

边，吃穿由溥仪负责，每月还发零用钱，宗室子弟积极性都很高。

第三，虽然熙洽建议溥仪先培养军事人才，不急于建军，但毕竟不能一个兵没有，所以，熙洽从吉林的伪军中挑选了几百人，组成了一支“禁卫军”，担任“执政府”的站岗、警卫职责。另外，溥仪在天津的十几名保镖也来到了长春，以这些人为核心，组建了“宫廷护卫军”，简称“护军”。这是溥仪的私人武装，不属于“满洲国”军队编制，甚至连武器都是溥仪自己掏钱买的，短枪、长枪、机关枪俱全，一色的德国制造。

除了暗中谋划复辟外，溥仪更多的时间和精力用于接见东北各地前来朝拜的汉奸。这些汉奸本来是东北官场的“老油条”或者“老江湖”，由于以前跟溥仪大都没有什么渊源，现在改朝换代了，自然要跟新主子套套近乎。按照原来的“官场惯例”或“江湖规矩”，当然不能空手，要拿点儿见面礼，所以，他们拎着一箱箱的海参鲍鱼，或者抱着成捆的鹿茸人参，有的人干脆提来了一皮箱的现金，秩序井然地在勤民楼下排队候见。溥仪对求见者一概接见，以示虚怀若谷。不过时间一长，溥仪发现了蹊跷，他很困惑，这是怎么回事儿呢?

原来，这些汉奸没有一个人跟他汇报政务，或者请示机宜，一律夸夸其谈，不着边际。溥仪不禁向来人追问，所有人的回答也都一样：“次长在办着了”，或者说“这事还要问问次长”。溥仪知道，次长是日本人，看来“满洲国”的政务控制在日本人手中，再联想到自己做了这些天的“国家元首”，没有决断过一件“军国”大事，每隔七天“国务总理”郑孝胥来一次，拿来一堆公文，到他这里签字画押，自己简直就是个“橡皮图章”。想到这里，溥仪不禁怒火中烧，立即召郑孝胥前来问话。

面对溥仪的质问和铁青的面孔，郑孝胥振振有词，他说：“满洲国采用的是类似日本的责任内阁制，政务由国务会议决定，责任内阁对国家元首负责，内阁总理就是政府首脑。”郑孝胥搬出内阁制的原则来压制溥仪，确实，在这种体制之下，国务总理履行职权具有较大的独立性，国家元首不能随便干预总理的工作。也就是说，溥仪无权处理“国政”是体制决定的，并不是谁侵夺了属于他的权力。

不料溥仪一句话就把郑孝胥问了个哑口无言。溥仪说：“你作为国务总理，能领导国务院吗？各部的总长能驾驭次长吗？”确实，在这点上郑孝胥也有难言之隐。当时，关东军在伪满的国务院设立了“总务厅长官”，大权独揽，郑孝胥作为“国务总理”，也是一个傀儡；另外，各部的次长一律由日本人担任，掌握实权。不过郑孝胥眼珠一转，又说“满洲国”刚刚建立，就像一个还不会走路的小孩子，必须靠别人扶持才能走路，等过一段时间，能够独立行走了，估计日本人就能放手。

郑孝胥走了，溥仪独自生闷气，几天之后，又有一件事儿把他气得七窍生烟。原来，经过一段时间的权衡、争吵，1932 年夏，日本众议院通过决议，承认伪满洲国是一个“独立”的“国家”，待日本内阁走完批准的手续，就正式向世界公布了。在这种情况下，关东军司令跟伪满国务总理郑孝胥签订了一个秘密协定，规定日本有权在“满洲国”驻军，伪满将国防、治安委托给日本负责，一切经费由伪满负担。此外，“满洲国”的铁路、港湾、航路、航空线的敷设和管理权也一股脑地交给了日本。[1]这样一来，“满洲国”所有命脉都握在日本人手中，哪里还算得上是个“独立”的“国家”！

溥仪生气，当然不是因为日本人将东北的权益一股脑地揽入怀中，因为这大多是日本人已经拿到手的东西，签订这个“条约”的用意不过是掩人耳目而已。溥仪痛恨的是这样一个重要文件的谈判、签署事先他毫不知情，郑孝胥跟关东军签完了条约才来到溥仪这里，请他签字画押，这分明

① 1932 年 9 月 15 日，《日满议定书》签订，确认了密约的条款，但次年日方认为在“满洲国”的驻军军费应由本国负担，拒绝接受伪满拨款。见古海忠之：《“满洲国”和关东军的关系》，载于孙邦主编：“伪满史料丛书”《殖民政权》，吉林人民出版社，1993 年，第 135~137 页。

又把他当成了“橡皮图章”。溥仪不敢不盖章，只能憋在家里生闷气，这样一来，他雄心壮志大减，日渐消沉。

1932年夏，溥杰从日本来到长春度假，他后来回忆说：“我当时深深感到，这同溥仪在北京的紫禁城，甚至同在天津做关门皇帝时的处境相比，都有一种‘不可说’的味道。”溥杰还回忆了一件事，一天一个日本宪兵队的军官闲来无事，居然异想天开，到“执政府”来逛逛，顺便跟溥仪闲聊。可见，日本人进他的“执政府”简直跟走平地差不多，哪里把他当成了“国家元首”？溥仪虽然心怀不满，但敢怒不敢言，他心灰意懒地对这位日本军官说：“先做一年看看，然后打算避位让贤。”①

沙尘暴中的“祭天礼”

在伪满初期，溥仪处于忧喜不定的状态，他一会儿为自己高高在上的“元首”地位而雄心勃勃；一会儿又为自己一筹莫展的傀儡处境而憋气窝火。溥仪出任伪满执政的时候，不甘心放弃皇帝尊号，曾跟关东军约定以一年为限，到期不实行帝制，他就辞职。其实，溥仪若真能辞职不干，他未必会如此烦恼。他也知道，自己现在是中华民国的通缉犯，辞职之后到哪里去呢？难道回关内向国民政府投案自首？况且即使他有胆量提出辞职，日本人也不会答应他。

1932年9月，关东军发生了一场大的人事变动，日本陆军大将武藤信义出任司令，同时兼任日本国驻伪满“大使”，成为伪满的名副其实的统治者。武藤信义的出现，让溥仪又有了希望重燃的感觉。

此时的武藤信义已经六十五岁了，个子不高，满头银发，气质不凡。

① 《溥杰忆往》，载于孙邦主编：“伪满史料丛书”《殖民政权》，吉林人民出版社，1993年，第32页。

溥仪晚年回忆说他确实有一种像“神”那样的威严，加上武藤就任前曾私下表达了支持伪满实行帝制的立场，所以，溥仪对他寄予厚望。

在日本军界，武藤号称“寡言将军”，对下属、同僚整天不说一句话，但偏偏跟溥仪谈起话来滔滔不绝。按规定，每月的1日、11日、21日武藤前来拜会，这种属于例行公事的会面一般耗时很短，不过武藤每次都跟溥仪谈上两三个小时，弄得随从警卫十分焦躁。平心而论，在历届关东军司令中，溥仪跟武藤信义的关系相对较为融洽。这一方面是因为武藤信义的作风温和一些；另一方面，可能像日本学者说的那样，二十七岁的溥仪在年龄上是武藤的孙辈，“祖孙关系”相对好处一些吧。[1] 溥仪向武藤诉说了有职无权的苦恼，诉说了重登宝座的渴望，甚至表达了“满洲国”要独立自主的愿望。武藤当然不能改变操纵伪满的国策，但也没有使溥仪难堪，即使拒绝也十分委婉恭谦。

据溥仪回忆，就在他逐渐失望的时候，1933年2月底——溥仪就任伪满执政一周年的前几天，武藤信义主动向溥仪谈到了此事，他说：日本现在正研究着“满洲国”的“国体”问题，到时机成熟，这个问题自然会解决的。[2] 溥仪立即听懂了武藤的弦外之音——日本即将承认他的皇帝地位，顿时，他冰冷的心中又燃起了希望之火。

当时，以溥仪为首的旧势力最盼望的不仅是恢复帝制，更重要的是复辟清朝的统治，为此，1933年7月17日，伪满国务总理郑孝胥特意前往旅顺，跟刚刚晋升为元帅的武藤信义作了三个多小时的长谈。武藤首先宣布了将在明年“满洲国”建国两周年之际实行帝制的决定；郑孝胥表示感谢之后提出希望溥仪在北京紫禁城登基的愿望，甚至说为此再等一段时间也在所不惜。武藤沉思了一下，表示不反对恢复清朝的统治，但这要经过

---

① 日本NHK（广播协会）编，李洪杰等译:《皇帝的密约》，中国文史出版社，1989年，第87~88页。

② 爱新觉罗·溥仪:《我的前半生》，群众出版社，1964年，第334页。

充分的准备，当务之急是巩固“满洲国”的基础，等到基础巩固了，别的都好说，所以，溥仪登基的事儿不能推迟。[①]郑孝胥见武藤信义说得振振有词，再想到日军占领全中国只是时间问题，在这种情况下，“先定满洲，再图关内”是符合情理的，于是，就满意地回去了。

确实，武藤信义的执政风格相对温和一些，比如，在他刚刚就任关东军司令的时候，伪满也建立不久，日本人急于确立对伪满的主导地位，免不了跟汉奸们发生矛盾。武藤有时半真半假地教训日本官员要尊重“满洲国”的独立，要克服民族优越感，不许压迫满洲人等。[②]所以，不仅溥仪，很多伪满汉奸对他也有些好感，但“好景不长”，郑孝胥从旅顺回来的十多天后，武藤就突然去世了。

1933 年 10 月刚过，呼啸的北风刮来了严冬的气息，与此一同降临的还有关东军新任司令官菱刈隆。菱刈隆正式通知溥仪，日本政府准备承认他为“满洲帝国皇帝”。溥仪后来回忆说：他听到这一消息，简直乐得心花怒放，他考虑的第一件事情就是必须准备一套龙袍。[③]龙袍很快从北平的太妃那里取来了，这是光绪皇帝当年穿过的龙袍，是他二十多年来梦寐以求的皇帝正装，溥仪一定要穿着它迈出复辟大清朝的第一步。

没想到溥仪的热情被兜头泼了一瓢冷水，关东军得知溥仪要穿清朝龙袍登基，斩钉截铁地表示：日本承认他是“满洲帝国皇帝”，不是“大清帝国皇帝”，因此，登基的时候只能穿“满洲国陆海军大元帅正装”。这等于明确了反对清朝复辟的立场。溥仪知道，此前日本人对热衷复辟的熙

---

① 日本 NHK（广播协会）编，李洪杰等译：《皇帝的密约》，中国文史出版社，1989 年，第 97~98 页。

② 王贤湋：《关于伪满洲国初期的人事行政》，载于孙邦主编：“伪满史料丛书”《殖民政权》，吉林人民出版社，1993 年，第 161 页。

③ 爱新觉罗·溥仪：《我的前半生》，群众出版社，1964 年，第 336 页。

洽发出过警告：日本援助满洲民族独立自治，并不是援助清朝复辟，[1]还派宪兵队驱散了熙洽组织的复辟大清的集会，联想到这一点，溥仪的心凉了半截。

但龙袍已经拿来了，况且这毕竟是二十多年的一个愿望，所以，郑孝胥成了溥仪和关东军之间的“皮球”，往返交涉多次，最后关东军作了变通，只允许溥仪在祭天的时候穿一次龙袍，说这是照顾满洲的文化习惯，不包含任何政治意义，登基的时候，非穿元帅服不可。这时溥仪身边的亲信又来饶舌，他们建议溥仪向关东军争取任免官吏的权力。溥仪心想连穿衣戴帽都不能做主，还谈什么官吏任免权，不禁唉声叹气，怎么也高兴不起来了。

1934年3月1日，长春全城戒严，居民关门闭户，鸦雀无声。清晨，溥仪身穿清朝龙袍，走出缉熙楼，登上了红色的大轿车，在前后左右的警卫车、摩托车的护卫之下，前往长春郊区的杏花村行祭天礼。十几分钟之后，车队抵达目的地。溥仪下车一看，只见数千日满军警围绕着一个土堆依次排开，刀出鞘、弹上膛，一片杀气腾腾的气氛。这个土堆就是所谓的“天坛”。

溥仪洗过手脸之后，在一群同样身着清朝朝服的近臣的簇拥下走向“天坛”。时隔二十多年，溥仪又穿上了龙袍，登上了皇帝的宝座，他该多么激动、多么兴奋呢？其实，此时的溥仪真是尴尬万分，因为这身龙袍是光绪皇帝当年的朝服，光绪身材矮小，龙袍自然也小，溥仪穿上并不合身。不过，他身边随从的朝服更是不体面，由于这些朝服大多是借来的，所以，不是长了就是短了，朝靴不是大了就是小了，走起路来扭扭捏捏，像一群小脚女人。按例穿着朝服必须挂朝珠，但一时到哪儿找到朝珠呢？

① 关忠祥：《熙洽其人》，载于孙邦主编：“伪满史料丛书”《伪满人物》，吉林人民出版社，1993年，第370页。

无奈，只好拆散了很多算盘，把算盘珠穿起来挂在脖子上冒充应景。[1]

这时，一件意想不到的事情发生了——一阵凛冽的寒风掠过，现场飞沙走石，溥仪下意识地抬手去扶皇冠，不料一把扯断了帽带。[2] 怎么办？现场万众瞩目，摄影机在无声地运转着，当然不能手护皇冠登上天坛，但又怕再来一阵大风刮跑了皇冠，万般无奈，溥仪只好稍微低着头，让皇冠处于顶风的角度，暗自祈祷，心惊肉跳地登上了土堆，不！天坛……

溥仪当上了皇帝，年号康德。其实，关东军批准溥仪做皇帝，并不是践行诺言，更不是要帮助溥仪恢复大清，而是为了进一步控制“满洲国”。溥仪哪里能想到随着关东军计划的逐步落实，他将面临怎样的处境。面对关东军的高压，溥仪和郑孝胥这些通敌卖国的奴才们就心甘情愿做个傀儡吗？

① 周君适：《伪满宫廷杂忆》，四川人民出版社，1981 年，第 103 页。

② 吴孟庆主编：《政海拾零》，上海辞书出版社，2006 年，第 251~252 页。

溥仪当上了『皇帝』，
年号『康德』。其实，
关东军扶植
溥仪做皇帝，
并不是践行诺言，
更不是要帮助溥仪
恢复大清，而是为了
进一步控制『满洲国』。

喻大华语录

板垣刚走，郑孝胥前来警告：无论如何不能跟关东军翻脸，否则张作霖的下场就是殷鉴。溥仪听了之后又急又恨又怕，他很孤立，要去跟谁商量呢？

第十四章 傀儡抗主

操纵、控制伪满洲国是关东军的既定方针，但是，汉奸们对主子的指手画脚并不尽心悦诚服，所以，矛盾时有发生。伪满初期，“国务院”总务厅长官驹井德三飞扬跋扈，遭到汉奸的普遍抵制。1932年9月，郑孝胥以“辞职”相要挟，向关东军叫板，事情的结果会怎样呢？

溥仪当然不甘心沦为傀儡，他对关东军也有抵制，尤其是1935年访问日本之后，自认为获得了对付关东军的法宝。这个“法宝”是什么呢？

实事求是地说，中国史学界未曾深入研究伪满汉奸跟日本主子之间的关系，不排除“一刀切”或“简单化”的认识倾向。1985年，面对日本广播协会的摄像机，溥仪的弟弟溥杰用日语言简意赅地说：“我们利用关东军实现清朝复辟，关东军利用我们实现日本的政治目的，这就是满洲国。”① 可见，伪满的建立在很大程度上是日本侵略者跟中国汉奸们相互利用的结果，汉奸跟主子大多是一种同床异梦的关系，更何况谁甘心做傀儡呢？所以，双方不可避免地会出现矛盾，彼此的关系绝非想象的那样单纯。

来自汉奸们的叫板

1932年9月3日，溥仪接到通报，说“国务总理”郑孝胥求见。按例，郑孝胥每周前来一次，抱来一堆文件请溥仪签字画押，其他时间一般不来。现在突然觐见，肯定是发生了什么意外的事儿，所以溥仪立即传见。

郑孝胥满脸通红，喘着粗气报告溥仪，要辞去“国务总理”一职，不干了！溥仪十分惊讶，平白无故为什么不干呢？郑孝胥说他无能，领导不

① 日本NHK（广播协会）编，李洪杰等译：《皇帝的密约》，中国文史出版社，1989年，第98页。

了“国务院”，“国家”现在一塌糊涂，他难辞其咎，所以决定辞职让贤。

溥仪听出郑孝胥话里有话，于是追问究竟。郑孝胥一五一十地控诉了“国务院”总务厅长官驹井德三目中无人、独断专横、欺上压下的种种事实。总之，已经撕破脸了，有他没我，有我没他。溥仪听完郑孝胥的控诉也很犯难，因为郑孝胥和驹井德三的去留他说了不算，这得关东军定，所以，建议郑孝胥先请几天假。于是，郑孝胥表示请假七天，然后出了勤民楼，乘汽车直接回家了。[1]

驹井德三是谁，这场纠纷是怎么回事儿?

驹井德三出生于1885年，长期任职于南满洲铁道株式会社，在东北从事特务活动，他跟关东军关系密切，所以，伪满成立后被任命为首任“国务院”总务厅长官。如果说关东军司令是伪满的太上皇，直接控制溥仪，那么这个“总务厅长官”担负的就是控制郑孝胥的使命。

在伪满成立初期，关东军司令本庄繁预见到了这一体制可能导致矛盾，所以，1932年5月，对驹井德三作了一番训示，命令他搞好跟“满洲国”官员的关系。本庄繁说：“作为满洲国官吏的日本人，须绝对避免凭借军方的背景表现出优越感，应以恭谦为本，遵守满洲国官吏之纪律。”停顿了一下，本庄繁接着说：“在初期尽可能不安排日本人担任负责工作。”[2]驹井连连点头，然后退下。实事求是地说，无论是日本主子还是伪满汉奸，都希望彼此能和谐相处，但是，只要关东军不改变奴役、控制伪满的政策，二者之间就很难不发生矛盾，本庄繁的话在很大程度上也是掩耳盗铃。

根据本庄繁的意见，驹井德三玩了个花样，他任命各部的总长全是中

① 《伪国务院总理郑孝胥“请假”始末记》，载于孙邦主编：“伪满史料丛书”《伪满人物》，吉林人民出版社，1993年，第321页。

② 中央档案馆、中国第二历史档案馆、吉林省社会科学院编：日本帝国主义侵华档案资料选编《伪满傀儡政权》，中华书局，1994年，第9页。

国人，但是次长和重要司局长多由日本人担任，驹井以为这样既能掩人耳目，又可大权独揽，没想到惹恼了伪满的内阁阁员。

财政总长兼吉林省省长熙洽拍案而起，说："满洲国是一个独立自主的国家，聘请几名日本人做顾问是可以的，安插这么多日本人做官成何体统？新政府刚成立，军部也没和我们说过，这个人事安排方案是谁给做出来的，这到底是怎么回事！"[①] 其实，熙洽并不是出于民族大义，要那样他就不当汉奸了。他本来为日本人占领东北出过大力，但关东军没让他当"国务总理"，正憋着一肚子气，看了这个人事安排，找到了发泄口，倚仗自己跟军方的特殊关系，根本不拿驹井德三当回事儿，痛快淋漓地骂了半天。

驹井德三哪能受这份指责，他大骂熙洽捣乱，还翻小账说熙洽拿了关东军的"功劳金"就不应该再出来捣乱。原来，关东军虽然没有让熙洽当上"总理"，但以"功劳金"的名义给了他三十万元钱，实际上就是"封口费"。驹井德三长期在东北做情报工作，黑道上的朋友特多，最讲究江湖规矩，他认为拿了钱依然瞎嚷嚷太不仗义。众人纷纷相劝，才把风波平息下去了。

事后驹井德三也很后悔自己的失态，他给伪满官员开会，语重心长地谈了三点：第一，"满洲国"虽然是独立自主的"国家"，但也是一个多民族的"国家"，它有满、汉、蒙、日、朝五个民族，自然要有五个民族的官吏；第二，"满洲国"是日本人用生命换来的，同样，未来的建设也离不开日本人的指导；第三，日本人诚心诚意地帮助满洲人建立富强康乐的"国家"，这是一份好意，大家要欢迎，不应该敌视和怀疑。汉奸们也纷纷表态理解和拥护，会议气氛融洽，驹井德三很满意。

哪能想到，几天之后"国务会议"又发生了一场大波折，而且，冲突

① 国裕：《驹井德三和阪谷希一》，载于孙邦主编："伪满史料丛书"《伪满人物》，吉林人民出版社，1993 年，第 111~112 页。

程度比上次更激烈。

事情的原委是这样的。各部总长接到通知，来到会议室坐下，打开面前桌子上的牛皮纸口袋，拿出会议文件，一看是《官吏俸给法草案》，顿时来了精神，因为关系到每个人的切身利益，所以都认真阅读起来。不料越看越愤慨，原来，这个草案规定的“满洲国”日本官员的薪金明显高于汉奸，高到什么程度呢？次长的工资比汉奸总长高百分之四十，这下子炸锅了。

“这个议案，简直不像话！”前几天放炮的熙洽又开口了，他说：“咱们既然是个复合民族国家，各民族一律平等，为什么日本人要受特殊待遇！”以此为开端，汉奸们七嘴八舌地表达了反对意见，有的说日本人享受特殊待遇不符合“满洲国”的“建国精神”，有的说：“本庄繁司令官说过，日满亲善，同心同德，有福同享，有难同当，假若待遇不同，恐非本庄司令官的本意。”[①]总之，伪满汉奸们要求同工同酬，并且搬出“民族平等”的理由做依据，说得振振有词。看来这个方案不可能通过会议表决，搁浅了。

驹井德三不慌不忙，叫来总务厅的人事课课长古海忠之，让他跟汉奸们解释一下。古海忠之咳嗽了一声，说了这样一番“大道理”，他的意思是各位误解了民族平等政策的实质，“平等”不意味着每个人挣一样多的钱，因为人和人的能力不同，要是都挣一样多的钱反而是最大的不平等。汉奸们连连点头，说得对，是这个理儿。

但古海忠之下面的话就是颠倒黑白了，他说日本人是高等民族，能力强，而且，生活指数高，天生吃大米，不像满洲人，吃高粱米、苞米面就能生活，因此，薪俸自然高。

听完古海一席歪理儿，汉奸们都很生气，纷纷反唇相讥，谁说满洲

① 爱新觉罗·溥仪：《我的前半生》，群众出版社，1964 年，第 317~318 页。

人吃高粱米就能生活？那是下层百姓，咱们这些官员的生活水平比你们日本人还高！谁说日本人是高等民族？欺男霸女、绑票贩毒的事儿做得还少吗？远的不说……驹井一看场面失控，立即打断发言，宣布散会。

根据《我的前半生》记载，几天后会议重开，驹井争取主动，装作推心置腹的样子，语重心长地对汉奸们说，他跟次长们研究过，关东军也同意，给总长们把俸额一律提高到与次长们同一标准。“但是”，他又补充说，“日系官吏远离本乡，前来为满洲人建设王道乐土，这是应该感激的，因此，另外要付给日籍人员特别津贴。这是最后决定，不要再争执了。”

据溥仪回忆，驹井这番话恩威并用，语气也很坚决，所以，各部总长听了之后，知道再闹就讨没趣了，好在已经给加了钱，因此都不再作声。可是熙洽自认为与本庄繁有点关系，没把驹井放在眼里，当时又顶了两句：“我不是争两个钱，不过我倒要问问，日本人在哪儿建设王道乐土？不是在满洲吗？没有满洲人，能建设吗？”

驹井顿时勃然大怒，拍着桌子吼道：“你知道满洲的历史吗？满洲是日本人流血换来的，是从俄国人手里夺回来的，你懂吗？”

熙洽面色煞白，问道：“你不让说话吗？本庄司令官也没对我喊叫过。”

驹井依然喊叫道：“我就是要叫你明白，这是军部决定的！”①

现场顿时一片混乱，伪军政部长张景惠出来帮驹井德三打圆场，说他们无功受禄自觉惭愧，再斤斤计较实不应该等，最后勉强通过了草案。驹井夹着皮包在一群日本官员的簇拥下离开了会场，临走时还嘟嘟囔囔地说：“给你吃现成的，你还想捣蛋，哼！可要放明白点儿！”

① 爱新觉罗·溥仪：《我的前半生》，群众出版社，1964年，第318页。

“国务总理”要撂挑子

表面上看，驹井德三胜利了，但是，他低估了伪满汉奸的能量。熙洽等人被骂得颜面扫地哪能善罢甘休，自然要报复，他们四处散布驹井德三专横跋扈，居然在“国务会议”上打了熙洽两记耳光。这话传到关东军司令本庄繁的耳中，为此召来驹井质问。驹井极力辩解，信誓旦旦地说只是想打，但绝对没打。他的同僚也帮他证明，说驹井真是一位有修养的人，当时的场面实在是太令人气愤了。本庄最后嘱咐说：“事情既然已经过去就过去了吧，为了帝国国策的顺利实施，对于满洲上层人物应该采取怀柔安抚的办法。”① 驹井满腹委屈地点头应承下来。

伪满汉奸们还不罢休，他们要挑拨郑孝胥跟驹井德三的关系，散布驹井德三背地里说了不少郑孝胥的坏话，比如指责郑孝胥主持“国务院”工作不力等。为了增加可信度，他们找来一些日本浪人，通过郑孝胥的秘书不断渗透这些消息。

其实，郑孝胥跟驹井德三本来就矛盾重重，郑孝胥出任伪国务总理，年过七旬，满腹经纶，成了“政府首脑”，自然踌躇满志，哪里看得上小他二十多岁的驹井德三，更受不了他的指手画脚。现在听说驹井德三在背地里辱骂自己，完全当真，双方越闹越僵，到 1932 年夏，双方的关系已经到了“不共戴天”的程度——召开“国务会议”，只要驹井德三到场，郑孝胥立即拂袖而去，这样一来，“国务院”简直瘫痪了。据古海忠之回忆，当时有很多事儿要处理，比如年度预算的审核、五年计划的编制，需要“国务院”高层开会拍板，但这个会议一直不开，一打听才知道郑孝胥和驹井德三闹翻了。1932 年 9 月 3 日，郑孝胥前往“执政府”，向溥仪辞职。郑孝胥毫不掩饰自己的立场，他明确表示：“驹井德三遇事把持，以致

① 国裕：《驹井德三和阪谷希一》，载于孙邦主编：“伪满史料丛书”《伪满人物》，吉林人民出版社，1993 年，第 115 页。

办事有种种障碍。”[1] 总之，不把驹井德三调离“国务院”，郑孝胥就宁肯辞去“国务总理”一职。这真是一招儿撒手锏，作为伪满太上皇的关东军顿时慌了手脚。

关东军慌什么呢？当时，关东军正发生一场人事变动，由在日本军界享有很高威望的武藤信义出任司令官兼日本驻“满洲国”大使。武藤很快将抵达长春，预定在9月15日主持一个盛大的仪式——日本正式承认“满洲国”以及《日满议定书》签字仪式，这是日本举国瞩目的一件大事，几代军国主义分子朝思暮想的东北大陆终于落入手中，这该是一个多么值得狂欢的时刻啊！谁想到“满洲国”的“国务总理”在这个关键时刻撂挑子不干，试想武藤信义跟谁签约？再任命一位“国务总理”也来不及了，真是火烧眉毛。看来俗话说得对，姜还是老的辣。

解铃还须系铃人。关东军把驹井德三叫去骂得狗血喷头，然后勒令他去向郑孝胥道歉和解。驹井德三耗子钻风箱两头受气，只好硬着头皮前往郑孝胥家中赔礼道歉，但遇到了一个大难题——郑孝胥不见。无奈，他来到了“执政府”求见溥仪。见面之后喋喋不休地向溥仪解释，他说跟郑“总理”并没有太深的矛盾，全是“总理”秘书官郑垂挑拨离间的结果。驹井德三接着说，郑垂按说也是个好青年，但喜欢跟一些日本流氓混在一起，这些流氓用心险恶，造谣惑众。

郑垂是郑孝胥的儿子，溥仪对郑垂毫无好感，所以连连点头，不过驹井德三提到“日本流氓”这个词引起了溥仪的好奇心，日本人不是“高等民族”吗，难道也有流氓？“有的，流氓大大地有！”驹井德三一边擦汗，一边口无遮拦地说。

溥仪关心地询问驹井德三需要什么帮助？驹井德三讲了被郑孝胥拒之门外的事儿，希望“执政”阁下给郑孝胥打个电话，引见一下，以免再

---

① 《伪国务院总理郑孝胥“请假”始末记》，载于孙邦主编：“伪满史料丛书”《伪满人物》，吉林人民出版社，1993年，第321页。

次被拒之门外。这事儿好办，溥仪操起电话，叫通之后命令郑孝胥接见驹井德三。不愧是“国家元首”，面子真大，第二天驹井德三见到了郑孝胥，谈的结果不得而知，反正下午郑垂来见溥仪，替他父亲将假期由七天延长到十天。

得知郑孝胥延长“假期”，9月6日，驹井德三火冒三丈，接连两次前往郑孝胥家中，均未得以进门。无奈，只好再来求见溥仪，溥仪干脆以身体不适为由拒绝接见。驹井德三一屁股坐在勤民楼门口的台阶上，颇有一种上天无路入地无门的感觉。溥仪在楼上偷看，见驹井像丧家犬那样堵在家门口，心生一计，派人下楼打发驹井离开。

驹井德三见溥仪派来了亲信，一把拉住来人的手，控诉说“一国总理”放弃责任，这是罢工，不！是犯罪，他要向军方控告，要把郑孝胥送进监狱。还有郑垂，更不能轻饶。当然了，他也不愿意把事儿做绝，这次来是请执政阁下主持公道，说服郑孝胥立即复工，不！是上班。

溥仪的亲信语重心长地劝告驹井：你在这儿等也是浪费时间，这事儿“执政”阁下根本管不了，“满洲国”的政务都由关东军和“国务院”定，“执政”的工作就是盖章，其他什么都说了不算。驹井德三故作惊讶，“一国元首”怎么能光盖印？突然，他一拍脑门，贼喊捉贼地指责郑孝胥胆大包天，架空“执政”，把“执政”变成了傀儡，然后起身拍拍屁股，骂骂咧咧地走了。

驹井德三找来几位年过七旬的日本老人劝说郑孝胥，不见效果；派宪兵封了郑孝胥的家门，郑孝胥还在坚持，日本人有点儿束手无策了。军方明白，从时间上来看，在9月15日《日满议定书》签字之前，肯定来不及更换“国务总理”，如果找个汉奸临时代理一下也不妥当，这等于暴露了主子跟奴才之间的矛盾，并且，在局面混沌不清的情况下，汉奸们谁也不愿意蹚这个浑水，在这种情况下，办法只有一个——说服郑孝胥销假上班。为此，关东军参谋长冈村宁次赶回长春，求见溥仪，经研究，溥仪同

意说服郑孝胥销假。这下子郑孝胥不好再端下去了，但他提出了复出的条件——限期二十天撤换驹井德三，否则再次辞职。冈村宁次眉头紧锁，沉思半晌，同意了。

1932年9月9日早晨，长春伪国务院门前出现了戏剧性的一幕，驹井德三率领日系官员列队门口，欢迎郑孝胥“复工”。汽车驶来，车门一开，所有日本人立即鞠躬，抬头一看，原来下车的是“总理”的公子兼秘书官郑垂。郑孝胥的汽车随后抵达，日本人再次鞠躬。一些伪满国务院的汉奸在一旁围观，看到这一幕，郑孝胥故意大声地说：“这是第一仗，二十天后驹井德三不走，我还要辞职！”由于驹井德三缠着要跟郑垂单独谈谈，郑孝胥回头说了一句：“郑垂非汝所得请！”然后父子二人头也不回地进了办公室。①

1932年10月，驹井德三被关东军撤职，次年，他以四十九岁的年龄办理了退职手续，回了日本。其实，驹井被罢免的原因除了郑孝胥的抵制外，还有日本人狗咬狗的因素。在驹井德三把持“国务院”期间，国际联盟派出调查团前来东北，用两个月的时间考察了“满洲国”的真实情况。10月2日，国际联盟公布了调查报告，认定“满洲国”是日本制造的傀儡政权。日本政府受到英美列强的普遍谴责，感觉颜面扫地，迁怒关东军没有摆平调查团，没有藏住傀儡政权的马脚。而关东军恼羞成怒，把责任一股脑儿推给了驹井德三，摘了他的乌纱帽。

一号傀儡找到了新“法宝”

众所周知，溥仪充当日本统治东北的傀儡，是关东军忠顺的奴才，这

① 《伪国务院总理郑孝胥“请假”始末记》，载于孙邦主编：“伪满史料丛书”《伪满人物》，吉林人民出版社，1993年，第325页。

在很大程度上是出版于20世纪60年代的《我的前半生》留给读者的印象。其实，溥仪最终被关东军驯服，还是1937年之后的事儿，此前，从个人私利出发，他对关东军也有所抵制。

比如，1932年4月，溥仪就任伪满执政才一个月，关东军就做出决定，要成立个政党。伪满洲国最初实行的是“共和制”，哪有共和国没有政党的？看来这是装点傀儡政权的必备条件，然而，关东军的计划在溥仪那里碰了钉子。

溥仪毕竟当过大清朝的皇帝，作为一个曾经的专制统治者，简直“闻党色变”。他痛斥前来报告的郑孝胥说：“要什么党？要党有什么好处？辛亥亡国不就是党闹的吗？孔子说君子矜而不争，群而不党，难道这些你全忘了吗？”[1]不容商量地否决了建党的计划。事后关东军的参谋长等人前来解释劝说，一律被严词拒绝。拖了三个月，最后日本人作了让步，不建党了，改为成立一个“会”——协和会。虽说这有点儿半斤八两的味道，但“党”和“会”毕竟不完全是一回事儿，看来溥仪取得了有限度的“胜利”。

担任伪满执政初期，溥仪不满关东军的处处挟制，曾派人到东京找陆军省和内阁高层活动，要求掌握实权。虽然日本军方和内阁的高官私下里表示了同情，但终究爱莫能助。溥仪掌握实权的热情并未因此泯灭，他甚至在跟关东军司令的例行会面中亲口提过此事，当然也无下文。

1934年3月1日，溥仪升格为“满洲帝国皇帝”，随着身价的提高，他感觉自己有了对付关东军的“法宝”，因此一度雄心勃勃。这个“法宝”是什么呢？

原来，溥仪登基不久，日本天皇派弟弟秩父宫雍仁亲王来到伪满向溥仪表示祝贺。6月7日，溥仪在勤民楼接见了秩父宫，秩父宫呈上了天皇的亲笔信，还有两枚勋章，送给溥仪夫妇，然后鞠躬，说了一大套衷心

① 爱新觉罗·溥仪：《我的前半生》，群众出版社，1964年，第319~320页。

祝贺的话。关东军司令始终在场，但一改平日里威风凛凛、旁若无人的姿态，换上了一副卑谦和蔼的表情。接见完毕举行午宴，司令官屈居宴席的一角，细嚼慢咽，像个受气的小媳妇。看到这一幕，溥仪心里十分得意，他想这回你知道我的身价了吧。

秩父宫雍仁亲王完成祝贺的使命后，又在东北主要城市转悠了一圈才返回日本。不久，日本向溥仪发出了访问邀请，去还是不去呢？溥仪跟亲信一合计，大家普遍担心日本人又搞什么花样，建议不去，为此，还做了占卜，结果也是消极的，溥仪犯难了。但关东军命令溥仪必须接受邀请，以答谢秩父宫的来访；况且“满洲国”建立的两年来，日本人付出了很大的代价，也应借此机会表示感谢。溥仪无奈之下只好听凭摆布，1935 年 4 月 2 日，乘火车离开长春前往大连，然后换乘日本军舰驶出大连港，开始了访问日本的旅程。溥仪心怀忐忑，偏偏天公不作美，航行了一段时间之后风浪颠簸，苦不堪言，溥仪晕船呕吐，狼狈不堪。

溥仪哪里能想到，这次出访获得了一个又一个意外的惊喜。

4 月 5 日凌晨，饱受晕船折磨的溥仪正处在半睡半醒的状态，突然，日本军官来到船舱，命令他立即起床并换上白色的海军元帅礼服。溥仪穿好衣服，晕头转向地跟日军军官走出船舱，登上舰桥，抬眼一看，大海苍茫，波涛滚滚，溥仪心里打鼓，不知日本人搞的是什么名堂。

突然，仿佛变成了白昼，数不清的探照灯同时亮起，灯光由近及远，直达天际。日军向溥仪报告：本舰现在航行于日本九州西部海面，日本联合舰队司令高桥三吉大将率领七十艘军舰在此迎接，等待检阅，前方无数盏探照灯就是联合舰队的欢迎信号。

清晨六点，红日初升，海上分列式开始，七十艘军舰排出长达二十海里的阵型，以十二海里的时速，八百米的距离通过溥仪乘坐的军舰。受阅军舰依次鸣放礼炮，溥仪则举手还礼，整个过程历时将近两个小时。溥仪既震撼于日本的军事实力，又有点儿飘飘然的感觉，加上海面风平浪静，所以心情好转，于是诗兴大发，写了一首七言绝句：

万里雄航破飞涛，碧苍一色天地交。
此行岂仅览山水，两国申盟日月昭。

溥仪晚年说这是一首谄媚诗，其实，从诗意上看，除了“谄媚”，他把伪满洲国跟日本并列，表达了对前途的乐观。

6日清晨，溥仪乘坐的军舰驶入了日本横滨港，一百架日本海军的各型飞机编队低空驶过，溥仪赶紧抬头，举手敬礼。上午八点，军舰停靠海军码头，溥仪走下舷梯，看到了阔别将近一年的秩父宫雍仁亲王。原来，秩父宫代表他的天皇哥哥前来欢迎，一番亲热寒暄之后，二人在礼炮和军乐声中检阅了陆海军仪仗队，检阅完毕，立即赶往横滨火车站，搭乘专列前往东京。

中午时分，列车抵达东京火车站，溥仪下车，立即看到了这样一幅场面：以天皇为中心，所有皇室成员、内阁官员都集中在这里，迎接他的到来。溥仪激动万分又装模作样地走到天皇跟前，在黑白影片中能看到这样尴尬的一幕，为了跟天皇握手，溥仪要摘掉白手套，但手套太紧，一时不能摘下，为此耽搁了一点儿时间，溥仪表现出来拘谨作秀的痕迹，但大体还算圆满。随后，溥仪跟天皇同乘一辆豪华的马车，离开火车站。数万日本民众发出了海啸般的欢呼声，当时，天皇在日本人心中不是人，是神。

当天午后，溥仪拜访了天皇，然后出席天皇举行的国宴。在随后的几天中，日本政府也举行国宴，招待溥仪，首相、陆海军大臣分别跟溥仪会谈。4月9日，日本陆军为欢迎溥仪访日，在代代木演兵场举行阅兵式，溥仪与天皇策马阅兵，又出了一回风头。

日本人曾说：溥仪访日，在外交礼仪上是日本史无前例的盛典。确实，日本接待溥仪的规格之高，不仅是空前的，也是绝后的。日本为什么对自

己的傀儡如此礼遇呢？过去一般认为日本的用意有二：笼络和震慑。这并不全面，应该承认，此时的日本在世界上十分孤立，借欢迎溥仪来自娱自乐，鼓舞士气，不能不说是个重要的原因；另外，这样做也有助于欺骗世界舆论，掩饰操纵控制伪满的事实，服务于在亚洲的进一步扩张。当然，在对待溥仪的态度上，日本皇室远比政府更客气一些，而日本政府又比军方温和，在军方中，东京的高层比关东军也能稍微收敛一点儿。所以，超规格接待溥仪的原因是复杂的。

对于日本的盛情接待，溥仪感激涕零，极尽谄媚。他参拜了明治神宫和靖国神社，拜谒了明治天皇和大正天皇的陵墓，4 月 23 日，他登上军舰，恋恋不舍地告别了日本。溥仪对出访成果十分满意，他感觉自己在“满洲国”的地位，就是天皇在日本的地位，无论是“满洲国”的日本官吏，还是关东军对自己都应该尊崇服从。他决定以天皇为后盾，树立自己在伪满的权威。这就是他对付关东军的“法宝”。

1935 年 4 月 28 日，溥仪终于结束了二十多天的旅程，返回了长春。北国的春城终于迎来了姗姗来迟的春天，溥仪的心情也十分开朗，他决定利用这次访问的成果，提高自己的身价，跟关东军周旋。

溥仪很聪明，他抬高身价的办法就是把自己跟日本天皇捆绑。4 月 30 日，溥仪未经关东军同意就把长春的日满官员召来开会，在帝宫西侧的空地上，架起了扩音器，连讲稿也未预备，溥仪口若悬河地发表演说，大讲日本天皇对他的礼遇，末了，溥仪说了这样一句话：“为了满日亲善，我确信，如果日本人有不利于满洲国者，就是不忠于日本天皇陛下；如果满洲人有不利于日本者，就是不忠于满洲国的皇帝。”

溥仪以坚定的语气接着说：“不忠于满洲国皇帝，就是不忠于日本天皇；不忠于日本天皇，就是不忠于满洲国的皇帝！”[①]5 月 2 日，正式颁发了

① 爱新觉罗・溥仪：《我的前半生》，群众出版社，1964 年，第 343~344 页。

“回銮训民诏书”，在溥仪的过问下，其中特地加上了这样一句话：“朕与天皇陛下精神如一体。”从此，全东北的军队、机关、学校必须背诵这一所谓的诏书。

关东军的军阀们冷眼旁观，心情复杂。溥仪从内心深处产生了对日本人的好感，这是他们希望的，但因此“翘尾巴”却给他们带来了麻烦。负责跟溥仪联络的关东军参谋片仓衷记述了这一苗头，他说：“1935 年溥仪访日后发生了变化，他知道利用天皇可抑制关东军。以往我们可以随意出入溥仪的寝室谈话，而访日后对他就得注意拘泥形式了。”①

此时，伪满国务院依然风波不断，自从“国务总理”郑孝胥跟“国务院”总务厅长官驹井德三闹翻，以驹井德三被撤职告终，此后的总务厅长官依然难以掌控全局。1935 年 5 月中旬，关东军与溥仪就“国务院”的问题交换了意见。溥仪首先批评了前任总务厅长官驹井德三的专横跋扈，然后语气强硬地说：日系官吏“完全不知满洲的情况，只是全部照搬了日本的制度，照葫芦画瓢地实施而招致了混乱”。② 关东军司令官瞠目结舌，一时不知如何应答了。

关东军司令心里窝火，无论如何也不能放任傀儡们当家做主结果的出现，就在密谋策划的时候，一个意外发生了，郑孝胥做了一个令日本人火冒三丈的举动。这是怎么回事儿？这对伪满政局和溥仪的命运产生了怎样的影响呢？

---

① 日本 NHK（广播协会）编，李洪杰等译：《皇帝的密约》，中国文史出版社，1989 年，第 104 页。

② 日本 NHK（广播协会）编，李洪杰等译：《皇帝的密约》，中国文史出版社，1989 年，第 107 页。

第十五章 关东军的高压

随着关东军对东北统治的稳固，他们对“伪满”汉奸采取了更为强硬的手段。

“建国元勋”郑孝胥被清洗，他到底缘何得罪了日本人？他最终的结局又如何呢？相比之下，颟顸的张景惠是怎样得到了关东军的青睐，从而平步青云，稳坐“国务总理”的位置呢？

溥仪终于切身体会到了傀儡的滋味，他身陷日本宪兵的看守之中，武装被缴械，亲信被处决，为此噤若寒蝉，胆战心惊。然而，关东军并不满足，他们还有哪些“修理”溥仪的手段呢？

如前所述，伪满洲国成立初期，日本的殖民政策尚在确立、调整之中，汉奸们对主子的指手画脚并不尽心悦诚服，所以，矛盾时有发生。1935年溥仪访问日本之后，误认为取得了至高无上的地位，为此自作多情，志得意满。然而，随着日本对东北统治的稳固，法西斯军国主义的进一步抬头，关东军对伪满汉奸采取了更为强硬的手段，第一个被“开刀”的是伪国务总理郑孝胥。

郑孝胥惹恼了关东军

关东军最初无疑是信任郑孝胥的，所以，把他捧上了伪满洲国国务总理的位置，但从1932年9月开始，对他的印象逐渐发生了改变。

1932年9月郑孝胥跟伪国务院总务厅长官驹井德三闹翻，因此提出“辞职”。鉴于即将举行出卖东北的《日满议定书》的签字仪式，更换总理肯定来不及了，所以，关东军不得不向郑孝胥做出让步，罢免了驹井德三。

其实，关东军对驹井德三意见也不小，若是一般的狗咬狗，本来不值得大惊小怪。但新任关东军司令武藤信义的秘书米泽菊二的一句话让众人立即警觉起来，他认为郑孝胥在这个节骨眼上提出辞职，恐怕不仅是要撵走驹井德三，也可能是不愿意承担出卖东北的骂名。听了这话，关东军头面人物的脸色立即就阴沉起来了，对郑孝胥也多了一丝警觉。

1932年9月15日，举行了《日满议定书》的签字仪式。关东军司令兼日本驻伪满大使武藤信义身着笔挺的军礼服，胸前挂满了勋章，他首先发表讲话，宣布日本国正式承认“满洲国”，大谈对傀儡国家的祝福和信心。讲话完毕，现场响起了稀稀落落的掌声。然后，郑孝胥步履沉重地走到麦克风前，所有人的目光都集中到郑孝胥身上。米泽菊二作为武藤的随员，一直注意着郑孝胥的表情。

根据米泽菊二事后记载，自打签字仪式一开始，郑孝胥的面部就不停地痉挛，此时他站在麦克风前，但“显出一副要哭的神气，时间五秒、十秒、三十秒过去了，可这位总理欲发言而不能出声，我可以想象得到他的内心深处一定像波涛起伏，充满了错综复杂的激情”。[①]米泽菊二担心签字的时候出现什么波折，于是，在郑孝胥结结巴巴地讲话之后，立即摊开了《日满议定书》，首先请郑孝胥签字，而且，连日期都没有填写，郑孝胥签字之后，文件就被拿走了。

其实，郑孝胥既然当了汉奸，就不至于顾虑承担起签订《日满议定书》的卖国恶名，况且据溥仪回忆，早在伪满建立的时候，关东军已经跟郑孝胥谈了将来签约的条款。为此，郑孝胥跟溥仪汇报过，他向溥仪解释说既然有求于人，怎能不付出代价？更何况条约的内容本来是日本人已经拿到手的东西，只不过是经过这道手续愚弄一下国际舆论而已。郑孝胥还说:“将来还可以另订条约，规定几年将权益收回。”[②]所以，郑孝胥绝对不会做出悔约的举动，在此，米泽菊二多虑了，这显然是做贼心虚的神经过敏，从此，日本主子对郑孝胥的疑心越来越大。

郑孝胥在签约现场如丧考妣的表现可能是顾忌随着条约的签订，日本

---

① 日本NHK（广播协会）编，李洪杰等译:《皇帝的密约》，中国文史出版社，1989年，第85页。

② 爱新觉罗·溥仪:《我的前半生》，群众出版社，1964年，第321页。

对伪满的控制更加强化，他的处境将更为艰难的缘故吧。郑孝胥毕竟是个满脑子旧思想的文化人，他希望复辟大清，更有一套“治国平天下”的抱负，比如开放东北、引进英美的资金、振兴经济等，现在全成了泡影，自然怨恨日本人的言而无信，贪得无厌，这样一来，心情怎么能好？

心灰意懒的郑孝胥破罐子破摔，索性对“国务”不闻不问，甚至在伪国务院整天一言不发。按说郑孝胥不作为，并不妨碍日本人的独断专行，但这场傀儡戏也要假戏真做，演得像真格的那样，从而愚弄世界舆论。现在郑孝胥摆出一副不配合的样子，日本主子十分尴尬，于是，动了撤换郑孝胥的心机。1935 年 5 月 3 日，在关东军司令部，关东军司令在跟郑孝胥的例行见面中，委婉地表示郑总理已经七十五岁，该养老了。郑孝胥明白关东军要撵他下台，这是劝他知趣地主动让位。

此时的郑孝胥虽然年逾古稀，但身体和精神状态都不错，当听到自己的政治生命即将终结，对日本人的怨恨立即涌上心头。几天后他到王道书院演讲，一时兴起，不禁脱口说出了几句牢骚话，他说：“满洲国已经不是小孩子了，就应让它自己走走，不应总是处处不放手！”[1]现场的日本人目瞪口呆，这明摆着是指责日本操纵“满洲国”，最难堪的是这次演讲是电台现场直播，影响已无可挽回。

郑孝胥演讲刚刚结束，关东军司令部的电话就被打爆了，各地收听了“现场直播”的很多日本人指责关东军操纵不利，容忍跟日本人离心离德的郑孝胥担任“国务总理”。军方恼羞成怒，于是撤换郑孝胥的计划提前上演。5 月 11 日，关东军司令求见溥仪，正式提出撤换郑孝胥。当然，话说得很委婉，说郑孝胥是“满洲国”的“建国”功臣，对“国家”做出过杰出的贡献，但近三年来，他身为“国务总理”却一言不发，对“国事”不闻不问，年纪也大了，体力精力不济，应该让他退休养老。

---

① 杨照远：《郑孝胥与伪满洲国》，载于孙邦主编：“伪满史料丛书”《伪满人物》，吉林人民出版社，1993 年，第 320 页。

溥仪听说要罢免郑孝胥，心里十分高兴，伪满建立的这些年，他对郑孝胥的不满与日俱增。众所周知，溥仪是抱着复辟大清的梦想来到东北的，但来到东北才发现中了关东军的圈套，所以，对当年出关的“领路人”郑孝胥心怀怨恨，甚至认为自己让郑孝胥给出卖了。再则，这些年日本操纵、控制伪满，每周郑孝胥来见溥仪一次，拿来一堆文件报批，溥仪只能签字同意，不能发表任何意见。在郑孝胥看来，这是关东军的意思，他也没办法；但在溥仪看来，郑孝胥拿关东军吓唬他，专擅跋扈，所以恨透了郑孝胥。

不过，溥仪故作姿态地沉思了一会儿，然后表示罢免郑孝胥他完全同意，“国务总理”一职可由臧式毅接任。其实，此前溥仪就动过拿臧式毅取代郑孝胥的念头。臧式毅是伪民政部大臣，也是个死心塌地的汉奸，溥仪考虑到臧式毅资历浅，一旦成了“总理”，肯定感恩戴德，唯命是从，所以此时不假思索地提名臧式毅接任。他自以为访问日本之后，拥有了极大的权威，所以，日本人不会驳他的面子。

关东军司令兼驻伪满大使恭谦地说：臧式毅有能力、有品德，也是“建国”功臣之一，所以，陛下的建议是有价值的。但是，他刚刚五十岁，年纪还不是很大，资历一般，长期担任军职，不是能左右全局的人物，或许将来可以作为“总理大臣”的重要人选，但目前尚不合适。总之，对于郑孝胥的继任者，关东军已经有了考虑，决定由张景惠出任。

听了这话，溥仪心里感觉被泼了一瓢冷水，当然，并不是他对张景惠有什么成见，而是自己名为“一国元首”，但毫无发言权，因访问日本而获得的优越感顿时被疑虑所取代，心情也阴郁起来了。

豆腐匠“总理”的固宠术

其实，日本人驳回溥仪的提名，并不是不满臧式毅，而是感觉张景惠比臧式毅更合适。张景惠哪里合适呢？

在日本人看来，张景惠至少有这样三个优势：

第一，张景惠是东北政坛的“大哥”级人物，他出生于1872年，到1935年六十四岁了，年纪大、辈分高、人缘好，有一定的号召力，拿他装点门面分量是够了。

第二，张景惠年轻的时候以做豆腐为生，没念过什么书，稀里糊涂，能力一般，更不讲原则，肯定比郑孝胥好摆弄。早在伪满建国的时候，土肥原在给天皇的报告中介绍了一些汉奸的情况，其中说张景惠“在满洲有一定声望，但毫无学问，人既颟顸，又无大志远谋，手下尽阿谀之辈，全无人才”。[1]那么，张景惠这样一个人是怎样成为东北元老的呢？原来，在晚清时代，乱世英雄起四方，张景惠跟张作霖是拜把子兄弟，一起共过患难，后来，张作霖做师长他做旅长，张作霖做军长他做师长，就这样一步一步地上升到元老的地位。

第三，张景惠巴结起日本人来用卑躬屈膝形容一点儿都不过分，所以，日本人对他普遍有好感。据长期担任张景惠秘书的王子衡回忆，当时，日本人试探过张景惠，问他对出任“总理”一职有什么想法？张景惠立即受宠若惊地表示：“我是个粗人，不识字，怎能胜任总理……不过，如果能有一个比较熟悉满洲情况的日本人担任总务长官，那我心里就更有倚仗了。”[2]日本人心中大喜，更坚定了选择张景惠担任总理的念头。

---

① 王文锋：《伪满政治傀儡戏的两名主角》，载于孙邦主编：“伪满史料丛书”《伪满人物》，吉林人民出版社，1993年，第356页。

② 王子衡：《张景惠的一生》，载于孙邦主编：“伪满史料丛书”《伪满人物》，吉林人民出版社，1993年，第330页。

1935年5月19日晚上八点，伪满洲国各部的大臣接到会议通知，前来开会。到了“国务院”才发现大批日本宪兵聚集在“国务院”内外，不免心中诧异，而且，这会开得史无前例，大臣们一个个地分别被叫进会议室，通知张景惠取代郑孝胥成为“满洲国”的“国务总理”。日本人是怕大臣群起反对，所以一个个地“单练”。汉奸们普遍持明哲保身的态度，没兴起什么波澜。

附带指出，郑孝胥被撤掉伪国务总理职务之后，心境十分苦闷，他企图离开长春，前往北平居住，但被禁止，实际上处于软禁状态，1938年3月病逝，终年七十八岁。

果然，张景惠担任伪满洲国国务总理之后，一不揽权，二不招摇，他每天到“国务院”上半天班——上午十点上班，十一点下班，实际上就是到办公室坐一坐而已。每当张景惠来到办公室，秘书会交代他今天有什么会议、有什么招待宴请、到场讲些什么。除此之外张景惠一概不问，就连签字盖章那样的事儿也由秘书一手代劳，伪满国务院的实权把持在日本人担任的总务厅长官的手里。

关东军给张景惠配了一名秘书——原日本外务省的汉语翻译、时任伪满外交部亚洲课课长松本益雄。几十年后，松本益雄回忆说，一次张景惠要发表讲话，先看了一遍讲稿，有几个字不认识，于是谦虚地请教松本益雄。松本不耐烦地说：“你那么认真干什么？这个字不认识，顺过去就是了！”[①]可见张景惠名为“总理大臣”，实际上连日本秘书都对他不客气，这就是伪满傀儡政权的真实写照。

当然，若说张景惠是个木偶也不恰当，他不失时机地配合着日本人的贪欲，充当着为虎作伥的角色。据他的秘书松本益雄回忆，在一次“国务

---

①［日］松本益雄：《和张景惠总理的十年间》，转引自王文锋：《伪满政治傀儡戏的两名主角》，载于孙邦主编：“伪满史料丛书”《伪满人物》，吉林人民出版社，1993年，第361页。

会议”上，有省长抱怨年成不好，“满洲国”闹饥荒，希望日本人减少对粮食的掠夺。张景惠声色俱厉地说:“肚子饿了，要系紧裤腰带！”[①] 现场的日本人很感动，于是，“系紧裤腰带”就成了“满洲国”流行一时的口号。此外，张景惠还为日本人在华北的侵略扩张献计献策，帮助拉拢过关内的政客，所以，日本人对他十分满意，张景惠在“国务总理”的位置上稳固不摇，一直坐到伪满垮台。

张景惠担任“国务总理”引得很多心怀野心的人愤愤不平，最窝火的就是熙洽，他是伪满的“建国功臣”之一，早就觊觎“总理大臣”的位置，当初关东军选择郑孝胥，就引得他牢骚满腹，现在郑孝胥下台了，总理大臣依然轮不到他，为此怨气冲天，成天发牢骚、说怪话。比如他说:“早知今日不如当年也做豆腐了，何必上学念书呢！”据说还编了一首顺口溜:“满洲国，无人才。豆腐匠，上了台。一锅糟豆腐，谁还吃得来。”[②]

熙洽对关东军心怀不满，关东军对他的印象也好不到哪里去，以前曾“修理”过他一番，现在看屡教不改，干脆罢免了他财政大臣的职务。当然，考虑到熙洽在“九一八事变”后开城门投降的“功劳”，才没把他一撸到底，而是调任为宫内府大臣。要是在前清，这个职位相当于内务府大臣，是个肥缺，但今非昔比，这个职位一没油水可捞，二没威风可耍，连溥仪在自己巴掌大的皇宫里都说了不算，熙洽算老几？这回熙洽算跌了个大跟头，从此心灰意懒，干脆纵情声色。据说他私生活十分糜烂，绯闻很多。对此，日本人概不过问。

---

① ［日］松本益雄:《回忆张景惠》，载于孙邦主编:“伪满史料丛书”《伪满人物》，吉林人民出版社，1993年，第352页。

② 王子衡:《张景惠的一生》，载于孙邦主编:“伪满史料丛书”《伪满人物》，吉林人民出版社，1993年，第331页。

登堂入室的“御用挂”

不听话的汉奸被关东军收拾之后，溥仪也成了被“修理”的对象。本来，随着黄袍加身，又蒙受日本皇室的隆重接待，溥仪自认为取得了至高无上的地位，但美梦才做了二十多天，张景惠的任命就已经明白无误地表达了这一点——他依然是个傀儡。

不久，关东军决定对溥仪“再踏上一只脚”，特意发布了一个叫“满洲国国策的根本指导思想”的文件，其中规定：第一，“满洲国”皇帝是以天皇的意志为宗旨；第二，关东军司令官为天皇的代理人；第三，关东军司令官作为天皇的代理人，负有监护和辅导“满洲国”皇帝之责任。[①]这在法律层面上规定了溥仪儿皇帝的地位。至此，溥仪完全后悔了访日“回国”时自作多情地翘尾巴的天真。

关东军向溥仪居住的帝宫[②]派出了宪兵班。这些宪兵瞪起警惕的眼睛，日夜守卫在帝宫的门口，一则防止溥仪出逃，再则限制他的社会交往。从此以后，溥仪不能绕过宪兵私自接见一个人，收到一封信。有时前清遗老、蒙古王公前来觐见，这些宪兵就像审犯人那样无礼地盘问半天，结果时间一长这些人都不敢沾溥仪的边儿了。

不过，关东军经过研究，发现这个宪兵班虽然有效，但只能当看门狗，无法登堂入室，踏进溥仪的寝宫，这造成了监视上的死角。于是，关东军给溥仪安排了一个“帝室御用挂”——这是日本语，大体相当于皇帝的贴身秘书、管家一类的职务，或许可以翻译成“内廷行走”。1935年，一个叫吉冈安直的陆军中佐来到了溥仪的身边，担任“帝室御用挂”，直到1945年伪满垮台为止，成天如影随形地跟着溥仪。溥仪晚年回忆起

---

① 日本NHK（广播协会）编，李洪杰等译:《皇帝的密约》，中国文史出版社，1989年，第104页。

② 笔者按：为避日本皇宫的讳，溥仪的居所改叫帝宫。

吉冈安直，依然怒形于色，他打了个比方，说吉冈简直就是个“附骨之疽”。

吉冈安直是溥仪的老相识，他出生于1890年，毕业于陆军大学，曾任日本天津驻军的参谋，经常陪溥仪打网球，现在来到溥仪身边任职，掌管他的一切事务。溥仪后来回忆说：“我出巡、接见宾客、行礼、训示臣民、举杯祝酒，以至点头微笑，都要在吉冈的指挥下行事。我能见什么人，不能见什么人，见了说什么话，以及我出席什么会，会上讲什么等，一概听他的吩咐。”[1]溥仪还说：吉冈每天都要见他多次，求见的理由大多很牵强，甚至刚出门立即折返，说是刚才忘记说一句话。只要吉冈求见，溥仪哪怕吃饭吃到一半儿，也要立即放下筷子接见；哪怕洗澡洗到一半儿，也得围着浴巾出来听训。溥仪的亲信也回忆，听说吉冈求见，溥仪立即怒形于色，一边说着岂有此理，一边立即起身，等门一开，溥仪已经变得满脸堆笑了。

不过，吉冈安直才来到溥仪身边的时候，面子上还算恭谦，也处处表现出关心的样子。当时，溥仪做了伪满洲国皇帝，吉冈认为溥仪的父亲载沣依然住在北平既不合适，也不安全，曾亲自前往，苦口婆心地劝载沣前来长春。但载沣铁了心跟“满洲国”划清界限，死活不来。无奈，溥仪每月寄给载沣一千元钱，算是对父亲尽孝，吉冈不时过问一下是否按时寄出。后来，北平被日本人占领，人民生活困苦，有钱也买不到东西。吉冈安直跟北平的日本占领军交涉，每月配给醇王府一定数量的大米白面。

但是，时间一长，吉冈逐渐露出了狐狸尾巴，他对溥仪指手画脚，很不客气，甚至公开训斥，比如无礼地说：关东军相当于你的父亲，我是关东军的代表。对此，溥仪一概逆来顺受，这更助长了他的气焰，吉冈安直

---

① 爱新觉罗·溥仪：《我的前半生》，群众出版社，1964年，第354页。

甚至对外人说溥仪实际上就是他的一个孩子。[1]当时，就连一些日本人也私下里认为吉冈做得过分了。

然而，更大的打击接踵而至，关东军还有哪些“修理”溥仪的手段？

护军被缴械，亲信遭处决

如前所述，溥仪在伪满初期，以自己原来在天津的保镖为核心，成立了一支宫廷护卫军——简称护军。溥仪本来幻想蛋生鸡鸡生蛋，建立起一支入主中原的“复辟大军”，这支护军就是溥仪的第一批“鸡蛋”。而且，护军是他的私人武装，不属于伪满军队的编制，军饷、装备都是溥仪自己掏腰包，日本人无从插手。

护军这时已经发展到三百人左右，成员个个武艺高强、装备精良。日本人把这支武装看成“眼中钉”，于是，找碴制造了“护军事件”。1951年5月，溥仪的绝对亲信、曾任宫廷护卫军第二队少校队长的李国雄在战犯管理所中写了一份关于这一事件的笔供。据他交代，事情的原委是这样的：

1937年6月28日是个星期六，解除了一天勤务的二十多名护军士兵来到大同公园划船消遣。五名护军上了游船，刚划出不远，经营游船的朝鲜人说五人不行，于是，下来了一名护军；经营者又说四人也不行，于是，又下来了一人；经营者却说三人也不行，护军忍无可忍，跟经营者冲突起来。这时关东军的后勤部门在公园里开野餐会，有二百多官兵。纠纷本来跟他们毫无关系，但他们却一起追打护军，没面子的是护军以少胜多，把日本兵打得鬼哭狼嚎。护军见好就收，打算收兵回营，但出了公园又被街

① 爱新觉罗·溥杰：《毒辣阴险的“御用挂”吉冈安直》，载于孙邦主编：“伪满史料丛书”《伪满人物》，吉林人民出版社，1993年，第242页。

上的日本宪兵拦住，于是又大打了一场，日本人依然没占到便宜，连放出的狼狗也被踢死了。[①]

当天晚上，日本宪兵队就气势汹汹地来到溥仪的帝宫要人。溥仪忙不迭地下令把肇事的护军交了出去。护军被严刑拷打了近二十天，也没有查出“反满抗日”的问题，最后经过吉冈安直调解，此事方才罢休。代价是溥仪向关东军赔礼道歉，将肇事护军一律开除并驱逐出“满洲国”，其余护军一律缴械。具有戏剧性的一幕是关东军查明这些武器是溥仪出资购买之后，又把这几百支枪还给了溥仪。溥仪把这些枪存放在自己寝宫的库房里，据说有机枪、步枪以及各色的德国产手枪等。护军未被解散，但改由日本人统领，武器一律换上中国人俗称为“王八盒子”的日本产“南部十四年式拳铳”。这种手枪扳机很小，冬天戴上棉手套就无法击发，要命的是一开枪往往会把弹夹震得掉下来，日本人对这种手枪评价很低，据说“连自杀都办不到”。这样一来，溥仪建军的理想就算彻底破灭了。

溥仪为了培养自己的实力，曾派一些亲信到日本的军校中学习，此时这些人陆续学成“回国”，憋气的是全被关东军直接安排了工作，没有一个人归溥仪支配。好在他的妹夫万嘉熙被分配到禁卫军中任职，军衔是中尉，溥仪很高兴，就跟负责禁卫军的军官说提拔万嘉熙为中校。日本人大怒，认为溥仪干预军事，居心叵测，下令把万嘉熙调到热河前线当炮灰。[②]溥仪毕竟名义上是“满洲国”的陆海军大元帅，连任命个中校的权力都没有，眼看着自己的妹夫上了前线，该是什么心情？

此时的溥仪十分恐慌，万嘉熙的教训提醒了他，他还有一些亲信正在读军校或准备读军校，他害怕这些亲信学成之后也被送到前线，于是，决

---

① 《李国雄笔述》，载于中央档案馆、中国第二历史档案馆、吉林省社会科学院编：日本帝国主义侵华档案资料选编《伪满傀儡政权》，中华书局，1994 年，第 202~203 页。

② 《溥杰忆往》，载于孙邦主编：“伪满史料丛书”《殖民政权》，吉林人民出版社，1993 年，第 33 页。

定不再派亲信学习军事，并希望尚未毕业的亲信赶紧退学。本来，按照日本军校的规定，除了犯有过错或学业不及格以外，是不允许退学的。溥仪左右为难，最后请吉冈前去斡旋。结果出乎意料地顺利，关东军一口答应，破例让这些皇族子弟脱下军装，重新回到了溥仪的身边。

关东军步步紧逼，溥仪噩运不断，挨过了1935年，第二年初春，又一个事件让他倍感震惊。原来，伪满兴安省省长凌升被关东军逮捕了。凌升是伪满的"建国功臣"之一，他到底犯了什么"大罪"呢?

原来，从1935年以来，关东军跟外蒙古经常发生边界冲突，每次都被打得大败。关东军怀疑有奸细向敌人通风报信，最后怀疑到凌升头上。其实，日本人决定对凌升开刀，主要是他最近几年把日本人得罪遍了。

凌升性格直率，说话做事直来直去。比如他到日本访问，接受宴请，吃了一道菜，感觉很奇怪，问这是什么肉?翻译告诉他是田鸡。他又问田鸡是什么?翻译说是癞蛤蟆。凌升把筷子一扔，骂骂咧咧地扬长而去。日本人请他参拜天照大神，他不去，要游山玩水，于是，日本人领他去逛动物园，看大猩猩表演。表演完毕，动物园安排凌升跟大猩猩握手，凌升大怒，认为日本人羞辱他。此外，他对关东军的指手画脚十分反感，多次指责日本人不懂蒙古风土人情，瞎指挥，搞得日本人下不来台。日本人恨透了凌升，这回墙倒众人推，把他列为清算对象，说他搞内蒙古独立，里通外国，押到长春，执行了死刑。①

溥仪十分信任凌升，而且，刚刚把自己的四妹许配给了凌升的儿子，让他成了皇亲国戚，现在得知自己的亲信被处决，他是什么心情?溥仪不相信凌升会里通外国，分裂国家，他知道这叫杀一儆百，谁不配合关东军的侵略步伐，凌升的下场就是前车之鉴，溥仪怎能不害怕。

① 正珠尔扎布:《所谓凌升通苏事件的真相》，载于中央档案馆、中国第二历史档案馆、吉林省社会科学院编：日本帝国主义侵华档案资料选编《伪满傀儡政权》，中华书局，1994年，第195~200页。

由此可见，1934 年伪满改行帝制和 1935 年溥仪访日，绝不是溥仪地位提高的标志，而是关东军进一步控制伪满的表现。由于汉奸们错误地判断了形势而自我膨胀，对他们的清洗就不可避免了。而且，随着关东军对伪满控制的强化，一批由日本人培养的年轻汉奸逐渐成长起来，于是，关东军构思了一个更大的阴谋——逐渐用这批有日本教育背景的汉奸取代原来的汉奸。这样一来，那些老汉奸的地位就岌岌可危了，从 1937 年起，溥仪也陷入恐慌之中。

难道日本人会换掉溥仪，另立傀儡？关东军恐怕不是没有打过这个算盘，对此，溥仪也有所察觉，所以，从 1937 年起，溥仪惶惶不可终日，甚至有一种末日临头的感觉。

这要从溥杰的婚事谈起……

第十六章 政治联姻

关东军包办皇弟溥杰的婚姻大事，为他安排了一位年轻的日本女性嵯峨浩，这其中隐藏着怎样不可告人的目的？

溥仪不愿弟弟娶个日本女性，抗争无效，只好忍气吞声，从此对嵯峨浩戒心重重，对溥杰也不再信任，这是神经过敏还是深谋远虑？

谁能想到，这桩由关东军精心策划和一手包办的政治婚姻，造就了他们这对儿一生患难与共、休戚相关的恩爱夫妻。嵯峨浩跟溥杰走过了五十年风雨坎坷的人生路，1987 年病逝于北京……

皇弟是“钻石王老五”

爱新觉罗·溥杰是溥仪的亲弟弟，哥俩仅相差一岁。

1908年，三岁的溥仪入宫当了皇帝，溥杰则一直生活在醇王府。他从懂事儿起就知道自己有一个当皇帝的哥哥，但直到1916年，才第一次来到了紫禁城，见到了皇帝哥哥。一见面大失所望，原来皇帝哥哥是个跟自己差不多大的孩子！本来，溥杰根据看戏的印象，想象哥哥“应该是一个头戴冠冕，身穿大袖黄袍，五绺长髯的威武形象”。[1]

溥杰后来做了溥仪的伴读，陪哥哥读书，兄弟天天见面，亲密无间。见到这哥俩的人都感叹他们长得很相像，除了溥仪在身材上比溥杰大一号以外，俩人简直就是一个模子刻出来的，真不愧是一母所生。为了给复辟大清储备人才，1929年溥仪把溥杰送到日本学军事，由于程度不够，溥杰先入日本的贵族学校，后来进入了日本陆军士官学校。

溥杰真不简单，他本来是醇王府的大少爷，从小衣来伸手饭来张口，是个饱食终日的贵族。但进了陆军士官学校之后，白天上课，晚上站岗，跟日本学员一起摸爬滚打，不享受任何特殊待遇。军校搞长途拉练，强度之大甚至有学员累死在途中，但他居然挺过来了。溥杰还学会了一口流利

① 溥杰：《清宫会亲见闻》，载于中国人民政治协商会议全国委员会文史资料研究委员会编：《晚清宫廷生活见闻》，文史资料出版社，1982年，第40页。

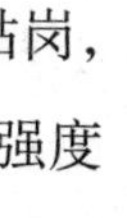

的日语，20 世纪 80 年代日本广播协会的记者采访他，溥杰一开口，日本记者就发现他说的日语虽然流利但不委婉，用的多是判断、命令的句式，一听就是帝国军人的口气。

1935 年溥杰毕业“回国”，他本来是溥仪出钱培养的人才，但被关东军直接分配到沈阳实习，实习期满调回长春，在禁卫军中担任排长，不久，再次被派往日本深造。早在溥杰“回国”不久，日本人就给他吹风，建议他娶个日本妻子。溥杰跟溥仪谈起这事儿，顿时把溥仪吓坏了。

可能有人会产生疑问，此时的溥杰快三十岁了，难道还没有结婚？再则，日本人给溥杰介绍对象，溥仪怕什么呢？

其实，溥杰早在十七岁的时候就结婚了，对象是比他大三岁的端康太妃的侄女唐怡莹。但这场婚姻很失败，夫妻感情不和，而且唐怡莹飞扬跋扈，醇王府里的人一提起这位少奶奶无不摇头叹气。载沣身为公爹，当然不便跟儿媳妇计较，按说载沣的福晋，也就是溥杰的妈妈个性张扬，还管不了这个儿媳妇？原来，载沣的福晋早在 1921 年就去世了，所以，大家都拿唐怡莹没办法。后来，小两口分居了，按理应该解除婚约，再组成一个幸福的家庭，所以，日本人才劝说溥杰娶个日本女子。

听了日本人的劝说，溥杰并未太当真，他把这话告诉哥哥。溥仪沉思半晌，没说什么，但脸色十分难看。溥仪随即找来了妹妹，两人一商量，感觉这是日本人的阴谋，因为溥仪结婚十多年，至今没孩子，估计关东军此举一是笼络溥杰，二是着眼于“满洲国”皇帝的继承人问题，让溥杰有一个日本血统的孩子，以备随时取而代之。溥仪越想越怕，决定先下手为强，他找来溥杰，告诫他如果家里有个日本老婆，就会处于被监视之中，将后患无穷。说完拿出一沓年轻女子的照片，让溥杰从中挑选一个。原来，自从文绣跟他离婚之后，溥仪只有婉容皇后一个妻子，现在当了皇帝，想再立个嫔妃，所以手头有很多候选女子的照片。前些天已经选中了北京的一个满族女子，这些照片就算是挑剩下的了，现在慷慨地拿出来让溥杰挑选。

溥杰对哥哥唯命是从，但从这些照片中并未选出合适的对象，溥仪又托人物色。以溥杰的身份地位，堪称是“钻石王老五”，愿意攀高枝的比比皆是，很快选定了一个合适的对象，是皇后婉容的表妹，相貌、出身都没的说，对方也愿意。溥仪把女孩子跟家长一起请到了长春，开始谈婚论嫁，这时，吉冈安直出现了，他跟溥杰说：“关东军方面都希望你同日本的女性结婚，因为这同日满亲善前途大有关系，你最好不要同中国人订婚，日本女性我负责给你找。”[1]溥杰没了主意，他跑去跟溥仪一说，溥仪垂头丧气地表示吉冈也跟他说过这样的话，并说这是军方的决定。两个难兄难弟唉声叹气了半天，只能听任摆布。

关东军包办了一桩跨国婚姻

关东军对溥杰的婚事十分热心，他们最初想选个日本皇族的女子，但日本的皇室法典禁止皇族跟异族通婚，无奈，选择了日本侯爵正亲町三条实爱的重孙女嵯峨浩。正亲町三条实爱死在 1909 年，是明治维新中的风云人物、捍卫天皇的勇士、日本近代的历史名人，他后来改姓嵯峨，跟日本皇室有血缘关系，其家庭堪称名门望族。嵯峨浩出生在 1914 年，比溥杰小七岁，是个温柔俊美、气质高贵、受过良好教育的大家闺秀。1936 年 11 月，关东军私下搞到了嵯峨浩的照片，经溥杰首肯后，前任关东军司令本庄繁大将以媒人的身份通知嵯峨家，为了日满亲善，决定把嵯峨浩嫁到满洲去。

这个命令把嵯峨家所有的人气得够呛，终身大事不征求当事人的意

---

① 《溥杰忆往》，载于孙邦主编：“伪满史料丛书”《殖民政权》，吉林人民出版社，1993 年，第 36 页。

见，不征求家长的意见，关东军擅自以国家利益的名义做出安排，还有比这更无礼的事儿吗？当然，如果嵯峨家坚决不同意这门婚事，关东军也不能来一场抢婚，所以，吉冈安直一脸不屑地对溥杰说："什么华族不华族，日本的女性有的是，成不成没关系，我替你找好的！"① 当时，日本人把贵族称为"华族"。

虽说关东军无法强迫嵯峨浩嫁给溥杰，但人毕竟是社会的动物，生活在绵密的社会关系之中，碍于面子或迫于压力，嵯峨家也不敢跟一手遮天的关东军闹得太僵，勉强同意见一面。当然，嵯峨家意见并不一致，有人提出见了面之后再拒绝不是更难堪吗？但事到如今，只能走一步看一步了。

谁能想到嵯峨家得到的是一个喜出望外的结果。

此时的溥杰在日本的军校里深造，1937 年 1 月 18 日，本庄繁大将带着溥杰和像狗一样跑前跑后的吉冈安直，来到了双方约定的见面地点。当时气氛十分压抑，本庄繁一副冷冰冰的脸色，介绍溥杰之后就一言不发；溥杰由于拘谨不知说什么好；只有吉冈夸夸其谈，调节着尴尬的气氛。一会儿，见面结束了，嵯峨家普遍认为溥杰既有学者的风范又不失军人的派头，还能看出温柔体贴的一面，是个最理想的人选。当然，溥杰的个子较矮，有一米六多一点儿，但按当时日本人的身高标准来看，溥杰完全合格。嵯峨浩的伯父说："仪表堂堂，可以了吧！"② 最后，大家才想起问问二十三岁的嵯峨浩的意见。身穿绣满粉色百合花图案和服的嵯峨浩羞红了脸，她低头小声说了一句："一切都拜托了。"

---

① 《溥杰忆往》，载于孙邦主编："伪满史料丛书"《殖民政权》，吉林人民出版社，1993 年，第 37 页。

② 爱新觉罗·浩著，于泾等译：《流浪的王妃》，《吉林文史资料》第八辑，中国人民政治协商会议吉林省委员会文史资料研究委员会编辑出版发行，1985 年，第 34 页。

种豆得瓜的恩爱夫妻

溥杰跟嵯峨浩结婚，还有一道障碍，那就是他跟唐怡莹那段名存实亡的婚姻。溥杰现在日本学习，不能回国办理离婚手续，吉冈安直自告奋勇，代为办理。他立即飞回长春，然后乘火车前来北平，带着几个日本宪兵，直奔唐怡莹的娘家。无奈唐怡莹不在北平，吉冈不信，他让宪兵守住唐家的大门，然后逐屋搜查，最后一无所获，于是，吉冈拿出一份离婚声明，逼迫唐怡莹的弟弟替姐姐签字同意，又找来当地派出所的警官签字见证。迫于日本军人的淫威，任何人不敢反抗，吉冈满意地达到了目的。

1937 年 2 月 6 日，伪满洲国驻日本大使馆正式发布了溥杰跟嵯峨浩订婚的消息。当天，记者把嵯峨家围得水泄不通，溥杰和嵯峨浩身穿礼服，让记者拍了个够。不久嵯峨浩进宫拜见皇太后，皇太后对战战兢兢的嵯峨浩说：“对待皇帝要像对我国的陛下那样。”又说：“要发扬日本的妇德，要好好地服侍溥杰。”然后，赐给嵯峨浩一块淡绿色的衣料。皇太后的一句话让嵯峨浩肃然起敬：这不是一块普通的衣料，这是纪念品，是中山一位局传下来的。[①] 嵯峨浩知道，中山一位局是明治天皇的生母，这块衣料是皇太后婆婆的婆婆当年送给孙媳妇的礼物，真是无价之宝。她受宠若惊地捧在胸前，叩头致谢。

1937 年 4 月 3 日，溥杰的婚礼在东京九段的军人会馆举行。溥杰身着军礼服，来到嵯峨家迎娶，只见嵯峨浩身着盛装，最令人称奇的是她的发式，那是一位七十多岁的宫廷女官足足忙了一上午才梳起来的。二人合影之后，一起乘车前往婚礼现场，沿途小学生挥舞着日本和伪满的旗帜，烘托着喜庆的气氛。下午三点，婚礼正式举行，溥仪派熙洽做代表前来祝贺，此外，日本皇室成员、首相、议会议长、内阁成员、军方将领全部出

---

① 爱新觉罗·浩著，于泾等译：《流浪的王妃》，《吉林文史资料》第八辑，中国人民政治协商会议吉林省委员会文史资料研究委员会编辑出版发行，1985 年，第 42 页。

席，已经下台的历届首相也前来祝贺，参加婚礼者共有五百人。还有很多人希望参加，但关东军一概挡驾，理由是经费有限。其实，这次婚礼的所有费用全由溥仪报销，但溥仪是关东军豢养的傀儡，所以，关东军能当溥仪的家。关东军还把整个婚礼拍成电影，送到长春给溥仪观看。另外，嵯峨浩给尚未见面的大伯子写了一封表示敬仰的信，也由关东军捎给了溥仪。

结婚之后，溥杰和嵯峨浩在千叶的稻毛海岸租了一处新居，站在屋檐下就能欣赏海景。溥杰每天早晨七点骑马到学校上课，傍晚回家，夫妻二人漫步在海边，海浪轻轻地漫上海滩，又悄然退下。溥杰晚年回忆说，这是他们一生最为宁静、朴素而又甜蜜的幸福时光。谁能想到，这桩由关东军精心策划和一手包办的政治婚姻，造就了他们这对儿一生患难与共、休戚相关的恩爱夫妻。从这时开始，嵯峨浩与溥杰走过了五十年风雨坎坷的人生路。

1937 年 8 月，溥杰结束了在日本的学业，先行回国，嵯峨浩随后启程去长春。临行的时候，嵯峨浩来到皇宫，向皇太后辞行。皇太后托她转达对溥仪的问候，又送给嵯峨浩不少礼品。当时，天皇的儿子才四岁，他十分懂事儿，也给嵯峨浩送了礼物。礼物十分特别，是一些鸡蛋。皇太后说嵯峨浩正好怀孕，拿去补补吧。此时的嵯峨浩恐怕想不到，这位送给她鸡蛋的孩子就是后来的明仁天皇。

嵯峨浩踏上了前往中国的征途。几十年后，她回忆说：在轮船起锚的时候，突然想到了年迈的长辈，一想到可能再也见不到他们了，不禁潸然泪下。

1937 年 10 月下旬的一天，轮船抵达大连港，嵯峨浩踏上了中国的土地。此时的大连并不属于伪满洲国，它是日本直接管辖的殖民地，看着沿街日本风格的建筑，看着来来往往的日本人，嵯峨浩惊讶地说，这不就是日本的延长吗！她们随即来到大连火车站，登上了南满洲铁道株式会社的亚细亚号特快列车，以一百多公里的时速向长春飞驰。嵯峨浩再次惊讶了，她后来回忆：“从车窗看到宏伟的大陆景象，使我高兴起来。无山平坦的大地，种满了高粱和玉米，一片片苹果园和棉田，远望牛马成群，再看那红日西照，不由得想起了军歌中的诗句：远离故国千百里，来到辽阔的满洲地……”[1]然而，她的心情更多的是忐忑不安，一想到自己成了爱新觉罗家族的一员，即将见到“满洲国”的皇帝陛下，她将受到怎样的待遇呢？

弟媳怀孕成了溥仪的心病

嵯峨浩是军部的奸细，这是溥仪最初的判断。随着这位异国年轻女性的到来，溥仪的心情也跌落到了极点，他下定决心从此不跟溥杰说一句真心话。

不过，很会做戏的溥仪在面子上并未表现出来，在嵯峨浩抵达长春的几天后，他接见了溥杰夫妇。嵯峨浩给溥仪行了三跪九叩大礼，溥仪心安理得地接受了叩拜，然后赏给嵯峨浩一只镶满宝石的手表。嵯峨浩磕头谢恩，此时她已经怀孕在身，跪拜并不利落。嵯峨浩还向溥仪敬献了礼物，其中一个镶满贝壳的画框很令溥仪喜爱。

溥仪大摆家宴，欢迎嵯峨浩加入皇室中来，难得的是婉容也出席了。此时婉容跟溥仪的关系彻底破裂了，她靠吸大烟打发时光，这是她在伪满的最后一次露面。嵯峨浩也给婉容行了三跪九叩大礼，婉容不理不睬，在宴席上旁若无人，只顾大吃大嚼，了解内情的人都知道婉容精神不大正常。饭后，嵯峨浩还见到了溥仪新娶的贵人——谭玉龄，这是一位十七岁

① 爱新觉罗·浩著，于泾等译：《流浪的王妃》，《吉林文史资料》第八辑，中国人民政治协商会议吉林省委员会文史资料研究委员会编辑出版发行，1985年，第50页。

的满族女子，刚刚进宫半年多，是个天真的少女，二人平礼相见。

嵯峨浩毕竟是一位涉世不深的异国女子，她不懂自己的到来给溥仪带来了多大的压力，只记得日本皇太后的教诲，要尊敬“满洲国”的皇帝。嵯峨浩当姑娘的时候学过烹饪专业，所以，不久她亲手做了一桌日本风味的西餐，送到宫中，拿中国话说，叫尽孝心。溥仪做出高兴的样子，打发走了天真的嵯峨浩，看着这桌色香味俱全的和洋大餐，十分为难。

溥仪是不会吃一口的，而且，不仅他不吃，也坚决不让亲信吃。为什么呢？怕嵯峨浩在食品中下毒。既然如此，直接倒掉不就完了吗？不行，溥仪知道宫中有关东军的耳目，一旦传出去影响不好。而且，更令溥仪窝火的是御膳房得知二奶奶送饭，所以晚上就没开火。嵯峨浩恐怕做梦都想不到她的这片孝心结果让大伯子吃不上晚饭。溥仪嘀咕着，要是溥杰在场就好了，只要溥杰敢吃，就说明无毒，但溥杰不在，他的疑心更重了。

本书开头提到过恭亲王溥伟，在清朝垮台后流亡青岛、大连等地，这时候已经死了，他的儿子毓嶦穷困潦倒，投到溥仪门下混口饭吃，现在是溥仪的亲信。毓嶦回忆说：一个人的到来给溥仪解了围，这个人就是张梃，恰巧此时求见。

溥仪在天津的时候曾经住在张园，就是张梃爸爸张彪的房子。溥仪到了东北之后，张梃也来求职，在伪军中当个小军官。张梃经常进宫，巴结溥仪，一来就陪溥仪吃饭，顺便讲一讲社会上的见闻。作为一个比较疏远的亲信，死活不在话下，溥仪决定拿他做试验用的“小白鼠”，于是下令迅速把这桌西餐搞乱，做出吃过的样子，然后发话：带张梃！

张梃来到，溥仪下令赏饭，表示这是二奶奶做的，很好吃，大家都吃过了，还剩下不少，你吃吧。于是张梃叩头谢恩，然后大吃起来。毓嶦回忆说张梃吃得狼吞虎咽，大家的目光都集中在他身上，紧张地等着他中毒之后一头钻到桌子底下。结果张梃吃过之后抹抹嘴，打了几个饱嗝，没事儿。[1]

溥仪这样对待嵯峨浩是不是有点儿过分？他怀疑关东军打算用一个有日本血统的孩子来取代他是不是神经过敏？当然，不排除神经过敏的成分，但早在嵯峨浩跟溥杰订婚之后，结婚之前，关东军就操纵伪满洲国国务院通过了一个《帝位继承法》，曾令溥仪心惊肉跳，夜不能寐。

这个“法律”不长，主要内容为：

第一条 满洲帝国帝位，由康德皇帝男系子孙永世继承之。

第二条 帝位传帝长子。

第三条 帝长子不在，传长孙；长子长孙皆不在，传帝次子及其子孙。

第四条 帝庶子孙继承帝位，以帝嫡子孙皆不在为限。

第五条 帝子孙皆不在，传帝兄弟及其子孙。

……[2]

众所周知，溥仪现在没有孩子，由于生理上的原因，将来也不会有孩子，所以，第一到第四条全是废话，关键是第五条——“传帝兄弟及其子孙”。这几乎明确了溥杰的接班人地位，明确了嵯峨浩肚子里孩子的未来命运，当然，也就等于规定了溥仪的下场。溥杰跟溥仪一样，都是道光皇帝的曾孙，拥有纯正的皇家血统；但溥杰跟溥仪不同的是，他受过系统的日本军国主义教育，会说一口流利的日语，是日本华族的女婿，跟日本关系非同寻常；而他未来的孩子更是有着一半儿的日本贵族血统，无疑，在关东军眼里，溥杰有着比溥仪更大的优势。溥杰后来也指出，关东军确实想把伪满的未来统治者换成“中日混血儿”。[3] 别看溥仪这个傀儡皇帝当得

① 毓君固著：《末代皇帝的二十年：爱新觉罗·毓嵣回忆录》，中国社会科学出版社，2000 年，第 54~57 页。

② 中央档案馆、中国第二历史档案馆、吉林省社会科学院编：日本帝国主义侵华档案资料选编《伪满傀儡政权》，中华书局，1994 年，第 159~160 页。

③ 中央档案馆、中国第二历史档案馆、吉林省社会科学院编：日本帝国主义侵华档案资料选编《伪满傀儡政权》，中华书局，1994 年，第 160 页。

窝囊透顶，但一旦下台就是死路一条，好死不如赖活着，所以，溥仪对嵯峨浩存有戒心也就不意外了。

此时嵯峨浩已经怀孕，这成了溥仪的一块心病，他每天在神佛前祷告，祈祷嵯峨浩生个女孩儿。

1938 年 2 月 26 日清晨五点，嵯峨浩在新京市立医院生下了溥杰的第一个孩子——是个女孩。吉冈安直拎着礼品，在产房外等了一宿，当他得知结果之后，扔下礼品就走了。当时的中国和日本都重男轻女，女子没有继承权，这对关东军来说毫无价值，所以大失所望，拂袖而去。溥仪得到消息，欣喜若狂，据嵯峨浩回忆，溥仪派厨师给她做了很多有营养的汤，说这样可以使奶水充足。溥仪名为皇帝，实际上不懂人情世故，按说兄弟媳妇坐月子，大伯子不该这样热心。此外，溥仪还给孩子送来了金手镯之类的礼品。这年溥杰三十二岁了，不管男孩女孩都喜欢得不得了。

不过，溥仪高兴了一年多，到 1939 年下半年嵯峨浩再次怀孕，溥仪心情又坏了。经过一番求神祷告，1940 年 3 月，嵯峨浩再次生下一个女孩。溥仪喜出望外，颇有点儿得意了。

这时候的溥仪过着晨昏颠倒的生活，他下半夜睡觉，中午起床。溥杰白天上班，下班之后溥仪派车接他进宫“吃午饭”，饭后再闲扯到半夜才放他回家。几年间几乎天天如此，把溥杰折腾得苦不堪言。溥杰回到家之后，嵯峨浩已经领着孩子睡着了，或许由于这个原因，从此，嵯峨浩再没有生育。溥仪对嵯峨浩的态度也稍微好了一些，尤其对两个侄女更是喜欢得不得了。每当侄女来到宫中，溥仪一定跟侄女亲热一番，吃饭的时候就让侄女坐在自己的身边。溥仪喜欢孩子，但他没有孩子，这真是一大悲剧。

1941 年嵯峨浩来到了北平，第一次见到了公爹载沣。嵯峨浩按中国的习俗给每一位长辈磕头。载沣对儿媳妇很满意，认为她知书达理，很懂规矩。嵯峨浩还逛了北平的东安市场，很多经营者得知她是醇亲王的儿媳妇，热情地跟她打招呼，说了很多恭维的话，让她感受到了北平市民对清室后裔的好感。

嵯峨浩作为日本的贵族嫁给溥杰，其实没有享受到多少皇家的富贵。她刚来到长春的时候，关东军分给溥杰一套远离市区的孤零零的房子，四周荒草丛生，野兔出没，据说附近还有土匪。溥杰感觉颜面无光，就去找关东军交涉。据溥杰回忆，关东军的军官训斥说："战争已蔓延到中国境内，日本军队正要准备攻打南京，日本国内正在进行总动员，满洲国也要为这神圣的战争做出贡献。你是一个满洲军队的中尉，难道就可以提这样的问题吗？"①最后经伪满国务总理张景惠斡旋，关东军参谋长东条英机亲自批示，才给装了电话，修了围墙，张景惠又自掏腰包给溥杰配了一辆汽车。

按关东军的规定，伪满的"皇族"仅限于皇帝及其子孙，溥杰不算皇族，嵯峨浩作为普通中国人的妻子，享受着二等国民的待遇，冬天缺少取暖的煤，食品配给也低于日本人的标准。吉冈安直对嵯峨浩动辄呵斥。溥仪名为"一国之君"，但自身难保，更何况他对嵯峨浩耿耿于怀，心存芥蒂，所以也没有给其多少关爱和接济。

嵯峨浩嫁给溥杰之后，一心要做个中国人，她学习汉语和民风民俗，热情待人，她同样不满关东军对伪满洲国的操纵，跟中国人一起发泄着对关东军的愤恨。嵯峨浩回忆说："我作为一个日本人感到很难过，我很想当个中国人，当上中国人我就要大胆地痛骂日本人，我要和他们同仇敌忾地伸张民族正义。"②1945年伪满洲国垮台，她颠沛流离、历尽千辛万苦回到了祖国，来到皇宫，向天皇控诉了关东军对溥仪的挟制和迫害。据她回忆，天皇在听完她的控诉之后说："怎么不更早一点儿说，到现在太晚

① 爱新觉罗·溥杰著，叶祖孚执笔：《溥杰自传》，中国文史出版社，1994年，第52页。

② 爱新觉罗·浩著，于泾等译：《流浪的王妃》，《吉林文史资料》第八辑，中国人民政治协商会议吉林省委员会文史资料研究委员会编辑出版发行，1985年，第100页。

了。”[1]

1957年，溥杰长女跟日本青年恋爱，嵯峨浩认为女儿应该嫁给中国人而坚决反对，结果发生了殉情悲剧。1961年5月，经周恩来总理过问，嵯峨浩在与溥杰分别十六年之后，毅然放弃了优越的生活条件，带着长女的骨灰来到中国，从此，她跟溥杰携手走完了风雨坎坷的人生路，1987年病逝于北京。而溥仪似乎直到他生命的最后岁月才彻底解除了对嵯峨浩的戒心。在溥仪卧病的时候，嵯峨浩有时会给溥仪做些饭菜，并询问他想吃什么，还通过日本的关系为溥仪求医问药。溥仪也跟嵯峨浩说，过去把你当成军部的奸细了，真对不起。

就在溥杰跟嵯峨浩结婚的1937年，日本发动了全面侵华战争，伪满洲国虽然尚无战火硝烟，但关东军也转向了战争体制，原来的一些计划被搁置了。而且，随着时间的推移，关东军对溥仪的印象越来越好，换傀儡的计划没人再提了。那么，溥仪是怎样取得了日本人的好感呢?

① 爱新觉罗·浩著，于泾等译:《流浪的王妃》,《吉林文史资料》第八辑，中国人民政治协商会议吉林省委员会文史资料研究委员会编辑出版发行，1985年，第161页。

第十七章 忍辱偷生

在关东军的淫威下，溥仪能坐稳傀儡元首的地位，他有什么“诀窍”呢？

溥仪终于明白了自己仅是日本统治东北的“遮羞布”而已，为了生存，他抱定了逆来顺受的决心，从此，装聋作哑，不问“国事”，并巧言令色，极尽谄媚，唱好这出傀儡戏。但关东军并不满足，他们盘算着更为恶毒的计划。

1940 年，关东军逼迫溥仪迎奉天照大神，祭祀天皇的祖宗；1942 年又命令他改口称日本为“亲邦”，把他贬为儿皇帝。由此来看，侵略者酝酿着更大的阴谋……

如前所述，随着关东军对伪满洲国控制的强化，一些汉奸也遭到清洗，溥仪的地位一度岌岌可危。然而，在伪满十四年间，溥仪毕竟自始至终坐稳了傀儡元首的地位，随着时间的推移，关东军对溥仪的印象也有好转，这是怎么回事儿呢？

此时的溥仪经过几年间跟关东军的“磨合”，他彻底明白了关东军不仅不可能帮助他复辟大清，而且也不会允许他掌握伪满洲国的实权，他仅是关东军统治东北的一块“遮羞布”而已。尽管这个儿皇帝的地位让他蒙羞，但为了生存，溥仪抱定了逆来顺受的决心。他晚年回忆说：“我这时的唯一的思想，就是如何在日本人面前保住安全。”[①]

溥仪学会了装聋作哑

既然思想认识上的问题解决了，溥仪自然就像换了个人似的，他不再关心伪满政务，每天也不去勤民楼“办公”。根据溥仪的侄子毓嵣回忆，溥仪的日常“公事”只有两项内容：“御署”和“裁可”。关东军要发布法律法规，制定好了之后拿到伪帝宫，溥仪签上自己的名字，这叫“御署”；

① 爱新觉罗·溥仪：《我的前半生》，群众出版社，1964年，第353页。

此外，一般的公文只写一个“可”字，不用签名，这叫“裁可”。每天溥仪起床后，随从抱来需要裁决的文件，翻到签字处呈给他，溥仪提笔签字，签完之后往地上一扔。溥仪后来回忆说：凡是不许可的文件是不会送来的，需要画可的文件他只能签字，即使看一遍也不过是浪费时间和眼力而已，所以，干脆看也不看，挥笔签字。也有记载说溥仪起床之后，坐在马桶上批文件，文件批完了，大便也拉完了，但据毓嶦回忆这不是事实，[①]毕竟一心不能二用。

按例，溥仪每月要跟关东军的司令、参谋长等人见面，研究伪满洲国的一些重大问题。在1937年前，溥仪还主动过问一些人事上的安排，此后干脆连问也不问了。20世纪80年代在日本披露的会谈记录可见，溥仪跟关东军参谋长东条英机在亲切友好的气氛中，就“吸烟有害健康”的问题，坦诚而深入地交换了意见。

溥仪：“听说参谋长喜欢吸烟，一天吸几支？”

东条：“一天吸60支左右。”

溥仪：“据医生讲，一天吸二三十支烟对身体尚无大害处，你一天吸五六十支太过量了吧？”

东条：“对此，我有自己的看法，然而，陛下是年轻体健，我等是不能攀比的。我曾被人劝告过，节制吸烟一年左右，但后来一想，常说人生只有五十年，而我早已过了五十岁，今后的生存也是赚的了。我认为在有生之年，节制自己的嗜好是没有必要的，想吸多少就去吸好了。”[②]

从此，溥仪不主动过问伪满的政务，即使跟关东军司令、参谋长例行见面，也是谈些鸡毛蒜皮的事儿。当然，溥仪也知道，自己的不作为虽然

---

① 毓君固著：《末代皇帝的二十年：爱新觉罗·毓嶦回忆录》，中国社会科学出版社，2000年，第70~71页。

② 日本NHK（广播协会）编，李洪杰等译：《皇帝的密约》，中国文史出版社，1989年，第119页。

使得关东军能够放开手脚，一意孤行，但这会不会给日本主子留下“消极怠工”的印象？要真是这样的话，日本主子也不会满意，所以，还得假戏真做，想方设法讨好日本人。

溥仪很会“演戏”

其实，溥仪这人心挺细，也很会表演。

当时，他名为“皇帝”，他的住所叫“帝宫”，但寒酸的几栋小楼和几排平房无论如何跟宫殿也联系不起来，所以，日本人来到“帝宫”，往往客气地恭维他几句，说他有节俭的美德，但作为“一国之君”，还是应该扩建宫殿，以壮观瞻。溥仪立即“义正词严”地反驳说：“满洲国”的人民生活还很艰苦，况且皇军正在浴血奋战，趴冰卧雪，自己现在的生活水平比普通的人民，比皇军的将士不知好了多少倍，还有什么不满足的呢？所以，绝不能轻易浪费财力。日本人听后似乎也很感动。

1937年日本发动全面侵华战争之后，很快陷入中国人民誓死抵抗的汪洋大海之中，原本乐观地估计几个月就能结束的战争，现在变得旷日持久了。而且，日本在远东的侵略扩张侵害了美国的全球战略，受到了严厉的制裁，丧心病狂的日本军阀居然冒险发动了珍珠港事件，偷袭了美军太平洋舰队的基地珍珠港，把美国拖进了第二次世界大战。这下子日本简直是跟全世界为敌，整个国家机器一起运转应付战争，依然感到力不从心，于是，东北的粮食、煤炭、钢铁源源不断地运往日本，东北人民的生活水平一落千丈。

按说东北人民生活再苦，也轮不上溥仪节衣缩食，不过，溥仪偏偏要凑趣。他的生活本来就很简单，除了吸烟以外，并没有什么嗜好，现在穿着打补丁的衣服，偶尔还吃点儿高粱米，说是节省开支，支援盟邦日本的

“大东亚圣战”。吉冈安直立即发现了“榜样的力量”，于是，到处宣传连皇帝都如何如何，臣民更应如何如何，弄得东北人民生活更加困难。

吉冈安直封溥仪为“日满亲善的最高模范”，这个“模范”不是白当的，溥仪付出的代价不小。当时，日本殖民当局搜刮东北人民，敲骨吸髓，花样百出，比如，东北人民除了负担着沉重的赋税以外，还要出劳工、捐钱、献废铜烂铁等。

溥仪当然不能去当劳工，但捐钱他当仁不让，为此拿出了白金、钻石，后来又捐了一些旧衣服，甚至连地毯也卷起来让吉冈拿走了。东西捐出去了，溥仪未免心疼，所以，他把更多的珠宝藏了起来，平时戴着一块日本产的普通手表，一见到吉冈，就跟吉冈对时，然后抱怨这只手表走时不准。吉冈询问他原来的瑞士名表哪儿去了？溥仪说那块名表是白金的，已经献了。另外，溥仪帝宫中有一个放映室，偶尔演几场电影。太平洋战争爆发后，溥仪就不让放映了，理由是日本人正在打仗，娱乐活动应该减少。① 不过，吉冈安直有时从关东军那里拿来一些宣扬日军战绩的影片，放给溥仪看。每当银幕上出现天皇的形象，溥仪立即起立；每当看到日军取得了“赫赫战果”，溥仪带头鼓掌，没有一点儿中国人的气节。

后来吉冈对溥仪说日本缺乏制造军火的钢铁，尤其缺乏铜这种贵金属。溥仪让人拆下了帝宫建筑物上的铜把手、铜栏杆等送给了日本人。再后来由于燃料缺乏，溥仪居然下令停烧了帝宫的锅炉，停止了冬季的供暖。当然，溥仪冻不着，他在自己的寝室里面点上电炉子取暖。这事儿吉冈也知道，他们也怕把这个傀儡皇帝冻死，换个傀儡怪麻烦的，所以，装聋作哑未拆穿溥仪的把戏，反而到处宣传溥仪支持盟邦，节衣缩食，以身作则，再加上“总理大臣”张景惠的助纣为虐，东北人民更是没有活路了。

溥仪表演的悟性很高，不时迸发出灵感的火花。据王庆祥的《伪帝宫

① 李玉琴：《我做“皇娘”的日子》，载于吕长赋等编：《溥仪离开紫禁城以后——爱新觉罗家族成员的回忆》，文史资料出版社，1985年，第139页。

内幕》记载，1937 年 5 月 28 日，溥仪按照关东军的安排，来到长春的水源地净月潭视察。他不懂装懂地询问了长春城市的自来水建设情况，又饱览了湖光山色，打道回府的时候，突然说要采些蕨菜，慰问前来访问的日本皇族、陆军元帅梨本宫殿下。蕨菜是一种野生植物，勉强算是“山珍”，但毕竟是溥仪采的，有一份情谊在里面。当然，溥仪不过嘴上说说而已，不可能亲自动手，因为他分不清哪些是草，哪些是蕨菜。溥仪一发话，身边的日本人立即跑到坡上，一边手忙脚乱地采蕨菜，一边感动皇帝考虑得周到，看来真是跟日本人一心一德啊。半小时之后，溥仪得到了一大包蕨菜，他做出满意的样子，给梨本宫送菜去了。①

关东军拿溥仪做幌子，欺骗世界舆论，欺骗东北人民，也用来欺骗普通的日本人；而溥仪尽量发挥他的表演天赋，配合关东军唱好这出傀儡戏。

实事求是地说，溥仪的皇帝身份对东北民众，甚至对普通的日本人来说，不能说没有一点儿魔力，所以，关东军经常拿溥仪出来唬人，安排他到各地视察，出席各种典礼。而溥仪很会装模作样，他衣冠楚楚、目不斜视、器宇不凡地走在前面，吉冈安直紧跟在旁边，后面是关东军和伪满的各级官员。溥仪来到鞍山钢厂、抚顺煤矿，要求增加生产，支援日本；来到伪军校训话，要求学员跟关东军一心一德，死心塌地当汉奸。溥仪回忆说，他在阜新煤矿给日本人训话时，日本的工头居然抽抽搭搭地哭了起来，无疑，这是蒙受皇恩的感激涕零。溥仪也跟着入戏了，他甚至一时错觉自己拥有了至高无上的身价。

溥仪不时向日本人献计献策，比如他向关东军司令建议跟苏联搞好关系，全力对付英美；他建议多多地造飞机，以便掌握制空权等。溥仪还经常叫他的厨师做些点心，托人捎到日本，送给天皇和皇太后。当然，日本皇室礼尚往来，也会捎回日本的点心。但溥仪怕被毒死，一口不动，又担

① 王庆祥：《伪帝宫内幕》，吉林文史出版社，1986 年，第 153~154 页。

心吉冈来问，于是便送给勤务班的孩子吃。此时溥仪从长春的福利院要来了一些孤儿，成立了勤务班，负责帝宫的保洁工作。溥仪派人把点心送给这些孤儿，让他们当场吃掉，并记录下各种点心的咸甜口味，用来应付吉冈的盘问。后来，溥仪见一直没有下毒，由勤务班的孩子们品尝之后，他多少也吃一点儿。

按说溥仪如此配合关东军的侵略步伐，日本人应该感到满足。然而，关东军却在打着贪得无厌的算盘，一个罪恶的计划即将出笼，他们还有哪些控制溥仪、奴役东北人民的手段呢？

被逼着换了祖宗

在中国人的传统观念中，祖先崇拜是一种神圣的信仰。清朝皇室更是讲究敬天法祖，不仅效法祖宗的言行，更是祭祖拜祖，虔诚无比。

东北是清朝的发祥地，这里有“关外三陵”——埋葬着清太祖努尔哈赤的父亲、祖父、曾祖父等先人的抚顺新宾永陵，分别安葬着清太祖努尔哈赤和清太宗皇太极的沈阳福陵和昭陵。按例，溥仪每年要定期前往祭奠，但关东军不同意，理由是他不是清朝的皇帝，不能祭清朝的陵寝。溥仪在东北做“皇帝”，不能祭祀祖陵，这是最没面子的一件事儿了，而且，日本人甚至要把沈阳的昭陵变成公园，连名字都起好了，叫“北陵公园”。溥仪苦苦哀求，才暂时作罢。无奈，溥仪一方面派人替他前往祭奠，另一方面自己在伪帝宫中偷偷祭奠。然而，1940年的时候，日本人突然通过吉冈安直向溥仪吹风，说是要把天照大神弄到伪满来祭祀。顿时把溥仪吓坏了，也气坏了。

天照大神是日本古代神话中的太阳女神，据说她在高天原那个地方开荒种地、养蚕织布、治理有方，使大家过上了平安和谐的生活，后来，她派自己的儿子治理地方，从此一直统治着日本，所以，天照大神是日本天皇的始祖，也是日本神道教的最高神灵。现在把天照大神弄到伪满洲国祭祀，等于把别人家的祖宗供到了自己家里。溥仪不能公开祭祖已经算是不孝了，现在又换了个祖宗，他的脸往哪儿搁？

日本人为什么要把天照大神弄到伪满洲国来供奉呢？原来，据伪满国务院总务厅次长古海忠之回忆，早在1938年，关东军考虑到东北人民信仰很杂，不利于思想的统一，就想在东北树立一种宗教，为此，召集汉奸开了十多次“研讨会”。有人主张信仰孔子，有人主张信仰关帝，莫衷一是。由于难以取得一致，所以，关东军干脆建议直接供奉日本天皇的始祖天照大神。[①] 当然，汉奸们敢怒不敢言，但日本人的意见也不统一，比如前任关东军司令本庄繁以及天皇的弟弟秩父宫持反对立场，认为这样未必有利于统治东北，但此时的关东军司令梅津美治郎一意孤行，他一方面派人回国斡旋，另一方面命令吉冈安直向溥仪转达这个意思。

吉冈安直跟溥仪说：日满精神如一体，信仰也应相同，况且，中国人普遍信仰的佛教不也是外国宗教吗？开始可能不适应，时间一长就好了。溥仪的心情可想而知，天照大神是日本天皇的始祖，自己的祖宗不能祭祀，却把人家的祖宗请来祭祀，世界上还有这样不孝的子孙吗？溥仪再想做关东军的顺从的奴才，也咽不下这口气。他装聋作哑，但吉冈步步紧逼，溥仪无奈之下只好说：“满洲原来有宗教，何必多此一举？”不料吉冈声色俱厉地说：“是奉关东军司令官命令通知你的，这是日本既定方针，没有考虑的余地！”[②] 溥仪顿时哑口无言了。

1940年恰逢日本神武天皇纪元两千六百年大庆，关东军认为这是迎

① ［日］古海忠之：《关于国本奠定诏书》，载于中央档案馆、中国第二历史档案馆、吉林省社会科学院编：日本帝国主义侵华档案资料选编《伪满傀儡政权》，中华书局，1994年，第212页。

② 《爱新觉罗·溥仪笔供》，载于中央档案馆编：《伪满洲国的统治与内幕——伪满官员供述》，中华书局，2000年，第17~18页。

接天照大神的大好时机，于是，命令溥仪访日，亲迎天照大神来到“满洲国”。跟上一次访日相比，此时的溥仪真有一种进鬼门关的感觉，但他孤立无助，在苟且偷生的保命哲学支配下，只好于1940年6月22日从长春出发，前往大连，乘坐日本军舰出海了。

此次访问，日本的接待规格不高，远不如上次隆重热情，程序跟上次差不多。本来安排秩父宫到横滨迎接溥仪，但因为秩父宫反对把天照大神弄到伪满供奉，所以，日本方面宣称秩父宫有病，改由天皇的另一位弟弟高松宫迎接。溥仪在觐见天皇的时候，接过吉冈安直递过来的发言稿，照本宣科地说感谢日本对“满洲国”的提携，基于日满一心一德不可分的关系，愿意迎接天照大神来“满洲国”奉祀。天皇听完溥仪的发言，说了简短但令溥仪刻骨铭心的一句话。他说：“这是陛下自己的事，既然陛下自己愿意，我就从命了。”① 然后起身用手指向早就预备好了的三件“神器”，溥仪做出虔诚的样子，伸手接过来抱在怀中……

裕仁天皇的这句话对溥仪刺激太深了。1957年前后，溥仪在新中国的战犯管理所中控诉：“被命的人成了‘自愿’，创议的人成了‘不得已而从命’，请问人类社会上还有这样颠倒黑白的事情？真是除了帝国主义外不会做出这样的丑事……这种把戏，真可以说是不是个中人是不会懂得其中滋味的。”②

回程的路上，溥仪悲愤难忍，不禁痛哭失声。

7月15日，溥仪从日本返回长春，关东军立即发表了“国本奠定诏书”，宣布在伪满各地建立神社，奉祀天照大神，学校、机关一律顶礼膜

---

① 《爱新觉罗·溥仪笔供》，载于中央档案馆编：《伪满洲国的统治与内幕——伪满官员供述》，中华书局，2000年，第18页。

② 《溥仪未刊手稿：奉命迎请天照大神》，载于中央档案馆、中国第二历史档案馆、吉林省社会科学院编：日本帝国主义侵华档案资料选编《伪满傀儡政权》，中华书局，1994年，第211页。

拜，不敬天照大神者处一年以上七年以下有期徒刑。[①] 还在溥仪帝宫的一角建立了“神庙”，每逢初一、十五，由溥仪亲自前往祭祀。关东军给他做了一件怪模怪样的祭祀服，溥仪苦苦哀求，坚决不穿，关东军只好作罢。每次祭祀之前，溥仪都要给祖宗牌位磕头，求得列祖列宗的谅解，再穿上军礼服，来到神庙，一边行礼，一边在心里说这不是给天照大神行礼，是给祖先行礼。平时，在身边没有日本人的时候，溥仪及其亲信随从一律称伪帝宫中的神庙为“狗庙”。

关东军的这一举措对汉奸们刺激很大。当然，以溥仪为首的汉奸敢怒不敢言，但一些遗老私下里愤慨地说：“连祖先都不认了，子孙也变种了（指溥杰跟日本女人通婚——引者），真是旷古未有之奇闻！”[②] 当然，这话溥仪听不到，但 1942 年 4 月，伪蒙疆自治政府的头子德王来访，当面质问溥仪：我们蒙古族一直将皇帝作为我们的王来尊敬，可您将日本的天照大神都请来作为自己的祖先，这使我们该如何理解呢？[③] 溥仪听了德王的话，面红耳赤，一言不发。直到伪满垮台，溥仪到远东国际军事法庭上做证，才一吐胸中压抑多年的闷气，痛快淋漓地控诉了他蒙受的耻辱。当时，日本律师责难他攻击了天皇的祖宗，违反了东方的道德。溥仪反唇相讥说：“我可是并没有强迫他们，把我的祖先当他们的祖先！”[④]

然而，关东军并不满足于此，他们盘算着更恶毒的计划。那么，他们还有什么控制溥仪、奴役东北人民的手段呢？

---

① 《对于建国神庙及其摄庙之不敬罪处罚法》，载于中央档案馆、中国第二历史档案馆、吉林省社会科学院编：日本帝国主义侵华档案资料选编《伪满傀儡政权》，中华书局，1994 年，第 216 页。

② 周君适：《伪满宫廷杂忆》，四川人民出版社，1981 年，第 140 页。

③ 爱新觉罗 · 溥杰著，叶祖孚执笔：《溥杰自传》，中国文史出版社，1994 年，第 61 页。

④ 爱新觉罗 · 溥仪：《我的前半生》，群众出版社，1964 年，第 395 页。

关东军的毒计

转眼到了 1942 年，这是伪满洲国建国十周年，关东军又想出了一个花招。溥仪刚刚过完三十六岁生日，吉冈安直奉命对溥仪说，“满洲国”十年来发展壮大，这跟日本人的鼎力提携密不可分，所以，“满洲国”不能像其他国家那样称日本为“友邦”或“盟邦”，而应该称为“亲邦”。溥仪听后没敢说一句反对的话，但脸色很难看。

中国和日本都是使用汉字的国家，但同一个汉字，不仅两国的读音不同，用法也有差别。比如，汉语中的“亲”字大多用于形容，也当动词用，用作名词的场合相对较少，而日语中“亲”字主要用于名词，是“父母双亲”的意思。溥仪虽然没有专门学过日语，但成天跟日本人混在一起，日语水平也过得去，尤其是听力更好。他知道，管日本叫“亲邦”，实际上就是管日本叫爸爸。溥仪读过史书，知道中国历史上有个“儿皇帝”，留下了千秋万代的骂名，现在自己成了儿皇帝，其心情可想而知。

所谓的“建国十周年”，实际上就是日本统治、奴役中国东北十周年，关东军自然要庆贺一番，溥仪强打精神，为关东军装点门面，并奉命写了一封满纸谄媚之言的亲笔信，由张景惠携带，前往日本谢恩。以前，张景惠多次前往日本，日本方面根本不拿他当回事儿，他来到东京，日本首相从来不到车站迎接，这回不同以往，日本在国际上十分孤立，所以自娱自乐地给张景惠搞了个盛大的欢迎仪式，所有内阁成员一律到车站迎接。张景惠受宠若惊，发誓效忠日本，拍着胸脯保证出人出钱出力，支援亲邦圣战。张景惠还拜见了天皇，鉴于 1937 年拜见天皇时紧张过度，行完礼在后退时摔了个大跟头的教训，张景惠勤学苦练，顺利完成了拜见礼，所以，十分得意。

为了祝贺伪满建国十周年，日本还弄来了不少傀儡国家的所谓元首，前来凑热闹。最让溥仪难堪的是南京汪伪政权的首领汪精卫也来祝贺。汪精卫当年是革命党中的骨干，曾制造银锭桥事件，在溥仪的父亲摄政王载沣上朝的路上埋炸弹，想炸死载沣。当然，汪精卫未能如愿以偿，反倒沦为大清朝的阶下囚，要不是载沣为人忠厚，汪精卫本该按“恐怖分子”千刀万剐。清朝垮台前夕，汪精卫出狱，成为国民党骨干成员，但后来长期跟蒋介石明争暗斗，在抗日战争初期投敌叛国，在南京组织伪政府，当了汉奸。虽然汪精卫跟溥仪殊途同归，但对溥仪来说，毕竟是杀父仇人，现在却要握手言欢，该有多么尴尬。

其实，溥仪尴尬，汪精卫更尴尬，他并不愿意来东北朝见溥仪，但无论是溥仪，还是汪精卫，都是日本人的傀儡，唯日本主子之命是从。汪精卫来到长春，接送全由张景惠代劳，溥仪一概不出面，但拗不过主子的安排，还是宴请了一次。据说在宴会上，汪精卫说了过去年幼无知之类的含糊话。溥仪知道，这是转弯抹角为当年的“恐怖袭击”道歉。他没说什么，但吉冈安直在一旁哈哈大笑，在吉冈看来，连祖宗都换了，杀父之仇算什么！他命令两个傀儡共同举杯，为大东亚圣战干杯。

关东军在东北挖地三尺，敲骨吸髓，以溥仪为首的伪满汉奸忍辱偷生，为虎作伥，给东北人民带来了深重的灾难。根据伪满国务院总务厅次长古海忠之在抚顺战犯管理所交代，太平洋战争爆发后，中国东北出产的钢铁、铝、铅、黄金、白金、镁等金属全部输往日本，绝大多数的煤炭、石油也被掠夺，尤其严重的是粮食掠夺数额逐年增多，[①] 这使得东北人民挣扎在死亡线上。

据一个曾经被关押在抚顺战犯管理所的伪满日本警察供述：为了完成粮食征收任务，他们到农民的家里翻箱倒柜，连种子都抢走了，农民跪在地上哭泣哀求被踢翻在地，稍有反抗就被投进监狱。由于依然完不成任务，他们又到长途汽车站以搜查违禁物品的名义，从旅客的手提包里面查

① ［日］古海忠之：《日本控制伪满经济命脉的内幕》，见袁秋白等编译：《罪恶的自供状——新中国对日本战犯的历史审判》，解放军出版社，2001 年，第 88~89 页。

出了少量的粮食和粮食制品，一律带走按“经济犯”处理。当时，一个抱小孩的妇女哭着说孩子正患百日咳，这三斤白面和三斤黄米是孩子的姥姥送的。伪满的汉族警察也帮助说情，认为情节轻微，建议“教育”之后释放。但这位日本警察居然声色俱厉地训斥说：混蛋！跟你们说了几次了，现在的重要政策，谁也不能违反，要用重刑伺候，孩子就是死了，也是她自作自受！[1]

由此看来，日本军国主义给东北人民造成了多么深重的灾难，而溥仪等人助纣为虐又犯下了多么大的不可饶恕的罪行！

溥仪居住在重兵看守的伪帝宫中，当然无法直接感受到东北人民的苦难和仇恨，也不会知道日本人的下一步计划，但他不聋不哑，心里也不糊涂，个别亲信透露过一些关东军的暴行，他听得心惊肉跳。他深知自己罪孽深重，也知道处境的危险，为此，信仰了佛教，成天念经祈祷，甚至不让随从打苍蝇、蚊子，只允许御膳房买回已经宰杀好的鸡鸭猪肉，后来，干脆吃起了素，每天吃些白菜、豆腐、豆芽、土豆、粉条之类的食品，偶尔吃一个鸡蛋都要磕头忏悔。他认为这样就能稍微赎回一些自己的罪孽并获得神佛的保佑。

但也应指出，关东军的目的绝不仅仅是掠夺东北的财富、奴役东北的人民，从逼迫溥仪迎奉天照大神、祭祀天皇的祖宗，到改口称日本为亲邦，把他贬为儿皇帝来看，关东军酝酿着更大的阴谋。他们有一个长远的、不可告人的目的——在时机成熟的时候，实现伪满洲国跟日本国的合并，直接把中国东北并入日本的版图。别看包括溥仪在内的很多汉奸对天照大神顶礼膜拜，其实没有一个人发自内心地敬仰天照大神，但对东北的孩子就不是这样简单，当时，日本在东北推行奴化教育，儿童从小学起就接受日语教学，现在用天照大神来统摄孩子的心灵，等这些孩子成

① ［日］引地章：《朱门酒肉臭，路有冻死骨》，见袁秋白等编译：《罪恶的自供状——新中国对日本战犯的历史审判》，解放军出版社，2001 年，第 168~169 页。

长起来之后，价值观都会发生转变，关东军实现罪恶计划的条件就水到渠成了。

关东军的恶毒计划能实现吗？溥仪的命运又会怎样呢？

第十八章 末日挣扎

转眼到了1945年，美国对日作战已稳操胜券，而且，随着德国法西斯的投降，苏联腾出手来，即将对日开战。号称“帝国精锐”的关东军有能力抵御苏军、保卫“满洲国”吗？关东军到底沦落到什么地步了呢？

被困伪帝宫中的溥仪知道末日临头的形势吗？他的生活情况、夫妻关系又有哪些鲜为人知的秘密？面对一筹莫展的局面，他只能坐以待毙吗？

在美军向广岛投下原子弹的两天后，苏联就打响了消灭日本法西斯的第一枪。当这一天来临的时候，溥仪的命运发生了怎样的转折呢？

关东军沦落为纸老虎

关东军操纵伪满傀儡政权，奴役中国人民，还得陇望蜀，梦想把东北划入版图，然而，黄粱美梦尚未清醒，灭顶之灾就降临了。珍珠港事件爆发后，美国联合了很多国家一起宣战，发誓消灭日本法西斯，总之，日本军阀如不无条件投降，就毁灭其国家、民族！

最初，日本的战争狂人一点儿也没把美国放在眼里，自从甲午中日战争以来，他们每一步都是从刀尖上走过来的，先后打败了清朝和沙皇俄国，取得了一个又一个在世界列强看起来不可能取得的胜利，所以，他们最初依然不乏信心。在他们看来，美国虽然国力强大、技术先进，但那群吊儿郎当的“少爷兵”哪里是用武士道精神武装起来的皇军的对手？等到打败了美国，世界不就是日本的了吗！

然而，残酷的事实让日本的战争狂人大跌眼镜。美国的少爷兵打得“天皇的勇士”从海陆空全面败退，自 1945 年初开始，美国轰炸机从中国起飞，夜以继日地对日本实行毁灭性的大轰炸。工业基础被摧毁、军事设施被夷为平地、几十万平民成了冤魂。更令日本军阀沮丧的是，1945 年 5 月，盟友德国投降了，苏联腾出手来，很可能从背后捅一刀。近五十年来，日本在亚洲侵略扩张，今天毁灭这个国家，明天合并那个民族，现在轮到自己吞咽亡国的苦酒了。

就在这一灭顶之灾即将降临的情况下，1945 年 6 月 4 日，日本军部的参谋总长梅津美治郎飞来大连，在黑石礁附近的满铁总裁别墅里，召集关东军司令山田乙三、中国派遣军司令冈村宁次开会研究形势。梅津是前任关东军司令，冈村曾做过关东军的参谋长，所以，与会人员都具有在关东军任职的背景。

6 月的大连凉风习习，和平安宁，没有一点儿战争的气氛，似乎是个世外桃源。梅津美治郎首先介绍了战局：美军即将在日本本土登陆，一场血战即将展开，军方抱定全体玉碎的信念，将决战到底，满洲作为日本的生命线，必须坚守，这样一来，苏联的立场至关重要。

所有与会的日本军人都知道，苏军参战不可避免。因为自从日俄战争以来，两国结下了大仇，现在日本倒霉了，墙倒众人推，苏联人怎么能眼看着美国改变远东的战略格局而不下海捞一把？日本跟苏联之间有一个“中立条约”，承诺互不侵犯，条约范围包括“满洲国”，4 月 6 日，苏联通知日本，废除这个条约，就是一个明显的信号。日本军方的判断一点儿不错，其实，早在这年 2 月，美英苏三国在雅尔塔召开了秘密首脑会议，美英极力怂恿苏联对日宣战，甚至以允许苏联在战后控制中国的旅顺、大连以及东北的铁路作为交换条件，苏联因此答应在结束对德作战的三个月后对日宣战。看来，一张天罗地网已经编织完毕，日本军阀虽然被蒙在鼓里，但心中并不糊涂。

既然苏联参战已经不可避免，最重要的问题就是苏军发起进攻的时间。根据西伯利亚铁路的运输能力推断，苏军将兵力从欧洲调到“满洲国”边境，完成攻击准备，最快也要到本年的秋季，如果 9、10 月不发动攻击，随着冬季的到来，今年就能保证平安，但必须做最坏的打算，也就是说，关东军必须在 9 月初做好防御作战的准备。

关东军能在 9 月初做好防御准备吗？此时的关东军司令山田乙三愁眉苦脸，他让作战参谋草地贞吾中佐介绍关东军的“家底儿”。

据草地贞吾报告，在1940年到1941年间，关东军共有三十一个师团，八十五万人，但从1943年起，随着日军在太平洋战场的节节失利，关东军的多数师团和物资被抽调到日本本土、朝鲜以及东南亚战场。目前关东军仅有九个师团，空军飞机除教练机、侦察机以外，全部被调走，库存弹药仅够全军一次战斗使用，汽油能维持全军汽车半个月的用量。

草地贞吾接着说：关东军打算把满洲的二十五万“在乡军人”（笔者按：指预备役、退役军人）征召入伍，这一工作正在进行，可以编成八个师团，再从朝鲜调几个师团过来，最多可以达到二十四个师团。但从素质、装备、训练几方面换算，战斗力实际等于八个半师团。尤其是满洲大陆地势平坦，利于苏军的机械化部队推进，面对敌人的坦克，关东军只能用地雷被动防守。

关东军司令山田乙三补充说：现在机场上停放的全是“满洲国”木匠给打造的假飞机，手艺还不错，可以迷惑美军的侦察；平均三个新兵才能分到一支步枪，另外两人拿木头枪，这也是“满洲国”木匠给做的；这些新兵素质极低，甚至不乏瞎子和瘸子。至于反坦克除了用地雷以外，还给士兵发了很多信封，装上沙子，往坦克里面投，眯敌人的眼睛。这样一来，别说防御苏军，即使跟蒋介石的部队交手，也不会取胜。

梅津美治郎当场拍板，下令收缩中国战场的战线，将山东、江苏、河南等地的日军北撤，增援华北，死守东北。但中国派遣军司令冈村宁次当即表示：日军已经跟中国军队构成了咬合的态势，很难把部队撤出战线，况且没有制空权，白天美国飞机轰炸，晚上共产党游击队骚扰，而且，交通线基本被破坏，大部队调动并不现实。如此看来，冈村宁次的部队被“套牢”了，换句话说，陷入了人民战争的汪洋大海之中。

众人正在一筹莫展之际，东京又来电报，说美军出现新动态，朝鲜半岛南部可能展开决战，涉及作战计划调整问题。于是，梅津美治郎急匆匆赶往大连北边儿的周水子飞机场，飞回日本救火去了。临别的时候，梅津修改了防御指标，表示在万不得已的情况下，可以放弃在国境线上阻击苏军，诱敌深入，利用满洲大陆的广袤空间跟苏军周旋，但南满洲必须死守。山田乙三无可奈何地表示服从命令。

反常的家庭生活

骄横一时的日本关东军沦落到这步田地，溥仪心里有数吗？

尽管关东军对溥仪封锁消息，但明眼人都能看出日本人倒霉的时候就要到来了。溥仪后来回忆："报纸上的'赫赫战果''堂堂入城'的协和语（不中不日的语言——引者）标题，逐渐被'玉碎'字样代替，物质匮乏情况严重，我在封锁重重中也能觉察出来。"1945 年初，关东军某方面军司令山下奉文被调往东南亚，他向溥仪辞行，竟然哭着说："这是最后的告别，此一去是不能再回来了！"[①] 吉冈安直也私下里说过一些泄气的话，所以，溥仪对时局是有一定认识的。

除了通过这些迹象推断日本法西斯的穷途末路以外，溥仪还经常"偷听敌台"。他有一台美国产的收音机，除了收音的功能外，还能录音，接上麦克，就可以当扩音机用，十分先进。当时，伪满居民的收音机的短波功能一律被宪兵队破坏，连一般日本人的收音机也如此处理，唯独溥仪是个例外。每到夜深人静，溥仪就悄悄打开收音机，调低音量，收听同盟国的对华广播，他知道日本垮台在即，也知道战后要惩办战争罪犯。日本的垮台让他心里有一种报复的快感，但他又怕日本人狗急跳墙，杀他灭口；退一步说，就算日本人不杀他，他能逃脱战犯的惩处吗？结果还不是死路一条！所以，心惊肉跳，情绪反常，经常靠服用安眠药才能入睡。

溥仪的生活全乱套了。

① 爱新觉罗·溥仪：《我的前半生》，群众出版社，1964 年，第 381~382 页。

溥仪晚年回忆，他这个时候的作息时间是每天 11 点或 12 点起床，13 点吃“早饭”，吃过早饭后睡“午觉”，17 点钟午睡结束，起来念经打坐，求神算卦。吃晚饭的时间可能是 21 点，也可能是半夜零点。溥仪一天两餐，这是清宫的传统。饭后再跟亲信聊上一阵，凌晨两三点钟上床睡觉。他的侄子毓嵒回忆，有时侍候溥仪上床，结束了一天的工作，东方已经现出了鱼肚白。由此看来，溥仪过着醉生梦死的生活。

但说溥仪醉生梦死似乎并不合适，因为溥仪基本不饮酒，吃饭也很简单，每餐十几样菜，但总是白菜、土豆、豆腐、豆芽这几样颠过来倒过去而已。他的库房里存放着很多海参、鲍鱼、大虾、燕窝、熊掌等山珍海味，那是伪满汉奸进贡的，但溥仪一口不动，除了宴会以外，他已经吃素了。溥仪本来想找几个专门做素菜的厨师，但东北没有，后来派人在北平找，找到了几位，由于开价很高，溥仪认为不值这个价钱，就拿现在的厨师凑合着。

其实，这不是因为溥仪手头经济紧张，他在伪满当傀儡皇帝，关东军一年下拨帝室经费八十万元，用于伪帝宫的运转，比如人员、设备、水电费开支等。如果不够，还可以特别补贴。此外，每年单给溥仪八十万元，按月拨来六万六千六百六十六元六角六分，雷打不动，绝不拖欠。[①] 伪满的货币跟日元等值，而旧日元的币值很高，溥仪平日困在伪帝宫里，有钱无处花，所以月月结余。

溥仪睡不着觉，吃不好饭，他的家庭生活更是一塌糊涂。

溥仪基本不近女色，甚至有时看到女性就讨厌。在伪满时期，他到各地巡视，晚上住在宾馆饭店里，女性服务人员一律回避，否则，立即龙颜大怒。他的亲信随从李国雄小孩多，每次妻子坐月子，李国雄向溥仪请

---

① 赵建平:《伪满宫内府概况》，载于中央档案馆、中国第二历史档案馆、吉林省社会科学院编：日本帝国主义侵华档案资料选编《伪满傀儡政权》，中华书局，1994 年，第 183 页。

假，总惹得溥仪十分不满，责骂李国雄没记性，不自觉。还有一次，溥仪的侄子毓嵣看到远房亲戚的一个四五岁的小女孩十分可爱，就抱起来亲热了一番。这事儿被溥仪得知，鼻子都气歪了，立即下令把毓嵣痛打了一顿，毓嵣被打得鼻青脸肿也不知自己犯了什么王法。[1] 由于溥仪讨厌女人，每天围在他身边的人除了皇族侄子以外，就是一群作为随从的“帅哥”。

然而，事情就坏在这群作为随从的“帅哥”身上了。自从文绣离婚之后，婉容是溥仪唯一的妻子，但溥仪对婉容不理不睬，婉容百无聊赖，十分苦闷，靠吸大烟打发时光，在伪满初期发生了出轨事件。[2] 给溥仪戴“绿帽子”的就是某位“帅哥”。这简直是在太岁头上动土，要是在前清，这种行为简直是灭门大罪，看溥仪怎么收拾这个人！但窝囊透顶的溥仪谁都收拾不了，他想把皇后婉容废了，但关东军司令一口否决，不许离婚；至于惹祸的随从他更是没办法，溥仪信佛，不杀生，不但不杀，还得给点儿“封口费”，然后开除了事。溥仪名为皇帝，但活得可能比“武大郎”还窝囊。

溥仪不喜欢女性，那么他喜欢同性吗？也很难这样说。婉容出轨被发现后，很快就精神失常了，变成了废人。1937 年，溥仪又娶了个妻子——谭玉龄，册封为贵人，夫妻感情很好，但溥仪依然不在谭玉龄那里过夜，而且，1942 年谭玉龄就死了，终年二十二岁。临终由日本医生负责抢救，所以，溥仪一直怀疑是日本人下的毒手，但并无证据。

谭玉龄死后，由于吉冈安直一直缠着溥仪，要给他娶个日本妻子，不

---

① 爱新觉罗·毓嵒述，贾英华撰:《末代皇帝立嗣纪实》，开明出版社，1993 年，第 66~67 页。

② 笔者按: 关于婉容出轨一事，1954 年，溥仪在抚顺战犯管理所交代说:“在长春我的大老婆和一个当差的发生恋爱。”见《爱新觉罗·溥仪笔供》，载于《伪满洲国的统治与内幕——伪满官员供述》，第 26 页。溥仪在《我的前半生》中称婉容“有了我所不能容忍的行为”，见该书第 376 页。2007 年群众出版社出版了《我的前半生》(全本)，其中讲了婉容因此怀孕的事，见该书第 284~285 页。

得已，1943 年春，他选了一个叫李玉琴的年仅十五岁的穷苦平民出身的长春汉族女孩儿，册封为贵人，名为福贵人。溥仪特意选择一个年纪小、出身低的妻子，是因为他认为这样的女孩子不大可能是关东军的间谍。李玉琴进宫后，溥仪隔几天到她那里坐一会儿，也不过夜。不过李玉琴毕竟是个不大懂事的小女孩儿，似乎不觉得有什么不对劲儿。而且，溥仪平时对她不错，经常送给她一些布娃娃之类的玩具，还给了她娘家一万元钱，并通过吉冈安直把她哥哥安排到派出所当警长。母亲有时进宫看女儿，溥仪当然不会出面，但往往叫李玉琴留妈妈吃饭，所以，情窦初开的李玉琴对溥仪一往情深。

伪满末期前途暗淡，溥仪心情很坏，加上受了日本人的窝囊气，所以，经常打骂随从撒气。几乎没有一个随从不挨溥仪的打，打完之后再按情节轻重关禁闭。这些随从一天到晚不能回家，在长春有家的一周允许回家过夜一次，没家的只能每月给假两次，出宫理发洗澡购物，但回来之后要报告行踪，严禁涉足“娱乐场所”。当然，溥仪给这些随从的经济待遇还算优厚。

从溥仪晨昏颠倒、念佛吃素、情绪波动这些迹象来看，他也是勉强振作，支撑着近乎崩溃的精神状态。然而，他面对日益恶化的局面，就一点儿办法都没有，只能束手待毙吗?

同德殿成了“演兵场”

1945 年春，溥仪的六妹在北平结婚，溥杰前往祝贺，也带去了长兄溥仪的贺礼和祝福。当时，北平的亲友劝说溥杰不要再回到长春，免得为日本军国主义殉葬。但毕竟老婆孩子在长春，哥哥又在长春当“皇帝”，溥杰向亲友表示明知是死路也只能走下去了。临别的时候，他向父亲请安，他知道，这是跟父亲作最后的诀别。在伪满统治期间，载沣不顾溥仪的劝说和吉冈安直的“三顾茅庐”，坚决不去长春养老，看来是有先见之明的。载沣现有三个儿子，随着溥杰的离去，他身边仅剩下溥任一人了。

溥杰回到长春后，跟溥仪讲了北平的情况，溥仪只能报以沉默。不久，德国法西斯投降了，世界舞台上只剩下日本军阀还在做着毫无意义的垂死挣扎，中国东北人民解放的那一天已经开始倒计时了。当这一天到来的时候，溥仪相信自己基本上就是死路一条。他当然不愿意坐以待毙，还想折腾一下，所以，他首先想到的是加强自己身边的警卫力量。

溥仪身居伪帝宫中，周围有一个团的禁卫军担负警卫职责，但这个禁卫步兵团由日本军人控制，溥仪插不上手。他希望把溥杰调来当团长，直接掌握禁卫军，通过军方的关系斡旋，最初关东军也答应了，但就是拖着不给办调动的手续，后来把溥杰调到伪军校任职，溥仪的希望落空了。

溥仪决定把身边的人武装起来。他早就打算把这些亲信培养成军事人才，为复辟大清服务，但被关东军阻挠，结果这些小伙子都成了用人，每天陪他过着晨昏颠倒的生活，现在正好用来保卫自己。溥仪打开了库房，领着这些亲信去拿枪，一人一支火力猛、射程远的德国毛瑟手枪。溥仪自己挑了一支体积很小的自动手枪，揣进了衣服口袋里，顿时感觉腰杆也硬起来了。

亲信随从武装起来之后，按说总要训练一番，搞几次实弹射击，但关键是没有训练场地，因为这事儿不能让吉冈安直知道，否则不是要造反吗？不过，难题很快迎刃而解，溥仪下令让这些亲信到同德殿训练。

所谓同德殿是伪满帝宫的主体建筑。原来，溥仪自从到长春就任伪元首后，一直住在长春东北角的原吉黑榷运局，这里有几排平房和几栋二层小楼，非常狭隘。1934 年伪满改为帝制之后，日本人打算在长春南部给他修建一座新皇宫，从 1935 年开始设计，规模宏伟，所以建设的周期很长。为了解决新皇宫竣工之前的居住问题，日本人在伪帝宫中的东边建起了一座二层小宫殿作为过渡。设计、施工均由日本人负责，建材全部来自日本，外观是日洋合璧的建筑，内部是钢混结构，屋顶是金碧辉煌的琉璃瓦，内部分皇帝、皇后的生活区，宴请、娱乐、会议等设施一应俱全，甚至带有中央空调，装修极为豪华。溥仪特意将这座建筑命名为“同德殿”，表示跟日本主子同心同德。附带指出，太平洋战争爆发后，新皇宫就停工了，成了半截子工程。

别看溥仪把这座建筑命名为同德殿，但他依然住在缉熙楼里，偌大的同德殿就这样空着。为什么呢？原来溥仪怀疑日本人在同德殿里面安装了窃听器，曾领着亲信挨个屋子找窃听器，尽管没找到，但依然不敢住进去。直到李玉琴进宫，溥仪无处安排，才把李玉琴安排到同德殿的二楼，住进给皇后设计的房间。

李玉琴居住在二楼，现在楼下成了“演兵场”，溥仪的弟弟溥杰和几个妹夫都是伪满军人，所以，教官是现成的，大家关上同德殿的门窗，在一楼走廊的尽头堆上沙袋，举起手枪，扣动扳机，枪声大作但外面基本听不见。李玉琴从二楼往下偷看，十分好奇。溥仪见状要送给李玉琴一把手枪，但她连连摆手不接受。

长春夜空响起了空袭警报

1945年7月16日，在美国新墨西哥州的沙漠上响起了人类历史上从未有过的一声巨响，一团火球迸发出炫目的光芒，升上天空，地面顿时燃起了大火，半径五千米之内的生物全部死亡，暴露在地表的武器装备全被熔化，所有建筑物顿时变成废墟，随即白昼变成了黑夜，现场飞沙走石，下起了一阵“黑雨”。远处观看的科学家、军方代表目瞪口呆，威力之大超乎所有人的想象。这就是人类历史上第一颗原子弹的爆炸。

第二天，苏联人就得知了美国拥有原子弹的消息，他们为此而紧张。众所周知，一旦美国对日本使用原子弹，将缩短日本顽抗的时间，如果不抢在日本投降之前开战，苏军就失去进攻伪满的理由了，于是，决定提前发起进攻。果然，1945 年 8 月 6 日，美军在日本军事重镇广岛投下了原子弹，两天后，苏联红军仓促上阵，打响了消灭日本法西斯的第一枪。

1945 年 8 月 8 日午夜时分，溥仪吃完晚饭，正跟随从聊天，此时实际上已经过了 8 月 9 日的零点了。突然，凄厉的防空警报声划破了宁静的长春夜空，这不是演习，否则的话一定会预先通知。溥仪立即起身在随从的簇拥下向同德殿方向跑去。原来，在同德殿的院子里有一座防空洞，与同德殿一起建成，由关东军设计，顶部有三米厚的混凝土，上面还有一座假山，设计指标是一吨炸弹直接命中无恙。溥仪跑到同德殿下，丧魂落魄地喊着“玉琴！玉琴！”然后拉着李玉琴的手跑向防空洞。溥仪的这一举动让李玉琴十分感动，要知道，此时的皇后婉容正卧病在床，溥仪没有安排人去抢救婉容，但却记得十七岁的李玉琴。溥仪的侄子毓嵣最后进洞，他看见不远的地方火光一闪，随即传来了震耳欲聋的爆炸声。

溥仪瑟瑟发抖，暗自祈祷，他生平第一次遇到这样的场面。随即，溥杰赶来宫中，大家分析形势，普遍认为是美军的轰炸机。此前美国的 B29 轰炸机不时“光临”东北，但仅限于辽东半岛一带，最远不过鞍山、辽阳，按说 B29 轰炸机从中国南方基地起飞，其航程可以到达长春。不过，两个小时后，关东军司令部接到了北部国境线部队的电话报告，说苏军已经发动攻击。司令部顿时乱套了，前线的通信时断时续，不知详情；更要命的是关东军司令山田乙三远在大连，群龙无首。看来苏军打了关东军一个措手不及。

凌晨四点，一架关东军的侦察机从长春机场起飞，前往大连接回司令官。上午九点，山田乙三返回长春，随即赶往伪帝宫，觐见溥仪。溥仪一宿未睡，他把接见地点安排在同德殿，因为这里距防空洞很近，一听到防

空警报，可以从容地进洞躲避。

关东军司令和参谋长一同前来，向溥仪报告苏军“背信弃义”“入侵满洲国”的消息。山田还讲了日本的信心和准备，请皇帝陛下放心。不过据溥仪回忆，山田的语速很快，显得信心不足，而且，还没讲完又响起了警报声，于是，大家一同步入防空洞，谁也没再说话。警报解除之后，山田乙三黯然告辞，他没有返回位于长春市中心的关东军司令部，而是直接前往郊外的地下指挥部。

这天溥仪不停地往返于同德殿和防空洞之间，为了方便进洞，干脆睡觉的时候也不脱衣服。实际上苏军的空袭规模不大，带有很强的象征意义，但同德殿的琉璃瓦屋顶太显眼，在阳光的照耀下熠熠生辉，简直给苏联空军提供了一个明显的地标，所以关东军派人给罩上了伪装网。这样一折腾，原来金碧辉煌的宫殿简直就成了鸡窝，溥仪脸色更难看了。

在长春南岭的关东军地下指挥部，参谋人员紧张地忙碌着。综合各地情报分析，苏军进攻的战线很广泛。前方指挥官通过电话向司令部呼救，报告说士兵拿着步枪，一人一颗反坦克手雷，泡在灌满雨水的单兵掩体里面，面对苏军的坦克进攻，战况十分残酷，一再请求增援，声嘶力竭的呼救声令人揪心。可东京大本营却一直联系不上。据草地贞吾回忆，好不容易接到大本营的指示，但只有短短的两条：其一，击溃苏军，维持国体，保卫皇土；其二，将朝鲜北部日军纳入关东军序列，确保朝鲜安全。① 现场的参谋们立即激动起来，大骂大本营瞎指挥，事到如今，连满洲都自身难保，用什么保卫朝鲜？不过，草地贞吾读懂了大本营命令的潜台词——“鉴于日本帝国的整个战争局势，要求关东军把朝鲜作为最后一线予以确

① ［日］草地贞吾，高书全译：《关东军的溃败和灭亡》，载于孙邦主编：“伪满史料丛书”《伪满覆亡》，吉林人民出版社，1993 年，第 228~229 页。

保，至于作为前进阵地的满洲全境，不得已时可以放弃。”[①]大本营没有把话说得很直白，估计是难以割舍的举棋不定或者是意见分歧所致。

山田乙三一言不发，他当然也读懂了大本营命令的真实意图，朝鲜跟满洲不同，毕竟是日本的国土，孰轻孰重不问可知。于是，他立即命令收缩防线，主力向满洲东部山区集结，关东军司令部立即迁往通化。大家知道，这是在满洲东部山区构建一条保卫朝鲜的防线，而且，山区不利于苏军机械化部队的展开，空军优势也会大打折扣。然而，满洲毕竟经营了十多年，军官们在长春都有家有业，另外，满洲国傀儡政权怎么办呢？

关东军司令山田乙三下令准备汽车，他领着参谋长立即进宫约见溥仪。临行时，山田下令停止全满洲银行的取款业务，现金一律由关东军带走，准备爆破长春的主要建筑、水电站，另外，机密文件不能带走，一律销毁。

山田乙三前去向溥仪摊牌，他到底打的是什么算盘？傀儡政权还能支撑吗？事到如今，溥仪的命运又会发生怎样的转折呢？

① ［日］草地贞吾，高书全译：《关东军的溃败和灭亡》，载于孙邦主编：“伪满史料丛书”《伪满覆亡》，吉林人民出版社，1993 年，第 230 页。

第十九章 伪皇退位

关东军无力抵御苏军的进攻，在开战的第二天就做出“迁都”通化的决定。溥仪逆来顺受，仓皇逃到长白山下的临江大栗子藏身，然而，到了这里就能保证安全吗？

1945年8月15日，日本天皇宣布停战投降，一贯骄横跋扈、我行我素的关东军会甘心放下武器吗？树倒猢狲散，伪满洲国的末日又是一番怎样的景象呢？

溥仪终于跌下了皇帝宝座，尝到了自作孽的苦果。天地之大，无处容身，他将何去何从呢？

仓皇焚庙被挟逃难

关东军司令山田乙三率领参谋长一起求见溥仪，在同德殿，向面色苍白、胆战心惊的溥仪宣布：日军重新调整了战略部署，决定主力退守南满并在东部山区构建防线，让出满洲的北部和中部，采用游击战的形式跟苏军长期周旋，必将取得最后的胜利。为了贯彻这一战略，要把“国都”迁往通化，皇室和政府都要迁到那里。

溥仪根本不相信“最后胜利”这样的鬼话，一时又琢磨不透山田的真实意图，正在疑虑之中，吉冈安直恶狠狠地说：“陛下如果不走，必定首先遭受苏联军的杀害！”[1]这句话让溥仪心惊肉跳，他怕给日本人留下三心二意的印象，所以点头同意了。但关东军让他立即动身，这无论如何办不到，关键是人口和财产太多，经过再三哀求，山田乙三答应宽限两天，但11日晚上必须启程。

山田一走，溥仪顿时忙乱起来，他首先敲定了一同出逃的名单。当时，溥仪家属很少，仅有皇后婉容和福贵人李玉琴，但其他各色人等不少，比如弟弟妹妹及其家属、自小哺育他的奶妈、用人、随从及其家属等，将近二百人。溥仪向关东军请求，获得批准，把弟弟溥杰、妹夫万嘉熙、润麒从其他单位调来，任命为皇帝的侍从武官。这三人全是伪满的中

① 爱新觉罗·溥仪：《我的前半生》，群众出版社，1964年，第383页。

级军官，放在身边，一则做保镖，二则毕竟血脉相连，生死与共。

紧接着要收拾行李。溥仪要带走的东西很多，大致有这样几类：

1. 黄金珍宝。据相关人士回忆，大体有金表以及黄金、白金、珍珠的首饰，其中有些是清宫物品，具有文物和艺术品的双重价值。

2. 现金。有一百多万元的伪满货币。

3. 小件的文物、善本书和书画。书画多为中国古代绘画精品，比如有北宋张择端的《清明上河图》以及赵佶、苏东坡、赵孟頫、唐寅、文徵明等名家作品八十多件，堪称无价之宝。这是当年从清宫中偷运出来的，本来存放在天津，被吉冈安直弄到了东北。

4. 药品。有号称千年的野山参、虎骨、鹿茸、犀牛角、冬虫夏草，还有不少西药。

5. 书籍。

6. 列祖列宗的牌位。

7. 武器。原来的德国毛瑟手枪都换成了体积较小的自动手枪，此外，还带了望远镜、指南针、子弹等。

8. 最大宗的是生活用品，装了一百三十箱，有大米白面、溥仪的衣服、被子、枕头、纸张、茶叶、烟酒、罐头等。溥仪有记日记的习惯，一共几十本日记也得一同带走。

说是暂时“迁都”，实际上连伪满帝宫中的司机、厨子都知道，这一去是不可能再回来了，但毕竟不能带走太多东西，所以，库房中价值不菲的物品比如照相机、摄影机、中药材、衣服鞋帽等实际上就不要了。随从们发现，溥仪没有一个适合随身携带的手提箱，李国雄拎过一个黑皮箱，把其中的电影放映机扔出去，一看大小正合适，于是，把钻石、珠宝、白金、黄金、手表等装入其中。此外，还有些东西既不能带走，也不便弃之不顾，溥仪下令烧掉。比如他雇了一个日本摄影师，给他拍了很多纪录片，这些电影胶片拿到锅炉里面焚烧，但烧了半天没烧完，还差点儿引起火灾，于是，剩下的就装箱带走了。

此间，曾对关东军言听计从的伪国务总理张景惠率领一些伪大臣来见溥仪，表达了反对“迁都”的主张。他们分析，连日秋雨绵绵，道路泥泞，加上“北满”的桥梁大多被破坏，苏军的推进大受影响，长春并没有面对兵临城下的威胁，所以，反对将“国都”迁往通化。随后，张景惠又见了关东军司令山田乙三，说：“一国的元首离开首都，就意味着国的败北，直接诱发民心的动摇。”据张景惠的日本秘书回忆，他老泪横流，苦苦哀求，但山田不理不睬。① 后来，张景惠又退而求其次，建议宣布长春为“不设防”的城市，免受战火牵连。山田干脆避而不见，② 他们要把无辜的长春市民作为人质绑在军国主义的战车上，一起殉葬。

溥仪不相信关东军会改变主意，就在张景惠前往交涉的同时，他依然指挥随从紧张地收拾着，为此忙得顾不上吃饭、睡觉。他头发散乱，东一头西一头地乱窜，因为许多贵重物品是带走还是抛弃需要他亲自定夺，直到 11 日中午，收拾基本停当，运往火车站发货。在长春有家的随从也要回家稍微收拾一下，临走前，溥仪给手下的每个人发了一笔钱，连厨师也不落，人人有份，算是安家费。另外，溥仪没有忘记李玉琴在长春的娘家，派人送去了一笔钱。

随从走了，一片狼藉的伪帝宫格外寂静，溥仪陷入了前所未有的恐惧之中。他后来回忆，此时的他对苏联红军并不感到恐惧，他怕的是日本人，傀儡戏快收场了，自己没有价值了，日本人会不会杀人灭口？恰巧这时有两个日本兵端着大枪闯进宫来，溥仪魂飞天外，让侄子前去阻拦，他拎着手枪在室内躲避。日本兵看见有人阻拦，转身退回去了。

---

① ［日］松本益雄：《回忆张景惠》，载于孙邦主编：“伪满史料丛书”《伪满人物》，吉林人民出版社，1993 年，第 352~353 页。

② ［日］草地贞吾，高书全译：《关东军的溃败和灭亡》，载于孙邦主编：“伪满史料丛书”《伪满覆亡》，吉林人民出版社，1993 年，第 230 页。

溥仪出了一身冷汗，他突然想起长期形影不离的吉冈安直这两天并未露面，是不是关东军撇下自己跑了？这同样令他恐惧。于是，拿起电话呼叫了半天，才打通吉冈家的电话，原来吉冈病了。溥仪说了一大堆慰问的话，放下电话，稍微感到安心，这才想起来几天没正经吃一顿饭了，但厨师早就跑了，无奈，溥仪拉着李玉琴的手，来到自己的寝宫缉熙楼，找了一盒饼干，胡乱吃了几块。

晚上，随从们陆续赶来宫中，八点多钟，吉冈安直来了，他指挥大家乘上汽车，在蒙蒙细雨中驶出了伪帝宫大门。当时，溥仪乘坐的大轿车是三排座，坐在他对面折叠座椅上的随从看到了伪帝宫中的“建国神庙”着火了。原来，日本人亲手把它付之一炬。此时，凄厉的防空警报划破长春的夜空，这并不是苏军空袭，而是日本人掩护溥仪出逃的花招。

日本帝国投降了

溥仪离开伪帝宫的时候，汽车有限，所以，一同逃难的很多人直接前往长春火车站。他们亲眼看到了前所未有的混乱情况，从车站广场到候车室，挤满了急于逃出长春的日本人，所有人都穿上了最体面的衣服，女人都把头发剪短，穿着男人的衣服。他们是下层的日本人，被关东军撇下不管了。在中国的土地上，离开了刺刀的保护，这些曾经的统治民族将面临什么下场不问可知，所以，巨大的恐惧使他们急于离开中国的土地。嵯峨浩在《流浪的王妃》一书中记载：“整个火车站都挤满了黑压压的难民和堆积如山的行李，室内无插脚之地，门外还有很多淋在雨中的人们，孩子们可怜的哭叫声和母亲们不耐烦的斥责声混杂在一起，不知是什么人在喊着：

‘火车什么时候走啊？难道就见死不救吗？站长在哪儿？’”[①] 这些皇室成员由日本宪兵开路，分开人群，来到站台，依然是一片躁动的人群，要冲上火车，为此宪兵们拔出了战刀。接近午夜的时候，火车开动了，站台上的妇女依然抓住车门不放……

十分钟后，列车停靠长春东站，车上的乘客没人知道，在这个货运站，伪满洲国皇帝溥仪登上了火车。皇族成员接到通知，纷纷挤过杂乱的人群，来到车尾，那里是溥仪的专用车厢。随即，列车加速，消逝在雨雾之中。

溥仪知道这列火车的终点站是通化，长春到通化的铁路距离不到五百千米，而且，满洲铁道株式会社的火车历来以高速著名，然而，这辆火车慢得像个蜗牛，逢站必停，一停就是一两个小时。原来，这是为了收集前方的情报，现在伪满洲国烽烟四起，抗日武装也下山反击，日本侵略者几乎面临着四面楚歌的困境。

自从苏军开战以来，溥仪就没有正经吃过一顿饭，他的专车上有厨房，但没有厨师，溥仪的随侍拿酒瓶当擀面杖，给他做了一碗没油没盐的“片儿汤”，溥仪吃得很满意。不过，溥仪到了这步田地依然不忘讨好日本人。建国神庙虽然烧了，但天照大神依然供在火车上，溥仪带头鞠躬。途中只见一列列军车疾驶而过，日军正在进行着紧张的调动。

8 月 12 日午夜，经过二十四小时的长途颠簸，火车终于抵达了通化。关东军司令山田乙三登上火车，跟溥仪谈话。山田乙三介绍了战局的进展和下一步的计划，讲了关东军司令部已经迁到通化，“满洲国”政府也在这里开始运转，但通化不是溥仪的终点站，关东军选择了一个合适的地方——位于长白山下、鸭绿江畔的临江大栗子镇，因为那里山高林密，有一座铁矿，可以躲避苏军的空袭。溥仪一脸疲惫，听凭摆布。随即，山田下车，火车又开动了。

---

① 爱新觉罗·浩著，于泾等译：《流浪的王妃》，《吉林文史资料》第八辑，中国人民政治协商会议吉林省委员会文史资料研究委员会编辑出版发行，1985 年，第 112 页。

清晨，红日东升，人们睁眼向车窗外望去，顿时被眼前的景物惊呆了。只见火车爬行在崇山峻岭之间，山上山下云雾缭绕，到处都是一夫当关万夫莫开的景象。溥仪顿时来了精神，他的侄子毓喦回忆：溥仪站了起来，指着窗外的群山说，你们看见了吗？我们的计划是……溥仪鹦鹉学舌地重复了一遍山田乙三的鬼话。

清晨七点，火车抵达大栗子，溥仪一行被安排到离车站三里远的矿长住宅里面。据毓嶦回忆："这一带环境幽静，有连绵不断的青山环绕，有滔滔不尽的绿水长流，空气清新，不时有山鸟呼鸣。"①而且，恰逢初秋季节，万里碧空蓝得让人们感到震撼，随着早晚日光的不同，层峦叠嶂的远山变换着不同的颜色。但是，这些落魄的人们谁还有心思欣赏大自然的美景呢？人们有的忙于做干粮，有的忙于打麻将。溥仪百无聊赖，无精打采，他除了求神算卦以外，就是躺在榻榻米上发呆。

然而，谁都没有想到，土崩瓦解的这一天到来得如此突然。

1945 年 8 月 15 日，这是中国人民自道光中叶以来，百年奋斗、浴血牺牲，终于换来的史无前例的全胜局面的狂欢之日。然而，对于日本军阀及其傀儡们来说，这是一个宣告他们灭亡的时刻。

接近中午，吉冈丧魂落魄地来见溥仪，他说有"内地"的重要广播，必须收听。当时，伪满的日本人称呼日本为"内地"。溥仪心中隐隐约约有了些预感，立即派人去找溥杰前来当翻译。中午时分，收音机开到了最大音量，播音员提示听众起立，随即响起了一个沙哑的声音，原来这是天皇的讲话录音，信号不好，时断时续，但在场的人基本听懂了，天皇决定接受同盟国的条件，结束战争，实际上宣告了日本帝国的无条件投降。

溥杰后来回忆说："听到这里，溥仪哭了。我想安慰他，可是实在说不出话来。我俩手拉着手，相对流泪。完了！这下子彻底证明满洲国是完

① 爱新觉罗·毓嶦著：《最后一周的伪满皇帝》，载于吕长赋等编：《溥仪离开紫禁城以后——爱新觉罗家族成员的回忆》，文史资料出版社，1985 年，第 81 页。

了！因为连日本都投降了，哪还有我们的生路呢？”① 吉冈安直也哭了，他的眼泪表达的是军国主义分子的死不甘心。

溥仪在巨大的恐惧压力之下崩溃了，他跪倒在地上，一边磕头，一边用手抽打自己的脸，嘴里不知念叨着什么。吉冈也跪在地上，一起磕头。溥仪发了一阵疯之后，一个现实的问题摆在面前：伪满傀儡政权怎么办？对此，吉冈也很茫然，这要请示关东军。

关于伪满傀儡政权垮台的具体时间，以溥仪为首的伪满当事人的回忆错乱矛盾，由此影响了很多关于这一历史的研究成果。比如《我的前半生》留给读者的印象是，在天皇宣布投降的当天，他就退位了，但事实并非如此。天皇虽然宣布了投降，可是天皇在很大程度上是日本国家的一个偶像，不直接掌握政权，而关东军又是“将在外君命有所不受”。对伪满汉奸来说，顶头上司是关东军，伪满政权的存亡掌握在关东军手中。

关东军的立场如何呢？在通化的伪满国务总理张景惠急忙与关东军联系，想领受主子的旨意。

傀儡戏收场了

此时的关东军已经乱套了，前几天司令部刚刚迁到通化，东京大本营又命令他们迁回长春，于是，14 日傍晚，山田乙三率司令部人员飞回了长春，刚刚落脚，喘息未定，就听到了天皇的广播讲话。听完圣旨，关东军司令山田乙三和全体幕僚大哭了一场之后，派副参谋长松村少将飞回东京，跟军部协商是否遵旨停战事宜。深夜，松村从东京打来电话，说现在军部意见不一，让关东军自己看着办。松村还说了让在场的所有人都目瞪口呆的一句话：陆军大臣已经在今天早晨切腹自杀了。

① 爱新觉罗·溥杰著，叶祖孚执笔：《溥杰自传》，中国文史出版社，1994 年，第 71 页。

怎么办？天皇已决意投降，但大本营举棋不定，前方的战斗还在持续，每一分钟都有人员伤亡，在手忙脚乱中折腾了一天之后，司令官山田决定开会研究。8 月 16 日深夜，关东军司令部三楼的作战室灯火通明，墙上挂着巨幅的东北地图，由于天皇宣告投降，所以，苏军的空袭已经停了。关东军作战部、情报部、兵器部、军医部等相关单位的头目陆续来到会场，司令官山田乙三大将和参谋长秦彦三郎中将就座后，作战参谋草地贞吾宣布开会，会议的议题是坚持抵抗还是立即停战投降。

听说要投降，绝大多数的中级军官激动起来了，他们叫喊着要打到一兵一卒，说自己从当兵的那一天起，就立志为国捐躯，发誓宁死不当俘虏，即使牺牲性命也要为日本的复兴留下火种！确实，这不是在说空话，几十年间，这是日本军国主义的价值观，战死是军人的理想结局，投降者是无颜活在世界上的。没有资格参加会议的下级军官在室外示威，走廊里不时响起枪声和手榴弹爆炸声。由于是战争时期，参加会议人员大多佩带武器，有的人持枪在手，有的人拔出了军刀，场面十分紧张。草地贞吾甚至担心发生兵变，出现劫持司令官那样的事情。

在会议进行期间，不时有传令兵送来前线的电报，前方将士希望司令官领导他们全军“玉碎”；当然，也有人主张在给敌人造成重大打击之后再寻找机会投降；个别人认为抵抗已经无谓，将来的日本还要建设，不能让士兵送死。在这种情况下，关东军司令官山田乙三和参谋长秦彦三郎并未表态，时间已经是 8 月 17 日的凌晨了，依然没有争论出结果，但激进分子的气儿也泄得差不多了。于是，关东军参谋长秦彦三郎发言了，他流着眼泪说：“我们作为军人，除服从陛下命令，别无忠节之道可言，否则，将永世成为乱臣贼子。那些顽固坚持抗战的人，最好是先把我的头砍下来，然后再进行！”司令官山田乙三紧接着用和蔼又不失坚定的语气说：“诸君心情我十分理解，但是圣断已下，本军只能奉戴圣旨，全力以赴终战。”[1] 现场响起了一片哭声……

8 月 17 日，关东军司令部向全军下发命令，宣布停战缴械。于是，在中国东北横行了几十年的日本关东军灭亡了。

据伪满国务总理张景惠的秘书松本益雄回忆，这两天张景惠一直在通化等待消息，他受到了强烈的刺激，精神恍惚，流泪不止。[2] 作为一个恭顺的傀儡，他对关东军仍抱一线希望，然而，等来的却是关东军宣布缴械的消息。关东军自身不保，其主要领导者将作为战犯受到惩处，所以，不再操纵伪满洲国了，是死是活请汉奸们自己选择吧。

17 日午后，伪满洲国国务院总务厅长官武部六藏飞来通化，领着张景惠和其他伪大臣来到溥仪藏身的大栗子，在铁矿的职工食堂里，召开了“内阁会议”。武部首先发言，指出日本天皇已经宣告投降，事已至此，只好奏请“满洲国”皇帝自行决断。武部的话说得相当委婉，但大家明白他的意思，于是，张景惠说：日本已经投降，对“满洲国”来说，已经失掉了依靠和存在的意义，我想请皇上亲自宣告退位，宣告“满洲国”的终结，诸位意见如何？现场其他伪满大臣无一人发言，于是，武部六藏、张景惠、熙洽、臧式毅一同前往溥仪的住所，商洽退位事宜。一会儿，这些人回来了，张景惠说皇上批准了退位的决定。众人立即忙碌起来，有人赶紧起草“退位诏书”，有人去找“皇帝玉玺”，同时，紧张地布置会场。

1945 年 8 月 17 日午夜，一个历史性的时刻到来了，伪满洲国解体和溥仪的退位仪式正式举行。据亲历其事的日本人记载，会场设在一间十分简陋、狭隘的日本房间，没有一件像样的摆设，所有伪满大臣都哭丧着脸，站在四周，房屋中间的地方放着一张简陋的木桌，一盏昏暗的电灯挂

① ［日］草地贞吾著，高书全译：《关东军的溃败和灭亡》，载于孙邦主编：“伪满史料丛书”《伪满覆亡》，吉林人民出版社，1993 年，第 231 页。

② ［日］松本益雄：《回忆张景惠》，载于孙邦主编：“伪满史料丛书”《伪满人物》，吉林人民出版社，1993 年，第 353 页。

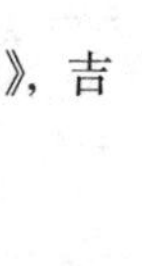

在天花板上，引来数不清的飞虫乱飞乱撞。

突然，日本式的拉门被推开了，只见溥仪身穿伪满洲国元帅礼服，胸前佩戴着勋章，穿着皮鞋，直接踩着席子来到了会场中间。众人立即九十度鞠躬，然后抬头，只见溥仪脸色苍白，表情僵化，机械地接过“退位诏书”，抬高声调，念了起来。两分钟之后，武部六藏用日语再读一遍。这个“诏书”念完之后就扔进了历史的垃圾堆，所以，现在已经找不到原文了。仪式结束，伪满洲国垮台，溥仪退位了。

据记载，溥仪放下“诏书”，扫视了一眼群臣说：“本人基于日满一心一德之大义，现在退位。希望各位注意自己的身体健康，如有幸长生在世，想还能有再见的机会吧！”说完，溥仪跟大臣们一一握手，现场立即响起了一片哭声。握手告别完毕，溥仪直接走出了屋子，摇摇晃晃地消失在黑暗之中。没有一个人起身相送，溥仪身边也没有了前呼后拥的随从，从现在起，他不再是皇帝了。前伪满洲国国务院的日本秘书看了一眼时钟，显示是零点三十分，1945 年 8 月 18 日已经开始了。①

溥仪三岁登基，六岁退位，但那时的他尚不懂事儿，一切都是命运的捉弄，他不承担任何历史罪责。然而，此次退位却是他“自作孽”的结果。自从被逐出紫禁城，他逆历史潮流而动，阴谋复辟清朝，甚至跟日本军国主义相勾结，直到走上了叛国投敌的罪恶之路。虽然其中不乏被侵略者欺骗、逼迫的因素，但他自己应负的历史罪责依然十分沉重，不夸张地说，他即使有一百条性命也不足以抵偿中国东北三千万人民十四年间蒙受的苦难和迫害。溥仪对此不能说毫无认识，所以，他已经陷入了巨大的恐惧之中。

---

① 田中钧一：《满洲国皇帝的最后一天》，载于孙邦主编：“伪满史料丛书”《伪满覆亡》，吉林人民出版社，1993 年，第 189~191 页。

1945年8月17日午夜，一个历史性的时刻到来了，伪满洲国解体和溥仪的退位仪式正式举行。

喻大华语录

突然，日本式的拉门被推开了，只见溥仪身穿伪满洲国元帅礼服，胸前佩戴着勋章，穿着皮鞋，直接踩着席子来到了会场中间。

复辟梦断长白山

新的一天来到了，溥仪及其随行人员发现，临时行宫周围没有了三步一岗五步一哨的戒备森严的景象了，关东军的警备部队撤离了，伪满十四年间不离左右的日本宪兵们不见了踪影，一种孤独和恐惧的感觉顿时袭上每一个人的心头。改朝换代、兵荒马乱之际，皇族被扔在了荒山野岭之间。关东军警卫人员在撤走之前将溥仪身边的一连禁卫军缴械送回了长春。后来有学者说这是为了控制溥仪而解除了他的武装，其实，事到如今，且不论是否还有控制溥仪的必要，禁卫军并不是溥仪的武装，因为此时伪满军队正掀起一股“反正”的热潮，纷纷向往日的主子反戈一击，所以，此举还是为了溥仪的安全。

早晨，张景惠前来向溥仪告别。七十多岁的张景惠苍老了很多，他开口叫了一声“溥大爷”，然后说他们在长春还有一些公事，需要回去处理，就跟“溥大爷”挥手告别了。溥仪不知道也不关心这些人还有什么公事，俗话说：自己祖坟还哭不过来呢，哪里管得上乱坟岗子的事儿。此时大栗子火车站已经水泄不通了，伪大臣们急于返回长春，他们想成立“东北地方维持委员会”，至于替蒋介石维持，还是替苏军维持，要看情况再说，现在正为“委员长”的地位争得头破血流。别看张景惠是前国务总理，但并无绝对的把握出任维持会的委员长，所以急于回去拼争。溥仪身边还有四个日本人，分别是原帝室御用挂吉冈安直、一名日本宪兵和负责伪帝宫中天照大神祭祀的桥本虎之助及其助手。吉冈安直依然以主子自居，对溥仪发号施令。

溥仪下令烧掉身边多余的东西，在长春未烧完的电影胶片继续焚烧，几十本日记也扔进了火堆，伪满洲国陆海军元帅礼服化为灰烬，最令溥仪痛心的是从长春捧来的列祖列宗的牌位也被烧掉了。在火堆前，溥仪跪地大哭，大家知道，烧掉的不仅是祖宗的牌位，也是溥仪前半生复辟大清的

精神支柱。溥杰回忆说:“随着烟消灰烬，说明清朝确实是灭亡了，它不可能再复兴了，关于它的任何幻想都破灭了。”[1]溥仪抬起朦胧的泪眼，远眺巍峨的长白山，不禁百感交集。在这座曾经被康熙、乾隆皇帝视为满族发祥的“圣山”的脚下火化了祖先的牌位，永远结束了帝制的历史，这真是一种历史的宿命!

擦干眼泪，茫茫前程令人困惑。溥仪打心里希望能回到北平，哪怕做一个最普通的平民百姓也心甘情愿，但这是绝对办不到的；如果出国避难的话，世界上哪个国家能够收留他呢?看着众人期待的眼神，溥仪的心都快碎了。在这种情况下，唯一的出路就是前往日本，然而，到了日本就能保证平安吗?

溥仪的下场如何?他的面前真的就是死路一条了吗?

---

① 爱新觉罗·溥杰著，叶祖孚执笔:《溥杰自传》，中国文史出版社，1994年，第72页。

第二十章 沈阳被俘

随着伪满的垮台，溥仪面临走投无路的困境。他无可奈何地听从摆布，前往日本避难，然而，在沈阳机场候机时，恰逢苏军空降。溥仪突然拔出了手枪，他要干什么？

溥仪被押往苏联，其命运发生了怎样的转机？他知道被遗弃在大栗子的皇族的境遇吗？末代皇后婉容是怎样结束了她悲剧的一生呢？

为了逃避祖国的惩罚，溥仪多次请求定居苏联，为此捐献了大笔珍宝并参加马列主义学习，但依然被引渡回国，当这一天降临的时候，他是怎样表现的呢？

出亡日本的打算

1945年8月17日午夜，举行了伪满垮台和溥仪退位的仪式，溥仪回到住地已经是18日的凌晨了。他安排焚烧物品，整理行李，准备出亡日本。

吉冈安直告诉了溥仪行程的安排：将于18日午夜坐火车到通化，第二天上午从通化机场起飞到沈阳，换乘大飞机前往日本。另外，吉冈安直说已经从满洲中央银行拨款三亿日元到日本，作为溥仪日后的生活费用。

其实，溥仪并不希望流亡日本，他固然渴望回到自己的出生地——北平，那里有他的父亲兄弟，有他熟悉的生活。但一方面他是中华民国通缉的战争罪犯，自然不敢自投罗网；另一方面，目前世界上美苏争霸，两大阵营均与日本为敌，所以，除了日本，基本没有国家会收留他。这样一来，他面前就只剩下这一条道了。

日本方面起初并不愿意接纳溥仪，因为即将被美军占领，一切要按美国的命令行事，把溥仪弄来也得引渡给中华民国，何苦折腾这一圈儿呢？但关东军再三坚持，军部终于同意接纳溥仪到京都的一所饭店里避难，不过有言在先——不能保证生命安全，他的命运要听盟军的安排。

溥仪得知这一结果后，十分恐惧，他心知肚明，蒋介石要引渡他，就是一句话的事儿。一旦落入蒋介石之手，会有一丝活路吗？溥仪晚年说他此时感觉死神已经向他招手了，所以，在得知盟军同意保证天皇的安全后，向吉冈苦苦哀求，希望日本方面也能够出面交涉，担保他的生命安全。据溥杰回忆，吉冈不耐烦地拍着胸脯说：“谁能保险？拿出胆子来！”[1]溥仪立即哑口无言了。事到如今，吉冈安直依然淫威不倒。

吉冈安直告诉溥仪，由于从通化到沈阳的飞机太小，只能带几个随从和少量行李，其他人只好等以后再设法去日本了。

带谁走呢？无疑，人人都想离开荒僻的大栗子。据溥仪的侄子毓嵒回忆，当时大家普遍认为，跟着溥仪走或许还有一线生机，第二批人就不好说了，[2]所以，报名很踊跃。溥仪经过盘算，挑选了这样一些人：弟弟溥杰、妹夫万嘉熙、润麒，侄子毓嶦、毓嵒、毓嵣以及李国雄和黄子正。其中李国雄和黄子正跟溥仪没有亲属关系，但李国雄对溥仪忠心耿耿，而且武艺高强，会开汽车，摄影、木工、电工样样拿手，是合适的保镖。至于带黄子正走很令人费解，此时已经到了生死一线的地步，能不能保全性命都在疑似之间，为什么还要带个医生随行呢？而且，黄子正不过是长春一家“私人诊所”的大夫，医术未必很高明，只不过跟溥仪走得近，随叫随到，平时没少得溥仪的赏赐，所以跟到大栗子来了。

据毓嵒回忆，随身行李是四个手提箱，最有价值的是原来装电影放映机的箱子，里面装着黄金钻石珠宝，其他三个箱子装着衣服药品等。另外，除了“御医”黄子正以外，每人都带了一只手枪和几十发子弹，溥仪还带了一架望远镜。

1945 年 8 月 18 日晚上，溥仪要动身了，“临时行宫”前聚满了送行的皇室成员，婉容和李玉琴哭成了泪人。溥仪讲了几句宽慰的话，告诉大

---

① 爱新觉罗·溥杰著，叶祖孚执笔：《溥杰自传》，中国文史出版社，1994 年，第 73 页。

② 爱新觉罗·毓嵒述，贾英华撰：《末代皇帝立嗣纪实》，开明出版社，1993 年，第 116 页。

家不要着急，自己先走一步，很快就派人接大家去日本，希望各位和衷共济，耐心等待。此时已是初秋时节，阵阵山风吹来，多少有些寒意，溥仪又说自己带来了不少衣服，大家随便穿吧。最后，溥仪向用人们鞠了一躬，感谢各位长期以来的关照，祝大家健康幸福。说到这里，溥仪的声音哽咽了，他捂着脸上了汽车，前往大栗子火车站。

1945 年 8 月 19 日清晨，溥仪的专列抵达通化。通化车站方面十分热情，准备了早餐，吃完饭，溥仪依然回到列车上等待。一会儿，吉冈安直指挥大家下车换乘汽车，向通化机场驶去。在空旷的机场上孤零零地停放着两架小飞机，其中一架稍微大些，有两台发动机，溥仪、溥杰和吉冈安直等人上了这架飞机，另外一架是邮政机，装着一台发动机，连座位都没有，其他几人上了这架飞机。随即，飞机发动滑跑，相继起飞了。

上午 11 点，溥仪乘坐的飞机首先降落在沈阳机场，停在候机楼前。溥仪一行下机前往贵宾室休息，等待另一架飞机的到来。为什么两架飞机的飞行时间相差如此之长呢？大家正在担心困惑的时候，突然，天空传来了隆隆的飞机声，只见一架架大型飞机依次降落。大家的第一反应是这就是要换乘到日本的大飞机，但立即发现不对劲儿，原来这是美国产的 C47 运输机，再细看飞机上涂着苏联空军的军徽。不好，苏军来了！大家立即慌乱起来，溥仪突然拔出了手枪，他要干什么？难道想自杀吗？

溥仪沦为苏军的阶下囚

原来，苏军自从对日开战以来，进展并不顺利，这倒不是日军抵抗如何激烈，主要是连日的秋雨造成道路泥泞，日军又炸毁了水库、桥梁，苏军的机械化部队进展受阻，直到 8 月 15 日天皇宣布投降，大多数苏军并未深入伪满洲国。情急之下，苏军跟关东军接洽，在获得安全保障之后，于 1945 年 8 月 19 日分别在哈尔滨、长春、沈阳空降，做象征性的占领。溥仪刚刚降落，就见证了这一历史性的时刻。

此时苏军正忙着接收机场导航、警卫部门，尚未来到候机楼。溥仪头脑并不糊涂，他立即明白了，他即将成为苏军的俘虏，跟前往日本相比，这不是一个很坏的结局，但在苏军到来之前，他仍在日本人之手，溥仪怕日本人狗急跳墙，杀人灭口，所以拔出了手枪。此时，跟溥仪一同逃难的另一架飞机降落了，妹夫、侄子等人来到身边，溥仪立即指挥众人持枪控制门口和窗口，警惕地观察着。苏军很快冲进了候机楼，一个苏军战士推开贵宾室的大门，看到室内的人们举枪相对，赶紧一缩脖，一溜儿烟地跑了，估计是报信去了。

一会儿，一位苏军军官领着一群手持冲锋枪的战士来到贵宾室，由于语言不通，现场气氛十分紧张。苏军没有汉语翻译，通过日语转译，大家才明白苏军军官询问各位有没有携带武器，要拿去代为保管。于是，溥仪掏出手枪，放到桌子上，其他人纷纷缴枪。这时，吉冈安直哭了，他一边流泪，一边请求苏军放过溥仪，允许一行人前往日本。苏军军官冷冷地表示，所有人必须服从苏军的安排，然后就离去了，留下了几名手持冲锋枪的苏军战士负责看守。

不一会儿，溥仪一行被带出候机楼，红军战士听说抓到了伪满皇帝，纷纷前来围观并跟溥仪握手，被苏军军官喝止。溥仪登上了苏军的飞机，前往通辽住了一宿，次日换乘飞机前往苏联。一路上苏军对溥仪还算客气，照顾得也较周到。在通辽机场起飞前，溥仪用英语跟苏军军官做了交谈，他控诉了伪满十四年间日本人对他的迫害，表达了对苏军解放者的感谢，然后提出两个要求：第一，希望前往莫斯科面见斯大林，亲自表达这种发自肺腑的感谢；第二，由于他恨透了日本人，所以，不希望跟日本人在一起。苏军军官十分爽快，表示一会儿就送他去见斯大林，但这群人中谁是日本人苏军无法区分。这名军官把所有人叫下了飞机，让溥仪自己甄

别，于是，吉冈安直、桥本虎之助及其助手和一名日本宪兵被溥仪排除在外。飞机随即起飞，很快飞进了苏联的领空。附带指出，吉冈安直等人与溥仪分开之后，也被押往苏联，1947年11月30日，吉冈死于苏联监狱中。

无论如何，跟前往日本避难相比，这是溥仪命运的一大转机。随着日本法西斯的垮台，苏联跟美国的冷战已经开始，作为美国盟友的国民党政府是无法从苏联手中引渡溥仪的；而且，苏联跟美国不同，它承认过伪满洲国，现在出于占领东北的考虑，对东北前政权领导者的想法是复杂的，这样一来，溥仪的生命安全暂时获得了保障。溥仪当然知道这一点，所以，惊魂未定就开始讨好苏联人了，他不仅热情地讴歌斯大林，还慷慨地解下手腕上的金表，送给随行的苏军军官做个纪念。无奈苏联军官纷纷伸出手腕，于是，溥仪命令随行人员解下各自的手表，一股脑儿地送了出去。当然，苏联军官礼尚往来，给溥仪送来了黑面包和猪肉罐头。

溥仪并没有被送到莫斯科去见斯大林，晚上九点多钟，飞机降落在苏联机场，一行人换乘汽车，翻山过河，折腾到下半夜，车队停在一座森林环抱的建筑物前，所有人进门饱餐了一顿丰盛的俄国大餐之后，分配房间，倒头便睡。第二天才知道这里是苏联远东城市赤塔的一座疗养院。

这座“疗养院”风景优美，环境很好，简直就像世外桃源一般，有一望无际的白桦林、层峦叠嶂的远山和清澈见底的小溪，而且，苏联方面提供了很好的待遇，两人居住一个房间，据毓嵣回忆：“房间宽敞，地毯、沙发、钢丝床、有线广播一应俱全，每日四餐（含一顿茶点——引者），每餐供应很丰盛，酒肉兼备，奶油面包，有时还有身穿白色罩衣的戴大尉肩章的人给我们端菜，还询及菜饭味道可好？”[①] 饭后可以在周围自由地散步，哨兵见到溥仪往往举手敬礼。疗养院有一架钢琴，溥仪不时前去演奏，后

① 爱新觉罗·毓嵣：《我随溥仪在苏联战俘营》，载于吕长赋等编：《溥仪离开紫禁城以后——爱新觉罗家族成员的回忆》，文史资料出版社，1985年，第216~217页。

来苏军索性把钢琴抬到了溥仪的寝室，让他自娱自乐。苏联国家安全委员会的人偶尔来见溥仪，打听一下伪满洲国的情况。溥仪再三表示对苏联的感谢与向往，但十分懊丧的是并不知道太多伪满的机密，不能让苏联人满意。他很后悔当初批文件的时候过于马虎，连看也没看一遍就签字画可。

不久，伪满大臣也陆续来到，原来，苏军在长春站稳脚跟之后把这些人一网打尽，弄到这里一块儿软禁起来了。由于待遇不错，再加上看到溥仪跟苏联人打得火热，这些大臣们想入非非。臧式毅为此劝告溥仪："皇上千万不可一误再误。"[1] 所谓"一误"无疑指的是当年被日本人利用，那么"再误"就不言自明了。不过，现在尚无材料表明苏联有利用溥仪的打算和动作，但在当时不仅伪满大臣这样认为，连国际舆论也有类似的猜测。

溥仪虽然成了苏联的阶下囚，但并没有明显的牢狱感觉，在这幽静的环境里，远离了关东军的淫威和伪满政治的是非瓜葛，过着相对轻松的生活，他依然求神占卜，诵经念佛，闲暇时间随便走走。他看到走廊中挂着四幅画像，其中一人他认识，是斯大林，另外三人未见过，于是，向稍微懂点儿俄语的万嘉熙询问。但万嘉熙也不认识，只好向苏联人打听。回来之后报告溥仪，说胡子最多的叫马克思，胡子第二多的叫恩格斯，胡子不多、头发也不多的叫列宁。

总的来说，溥仪对这里的生活还算满意，表面上看，似乎有点儿乐不思蜀的味道。然而，他知道被遗弃在大栗子的皇族的命运吗？在动乱的时代里，面对愤怒的东北人民，这些往日的贵族们将面临怎样的下场呢？

---

① 万嘉熙：《我随溥仪在苏联》，载于吕长赋等编：《溥仪离开紫禁城以后——爱新觉罗家族成员的回忆》，文史资料出版社，1985 年，第 180 页。

婉容的惨死

据留守大栗子的皇族成员回忆，溥仪走后第三天门岗就撤了，消息也不通了。此时等待去日本的皇族成员还有一百多人，大多是女人和小孩儿，惶惶不可终日，又不敢乱走，就一直待在日本矿长家里，守着价值连城的财宝，在兵荒马乱，土匪横行的东北山区，其危险不言而喻。她们盼星星，盼月亮，期盼溥仪早日派人来接，但一直没有消息，后来她们也知道了溥仪已被苏军俘虏。随着冬天的降临，这些人离开了大栗子，辗转到临江，租房居住。不久，东北民主联军进占临江，皇族一行被审查、收容并被没收财产。

东北很快陷入内战之中，皇族也开始了颠沛流离的生活，在部队转移的过程中，缺吃少穿的人们真正领略了东北的严寒。1946 年 2 月，通化的关东军残余分子发动暴乱，溥仪的乳母被流弹击中而死。4 月，福贵人李玉琴被送回了长春娘家。昔日的仆人纷纷散去，皇族一行的人数越来越少了。

最可怜的是婉容，她完全精神失常了，大小便不能自理，由于有鸦片烟瘾，昼夜不停地大呼小叫，在当时的环境下，她得不到更多特殊的照顾，眼看着病入膏肓，最终死去。她嫁给溥仪，名为皇后，但一生没有爱情，夫妻关系长期紧张，有苦无处诉，最后精神失常，尸骨无存，可见命运的悲惨。

必须指出，东北民主联军绝没有迫害伪满皇族。其实，不用迫害，只要让这些往日里养尊处优的贵族过普通人的生活，她们就难以生存下去。事实上，东北民主联军从人道的立场出发，还是为婉容提供了力所能及的帮助。比如，提供了担架、食品甚至鸦片，为她联系亲属，以便有个安身之地。但婉容在长春的哥哥拒绝接手，不得已安排她住在监狱，直到死在那里。婉容悲剧结局的根源在于日本帝国主义和封建的宫廷制度。

溥仪被软禁在苏联，当然不能及时得知婉容的死讯。其实，长期唯我独尊的氛围使他不懂得关心别人，更何况他对婉容怀恨在心，又处在寄人篱下的恐慌之中，自顾不暇，哪里还能想到婉容？据毓嵒回忆，溥仪晚年回到北京，从被遗弃在大栗子的皇族口中得知婉容临终的某些情况，曾沉默许久并表示了忏悔。[①] 虽然婉容有过他不能容忍的行为，但毕竟夫妻一场，结果连她死在何时何地都不得而知，溥仪能不伤感？附带指出：婉容死于 1946 年 6 月 20 日凌晨五点，地点是吉林延吉监狱。

国际法庭上的污点证人

别看溥仪在苏联表面上乐不思蜀，实际上心情依然沉重。他最担心被引渡回国，此时国民党政府正跟苏联围绕着东北问题展开交涉，溥仪害怕他随时作为苏联讨价还价的砝码被送交国民政府，好在东北很快爆发了内战，交涉无果而终。1946 年夏天，溥仪突然陷入极度的恐慌之中，原来，苏联方面通知他即将前往日本，为审判日本战犯做证。

早在 1946 年 1 月，根据联合国的决定，盟军统帅部在日本设立了“远东国际军事法庭”，中国、美国、苏联、英国等十一个国家派出了法官、检察官，以破坏和平、发动战争、违反人道等罪名对日本往日的战争狂人进行审判。其实，在某些方面，溥仪对日本军阀也不乏痛恨，那么，面对这样一件大快人心的事儿，他怕什么呢？

溥仪怕两点：第一，自己也成为被告并留在东京受审；第二，做证之后被直接引渡给中华民国政府。尽管苏联方面一再强调仅仅是做证，完后立即带他回来，溥仪依然半信半疑。毕竟中华民国也参与了战犯审判，作

① 爱新觉罗·毓嵒述，贾英华撰：《末代皇帝立嗣纪实》，开明出版社，1993 年，第 34 页。

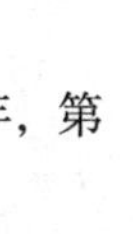

为安理会的常任理事国和美国的铁杆盟友，国际地位今非昔比，中华民国如果非要引渡不可，苏联人也未必会抵制到底。当时溥仪认为，自己落到外国人手里，或许还有一线生机，一旦落到中国人之手，必死无疑。但此时成了阶下囚，只能听任苏联方面的摆布了。苏联人给溥仪做了毛料西服，为他配了翻译，然后由一群军官前呼后拥，登上飞机前往日本去了。抵达东京之后，住进了苏联大使馆，受到了严密的保护。

溥仪刚刚住下，中国检察官就来会见。溥仪十分紧张，当得知让他大胆、如实地揭露日本军阀的侵华罪行的时候，他紧紧握住检察官的手，放声大哭。中国深受日本法西斯的侵略之害，战后作为世界大国，自然主张严惩罪犯，为此向国际法庭投诉关东军发动“九一八事变”、占领东北、制造伪满洲国、操纵傀儡政权、奴役中国人民等很多罪行。当时，中国检察官的压力很大，一些日本战犯如果不能上断头台，他们无法告慰死去的英灵并向中国人民交代，所以，对溥仪寄予厚望。溥仪作为证人，需要证明两个问题：第一，在伪满洲国的制造问题上，是他请来了日本军阀，还是日本军阀把他弄到了东北？第二，伪满洲国到底是不是关东军操纵的傀儡政权？

溥仪绝不会放过立功赎罪的机会，更何况当年日本军阀利用他的无知和天真把他骗到了东北，然后像耍猴似的玩弄了他十四年，所以，溥仪本来也恨日本军阀。他在法庭上积极主动地揭露了很多鲜为人知的内幕，说到激动处，他慷慨激昂，拍桌子大吼大叫。为了给被告减轻罪责，律师跟溥仪展开了激烈的辩论，设置了很多圈套，但头脑清醒的溥仪遇到不利的提问就回答“不知道”“不记得”，把律师弄得毫无办法。[①] 法庭终于采信了他的证言，认定是日本军阀制造了伪满洲国，认定伪满的支配权掌握在关东军和日本军部手中。实事求是地说，恶贯满盈的板垣征四郎、土肥原

① 爱新觉罗·溥仪：《我的前半生》（全本），群众出版社，2007 年，第 309 页。

贤二被送上绞首架，受到应得的处罚，溥仪是出了力的。也应指出，溥仪出于逃避罪责的目的，把自己的投敌叛国说成是被劫持也不完全符合事实，但几十年来，随着历史真相的揭露，已经证明了溥仪的证言基本经受住了历史的考验。

苏联人把溥仪弄到东京，并不甘心仅仅让溥仪证明日本侵略中国的罪行，他们让溥仪在法庭上揭露日本天皇。此时的日本已被美军占领，出于稳定占领区的考虑，美军对天皇网开一面。法庭未给溥仪充分的机会来揭批天皇。8 月 27 日，溥仪退庭，法庭让溥仪在东京等候随时传讯对质，但几天后苏联人领着他飞回了苏联。

留居苏联的梦想破灭了

此时的溥仪被迁到了伯力收容所，周围圈上了铁丝网，上面悬挂着“禁止越过，违者射杀”的木牌，苏军士兵持枪巡逻，气氛紧张，生活待遇也大不如前。每次吃饭，大家尽量节省些，让他多吃一点儿。溥仪生平第一次尝到了饥饿的滋味。侄子毓嵒利用外出服劳役的机会，偷着弄回一点儿土豆、洋白菜，拿罐头盒子当锅，煮烂了端给溥仪。溥仪尝了一口，放下罐头盒子说：“真是好吃极了！”然后狼吞虎咽地吃个精光。[1]此时，溥仪的侄子、妹夫等人被苏联人派往工地服役，溥仪虽然不用出苦力，但身边没人侍候了，生活十分不便。

在溥仪成了孤家寡人的时候，他的老丈人——婉容的父亲荣源自告奋勇，担当起照顾的责任。溥仪在伪满当“皇帝”后，荣源前来长春养老，凭着“国丈”的身份，被日本人安排在满洲棉花株式会社当理事，实际上

---

① 爱新觉罗·毓嵒述，贾英华撰：《末代皇帝立嗣纪实》，开明出版社，1993 年，第 148 页。

只拿钱，不理事，跟伪满政治毫不沾边儿。光复后苏军在长春搜捕伪满大臣，稀里糊涂地把他也捉来了。荣源年纪很大，不能服苦役，每天陪溥仪聊天，为溥仪洗衣服，到了吃饭的时间前去食堂给姑爷端饭。溥仪衣来伸手饭来张口，对荣源直呼其名。在今天看来，溥仪真不懂人情世故，但他毕竟做过皇帝，按规矩荣源虽然是长辈，也是奴仆，给溥仪洗衣、端饭是应该的。

不过，毕竟今非昔比，溥仪也在试着改变自己。他有时能参加一些劳动，比如打扫室内卫生、洗衣服、给蔬菜浇水等。实事求是地说，这已经很了不起了，因为且不论他过去的特殊身份，当时中国即使是普通的男子也不做洗衣这类家务的，当然，如果有侄子、妹夫在场，大家肯定不会让溥仪干活。

苏联方面指示被扣押者学习马列主义，让溥杰和万嘉熙担任讲师，主讲“联共党史”，溥仪也参加了。每天学习一个半小时，伪大臣来到学习现场坐好之后，溥仪由侄子陪同来到，坐在跟“主讲人”平行的位置上，然后“主讲人”向溥仪行礼，报告人已来齐，溥仪微微一点头，于是正式开讲。讲完之后所有人坐着不动，溥仪先走。虽然没有了森严的君臣之礼，但尊卑关系还存在着。①

当时，苏联外文局出版的汉语本联共党史的翻译水平很低，这些人又毫无基础，讲的人照本宣科，听的人根本没往心里去，完全是做样子，结果十来天就念完了一本书。苏联人惊讶速度太快，指示不能光念书，要确定主题，组织讨论。但这些伪大臣毫无心得，也不愿意讨论，最后大家商量决定，由万嘉熙把联共党史从头再念一遍了事。②

---

① 爱新觉罗·溥杰:《回忆在苏联的五年》，载于吕长赋等编:《溥仪离开紫禁城以后——爱新觉罗家族成员的回忆》，文史资料出版社，1985 年，第 204 页。

② 万嘉熙:《我随溥仪在苏联》，载于吕长赋等编:《溥仪离开紫禁城以后——爱新觉罗家族成员的回忆》，文史资料出版社，1985 年，第 187 页。

在苏联期间，为了逃避祖国的制裁，溥仪多次上书斯大林，请求定居苏联。当然，他的终极目的是借苏联为跳板，将来再移民北美洲或南美洲，退一步说，只要不回中国就行。为此，溥仪向苏联人捐献了大笔的珍宝，为了增加此举的感染力，他谎称是倾囊捐献。溥仪当然舍不得全给苏联人，又怕露馅，后来由随侍李国雄在装珍宝的皮箱里面做了一个夹层，藏起了不少珍宝。夹层做得很巧妙，因为这个箱子是立式的，里面很深，从上面看根本发现不了。[①] 对于溥仪定居苏联的请求，苏联政府不予答复，时间一长，溥仪也觉得希望渺茫了。

转眼，新中国成立了，溥仪起初对此并不关心，他不了解共产党，也不知道这跟他的命运有什么关系。不过，据万嘉熙回忆，在溥仪重复定居苏联的请求时，收容所所长说了意味深长的一句话："如果现在还是蒋介石的中国，你还有可能不被苏联送回去；但是，现在是毛泽东的中国，恐怕你没有可能留在苏联了。"[②] 当时，伪满大臣跟溥仪一样，都认为回国后必死无疑，但他们没有一人愿意留在苏联，毕竟普遍年逾花甲，不愿老死在异域；更何况五年间跟家里音信不通，回国后如果能见老婆孩子一眼，就死而无憾了。

中苏关系越来越好，结成了牢固的同盟。从 1950 年春天开始，越来越多的迹象表明他们将被引渡回中国。溥仪惶惶不可终日，万嘉熙曾劝过溥仪，希望他向国人谢罪，慷慨赴死。总之，不能存侥幸心理，更不能失去皇帝尊严，言外之意就是千万别在刑场上"尿裤子"。溥仪也做了最坏的打算，由于无儿无女，现在死到临头，为了确保后继有人，他让毓嵒做自己的儿子。

---

① 爱新觉罗·毓嶦：《溥仪在伯力收容所》，载于吕长赋等编：《溥仪离开紫禁城以后——爱新觉罗家族成员的回忆》，文史资料出版社，1985 年，第 168 页。

② 万嘉熙：《我随溥仪在苏联》，载于吕长赋等编：《溥仪离开紫禁城以后——爱新觉罗家族成员的回忆》，文史资料出版社，1985 年，第 193 页。

1950年7月下旬的一天傍晚，收容所的所长、副所长带着翻译来到了溥仪的房间，面色凝重地宣布："苏联政府决定将你们引渡给中华人民共和国，现在动身！"溥仪眼中闪过一丝惊慌的神情，但故作镇静地扬起了头。当时，苏联的所长、副所长和翻译利用检查行李的机会，瓜分了溥仪的金表、钢笔，甚至扯下了溥仪裤带上的黄金挂件。[①] 此时的溥仪什么都顾不上了，他只想一件事儿——在刑场上一定要喊出一句口号，但是，喊什么口号呢？现在尚未想好。

溥仪的命运发生了怎样的转机，当他踏上祖国的土地的时候，又有哪些故事呢？

① 分见爱新觉罗·溥杰：《回忆在苏联的五年》；万嘉熙：《我随溥仪在苏联》，载于吕长赋等编：《溥仪离开紫禁城以后——爱新觉罗家族成员的回忆》，文史资料出版社，1985年，第207、193页。

第二十一章 引渡回国

1950年8月1日，溥仪被引渡回国，押上新中国的火车。他断定必死无疑，所以，一路上心惊胆战，风声鹤唳。在沈阳站，他与伪满大臣们被叫下了火车，溥仪自认为前去赴死，结果又是怎样呢？

溥仪聆听了东北领导的讲话，得知不死，稍感安心，但在抚顺却尝到了牢狱的滋味，而且，由于生活难以自理而陷入困顿之中。那么，此时的溥仪究竟有多狼狈呢？

曾忠心耿耿的侄子毓嵒劝他交出藏匿在皮箱夹层中的珍宝。溥仪恼羞成怒，进退维谷，陷入了重重矛盾之中，到底该怎么办呢？

一心准备上刑场

1950年7月31日傍晚，六十多名伪满战犯在苏军士兵的押送下，乘列车抵达了黑龙江省的绥芬河火车站。在这些战犯中，除了级别较低的人还抱一丝侥幸以外，其他人自知罪孽深重，断定必死无疑，估计下了苏联的火车，就将被新中国政府宣布逮捕，然后宣判，五花大绑地押到刑场处决，所以，每个人的情绪都低落到了极点。

然而，苏联押送人员又向战犯们宣布了一个火上浇油的决定——将于明天清晨办理引渡，所以，还得在火车上住一宿。此时正是闷热的盛夏季节，车窗、车门关得严严实实，考虑到随时可能“上路”，战犯们都把压箱底儿的衣服一股脑地套在了身上，已经汗流浃背，就盼着赶紧到另一个世界凉快凉快，听说推迟引渡，谁愿意胆战心惊地再度过一个不眠之夜？所以，车厢里一片唉声叹气，众人颇有一种求死不得的无奈。

溥仪没跟伪满大臣们在一起，他被安排在苏军军官的卧铺车厢，条件稍好些。他穿着当年到远东国际军事法庭做证时苏联人给他做的毛料西服，衬衣领带整整齐齐，本来还穿了一件风衣，因过于炎热，只好脱下放在一边。溥仪断定毫无生路，决心在临刑的时候喊一句口号，内容也想好了，是“太祖高皇帝万岁！”所谓“太祖高皇帝”就是努尔哈赤，口号简短扼要，但问题是现在两腿已经开始发抖，没把握死到临头的时候能不能喊出口。

溥仪夜不能寐，望着窗外的夜色，时而期盼黑夜永远没有尽头，时而又有一种冲动，盼望立即天亮，看看有没有奇迹发生，否则的话早死早托生……

1950 年 8 月 1 日的清晨到来了。

中方的列车开了过来，停在跟苏联列车平行的位置，然后，现场被封锁，中苏两国士兵持枪相对站成一个“胡同”，一边是身着礼服的苏军战士，一边是穿着朴素的解放军士兵，刺刀寒光闪闪，烘托着紧张的气氛，一声声口令吓得火车上的战犯们简直灵魂出窍了。

开始点名。苏联人喊到一个名字，这个人立即起身下车，然后中方再点名、照相，通过手持步枪的两国士兵的“人墙胡同”，登上中方的列车。伪满大臣大多年逾六旬，像前伪国务总理张景惠已经年近八旬，被士兵半搀半抬地弄到了中方的列车上。

溥仪这年四十五岁，正值壮年，不用搀扶，他最后被移交给中国政府。溥仪晚年还记得一位穿中山装的中年人对他说：“我奉周恩来总理的命令来接收你们，现在，你们回到了祖国。”溥仪不知道周恩来是谁，他只是低头等着给他上手铐，但中方人员领着他上了火车。虽然没被铐上，但看到站台上戒备森严的景象，他明白了事态的严重。

登上新中国的火车，溥仪看到所有的战犯和自己的弟弟、妹夫、侄子、随从等人都规规矩矩地坐在硬座车厢里，没有人被绑或者被铐，但车厢两头各有端着冲锋枪的士兵，所有车窗的玻璃全糊上了报纸，溥仪的心情更沉重了。他晚年回忆说：“气氛如此严重，这不是送我们上刑场又是干什么呢？我看了看左近的犯人，每个人的脸上都呈现出死灰般的颜色。”①据毓嵣回忆，他见溥仪孤零零地坐在车厢的尽头，立即起身前往陪伴，溥

① 爱新觉罗 · 溥仪：《我的前半生》，群众出版社，1964 年，第 399 页。

仪使眼色不让他过来。[①] 显然，溥仪此时的心态是怕连累了侄子，活一个算一个吧。

溥仪坐下后，汽笛一声长鸣，机车倒推着车厢，缓缓离开了绥芬河火车站。解放军干部向战犯们宣布了纪律，然后分发碗筷，吃过早餐后，战犯们的心情稍有缓和。

无疑，这些伪满大臣都想知道此行的终点站，或者说刑场设在哪里。窗户被糊上了，看不到外面，更不敢问押送的解放军干部。不过，这些战犯大多是"东北通"，他们很快判断出了火车的经过路线。原来，这是一列临时编组的列车，每到一个车站都要停很长时间。站台上有广播，提醒乘客不要下错车，这给战犯们提供了准确的信息。当火车经哈尔滨南行后，大家立即判断将在当年卖国求荣的长春被公审，然后枪决。

溥仪后来回忆，此时他感觉随着火车的奔驰，自己的生命也越来越短。在苏联期间，他看过一些中文的宣传品，知道新中国公审犯人的大概程序——人到齐了，先唱歌，然后把五花大绑的犯人押上台，全场一起喊口号，接下来控诉，使愤怒的气氛达到顶点，最后把犯人拖下台去，在万众唾骂声中一枪毙命。太可怕了！一想到这里，溥仪简直魂飞天外，他恐惧得失态了。另外，他又感觉自己冤枉透顶，虽然曾做过大清帝国的皇帝和伪满洲国的元首，但并没有掌握过一天国家政权，平素念经吃素，连苍蝇、蚊子都不打，现在却要像江洋大盗那样被绑赴法场，真是死不瞑目！他自我感觉不是个恶人，他要让别人知道，自己不该落得如此下场。

于是，溥仪缠住一名解放军士兵，从战士胸前"中国人民解放军"的徽章谈起。他说："解放"这个词太好了，佛经里就说"我佛慈悲，发愿解放一切生灵"，然后讲自己信佛，根本没有害过人，另外，他还检举了几位伪满大臣，说他们思想反动，骂过斯大林，等等。

① 爱新觉罗·毓嵣：《叔侄之间》，载于吕长赋等编：《溥仪离开紫禁城以后——爱新觉罗家族成员的回忆》，文史资料出版社，1985年，第329~330页。

溥仪的举动吸引了很多人的目光，众人纷纷侧目。溥仪大喊：“你们看我干什么，反正枪毙的不过是我，你们不用怕！”溥仪的失态引得大家纷纷劝慰，硬是让他躺在座椅上，因为一连好多天没有睡好觉，溥仪不知不觉间睡着了。[1]

一觉醒来，已经是次日的早晨了，溥仪揉着眼睛，十分惊讶自己还活着，他一骨碌爬起来，去看昨天被他检举的几个人，全都好端端的。他突然想到冤鬼报仇的故事，于是，不由自主地前去向被检举者一一磕头。这一举动引起了一片哗然，本来人人紧张，让溥仪这一闹，更是人心惶惶……突然，列车放慢了速度，直到咣当一声停了下来，这时，从窗外传来了广播声：各位旅客，这里是长春火车站……所有人顿时大惊失色，同时，一阵歌声从站台上飘来，紧接着，车门打开了。

大家虚惊一场，原来是车站方面送来了早餐。列车在长春停留的时间不长，很快又开动了，至此，伪满战犯们断定，沈阳将是这次漫长旅途和自己生命的终点。溥仪也是这样认为的，而且，他感觉自己拟定的口号真是一语成谶，作为清朝入关前的都城，那里埋葬着清太祖努尔哈赤和清太宗皇太极，看来自己要死在祖宗发祥的土地上了。他默念着口号，等待最后时刻的到来。

中午，列车停靠沈阳站，车门打开了，几个干部模样的人走进车厢，所有人的目光立即紧张地集中到这几人身上。一位干部开口说：天气太热，安排一些年纪大的人下车休息，然后拿出一张纸念了起来：溥仪、张景惠……

溥仪脸色煞白，站了起来，稀里糊涂地下了车。他估计最后的时刻到来了，因为被点名下车的全是伪满头面人物，而且，自己今年不过四十五岁，还算不上年纪大，看到站台上手持冲锋枪的士兵，他想这不是上刑场

① 爱新觉罗·溥仪：《我的前半生》，群众出版社，1964 年，第 400~401 页。

是干什么呢！

一个又一个“意想不到”

溥仪等人上了一辆大客车，随即，汽车驶出站台，驶往沈阳的繁华街区。不大一会儿，汽车抵达了沈阳市和平区南京街的东北公安部大楼。

干部引导溥仪一行前往二楼会议室，溥仪摆出一副豁出去的姿态，把衣服一团，夹在腋下，第一个进了会议室。只见桌子上摆满了水果点心，溥仪判断这是一个法庭，将进行简单的宣判，然后执行，水果点心是“上路”前的“送命宴”。溥仪一只手抓起一个苹果，一边吃一边用另一只手抓起纸烟点心往口袋里装。

突然，很多军人和官员簇拥着一位身材魁梧、一脸麻子、戴近视眼镜的中年男子走进门来。看到这阵势，战犯们立即猜到这是一位“大长官”，所有人马上起立，然后奉命坐下。一位操江西口音的干部作了简单的介绍之后，那位戴眼镜的中年人开始训话，大意是让战犯们认罪服法，洗心革面，坦白交代等，给人印象很深的是这人操着一口西北腔。当时，国家成立了“东北战犯管理领导小组”，溥仪在列车上的表现早就通过电话反馈到了北京，为了让溥仪等人尽快稳定情绪，周恩来指示东北领导做溥仪等人的工作，所以，特意安排了这次见面。

溥仪费劲儿地咽着苹果，听不进一句话，好不容易吃完了两个苹果，起身打断了首长的讲话：“别说了，快走吧！”

领导们这才发现战犯们的心灵早就被死亡的恐惧占据，自己讲了半天，听众根本没往心里去，这场面该有多尴尬。恰巧这时一位穿军装的年轻人走进门来，战犯们顿时眼前一亮，于是，那位戴眼镜的“大长官”喊了一声“小张！”把年轻人唤到身边，让他向战犯们介绍一下情况。

这位“小张”叫张绍纪，是原伪满国务总理张景惠的小儿子，精通日俄两种语言，苏军扣押张景惠的时候，本来是通知开会，于是，张景惠带着儿子赴会，结果小张也被一同押往苏联，跟战犯们一起关进收容所，甚至跟溥仪在一个房间里住过一段儿时间，所以，大家都认识他。小张被提前释放回国，那回国后为什么穿上了解放军的军装呢？原来，小张在伪满的时候参加了中国共产党领导的“东北青年救亡会”，利用父亲的关系，掩护过东北的地下党组织。对此，战犯们在苏联的时候也怀疑过，这下子证明了当初的怀疑。

不过，战犯们更关心小张带来的各家信息，谁家的孩子上了大学，谁家的孩子参加了工作，得知各自家庭基本平安的消息后，大家十分兴奋。戴眼镜的中年人又告诉战犯们要前往抚顺休息一段儿时间，嘱咐大家好好学习，不要胡思乱想，然后，结束了这次会面。直到会议结束，溥仪才知道这位戴眼镜、操西北口音的中年男子是中华人民共和国中央人民政府副主席、中共中央东北局第一书记、东北人民政府主席高岗。说一口江西话的是东北公安部部长汪金祥。溥仪晚年回忆说，他完全不记得高岗长什么样子，说了些什么话，当时的他想到的只有一件事儿——死。

溥仪等人被送回火车，跟下车的时候相比，他完全变了一个人。据溥仪的侄子毓嵒回忆，溥仪对他说：“你知道我们刚才出去干什么去了？”大家瞪眼着急地盯着溥仪，溥仪叼着烟卷说：“高岗你知道吗？”高岗在东北是家喻户晓的人物，即使在苏联大家也关心东北，所以，大家都知道高岗。于是，溥仪得意地说：“这次下了火车，是高岗主席接见我。”然后，滔滔不绝地讲了会议的“盛况”，为了增强权威感，还慷慨地掏出衣袋里的糖块、水果、纸烟，让大家都尝尝。最后，神秘兮兮地说：“你知道，咱们现在去哪儿吗？”这下子大家更关心了。溥仪说了抚顺这个地名。抚顺是东北一个比较大的城市，以出产煤炭著名，战犯们基本都去过，溥仪在伪满的时候也“临幸”过。但此时去抚顺将面临什么待遇呢？溥仪答不上

来了。不过，乐观的人认为可能被送到疗养院集中学习一段儿时间，悲观的人认为可能被送到煤矿挖煤。[1]

答案很快出来了，以溥仪为首的伪满战犯既没住进疗养院，也没被送到煤矿挖煤，而是被关进了监狱。

沈阳距抚顺不过几十公里，火车一个小时就抵达了目的地，下车后，溥仪一行被押上大卡车，奉命蹲在车厢中间，一律低头，车厢四周是手持步枪的军人，经过半个小时的颠簸，他们来到一个大院。下车一看，顿时吸了一口凉气，只见周围是高高的围墙，墙上有电网和岗楼，听着一声声刺耳的铁门开关的声音和简洁严肃的命令语气，以溥仪为首的战犯们明白了，这里是监狱。而且，战犯中有人知道，这座监狱是伪满初期建的，用来关押“反满抗日”的志士。人生命运真是难测，谁能想到当年的统治者住进了自己兴建的监狱呢？

溥仪十分沮丧，一则死亡的恐惧尚未消除，稍有风吹草动都让他心惊肉跳；二则沦为囚徒这个反差太大，即使在苏联软禁期间，也不存在铁窗、铁门的束缚，在自己的小圈子里，依然能摆出威风。现在脱下西服，换上囚服，经过一道道铁门，进入了一间牢房，身后响起刺耳的上锁声，溥仪的心情可想而知。

听到落锁的声音，溥仪回身一看，只见是一扇不带玻璃的木门，不镶玻璃走廊里的看守怎么观察室内的情况呢？原来，门上有一扇小木窗，看守可以从外面打开，随时查看室内情况。

溥仪打量着这间牢房，只见房间不大，水泥地面，中间是过道，两边是两铺木炕。过道并不宽裕，又放了一张长条桌子，就显得更拥挤了。最显眼的是房间一角是简单围起来的“卫生间”，里面放着一个木制马桶，窗下还有暖气设施。实事求是地说，拿监狱的标准衡量，条件还算不错。

① 爱新觉罗·毓嵒述，贾英华撰：《末代皇帝立嗣纪实》，开明出版社，1993 年，第 182~183 页。

其实，为了接收这些战犯，监狱特意做了改造，增加了暖气设施。原来在伪满的时候，条件十分恶劣，溥仪并不知道这些。

第二天，溥仪被带出牢房，靠墙站着，脖子上挂上一个写着981号码的纸牌，照了一张相。溥仪十分困惑，伪满战犯不过六十多人，为什么自己的编号是981呢？自己前面的九百多人是什么人呢？其实，这里主要关押的是日本战犯，而且，当年这所监狱的日本典狱长现在也关押在这里。溥仪百思不得其解，百无聊赖，坐在炕上发呆。整个监狱静悄悄的，只有走廊里看守人员踱来踱去的脚步声，机械的脚步声令人感到一种莫名的压力。不久，溥仪得知这里不是一般的监狱，名为“抚顺战犯管理所”。

虽然人生的命运发生了逆转，但溥仪也不得不承认这里有不少令他出乎意料的满意之处。

无疑，溥仪最满意的是自己还能活着，虽然此时的溥仪对过去的罪恶缺乏深刻的反省，但中国历代亡国之君的下场已经使他不抱幻想，不存奢望，如果把他拉出去枪毙，他也不会感到意外。当然，溥仪贪生怕死，这是人之常情。战犯管理所给大家发了被褥、洗漱用品，虽然不是什么高档的东西，但全是新的，这让溥仪感到安心，因为这表明他不会立即出危险。另外，看守人员虽然一丝不苟但不粗暴，有事儿敲敲门，看守就过来询问，态度很和气，只要是合理要求，基本能得到满足。

新中国政府不但没杀他，还给他们提供了不错的待遇，这也令溥仪感到出乎意料。比如，管理所给吸烟的战犯发了烟，在苏联期间基本不发烟，溥仪和他的侄子、随从全是“烟鬼”，烟瘾难耐，一支烟都如获至宝，所以，这一人性化的举措让溥仪感到满意。

当然，最令溥仪满意的是这里的伙食。据毓嵒回忆说：“经常端来大铁盆盛着的大块炖猪肉，咬一口就流油的大肉包子，我们更是经常能吃到。像牡蛎、鲜虾这些贵重的海鲜，我们也能时常吃到，就连熬白菜也是油水非常大。提起每餐的主食，质量也的确令人满意，馒头、米饭等换着样儿地做，可以随着不同人的口味调换。”[①] 溥仪本来吃素，现在破戒了，而且，饭量很大，每顿饭都狼吞虎咽。别人十分纳闷儿，这位皇帝难道头一回吃这样好的饭菜吗？当然，令溥仪唯一感到不方便的是分发饭菜的时候，看守人员在走廊里吆喝，然后打开门上的“小窗”，犯人们依次把碗伸到门外，盛满后再端进来。溥仪拿不稳，有几次把饭菜扣在了地上，弄得十分尴尬。所以，每到分饭菜的时候，同监的战犯往往见义勇为，替他领取饭菜。这倒不是战犯们助人为乐，而是害怕洒到自己的身上。

生活不能自理的难题

溥仪初到抚顺战犯管理所，曾有几天跟其他伪满战犯关押在一个监室里，这些战犯在溥仪的面前很拘谨，坐也不是，站也不是，成天闷着不说话。溥仪更是尴尬，尤其是生活没人料理，简直不能生存。所以，溥仪向管理所方面鞠躬作揖，苦苦哀求，才得到允许，搬到弟弟、妹夫、侄子等人居住的房间，从此，衣来伸手，饭来张口，还能一块儿编口供，统一口径，以备将来进行的审讯，所以，溥仪较为满意。

抚顺战犯管理所承担着改造战犯的任务，当然不能允许溥仪依然“高高在上”，所以，溥仪不久便被调到了伪大臣的监室，溥仪拎着黑皮箱一步三回头地跟着看守走了。临别前，溥仪的随侍李国雄奉命对溥仪做了“培训”，教他如何叠被、如何系鞋带、扣扣子等。尽管如此，溥仪依然难以适应独立生活。

溥仪在《我的前半生》中回忆说：“四十多年来，我从来没叠过一次被，铺过一次床，倒过一次洗脸水。我甚至没有给自己洗过脚，没有给自

① 爱新觉罗·毓嵒述，贾英华撰：《末代皇帝立嗣纪实》，开明出版社，1993 年，第 187 页。

己系过鞋带。像饭勺、刀把、剪子、针线这类东西，从来没有摸过。现在一切事都要我亲自动手，使我陷入了十分狼狈的境地。早晨起来，人家早已把脸洗完了，我才穿上衣服，等到我准备去洗脸了，有人提醒我应该先把被叠好；等我胡乱地卷起被子，再去洗脸，人家早洗完了；我漱口的时候，已经把牙刷放进嘴里，才发现没有蘸牙粉，等我把这些事情都忙完了，人家早饭都快吃完了。我每天总是跟在别人后面，忙得昏头涨脑。”①

于是，溥仪成了战犯管理所的一道“风景”。只见他身穿满是褶皱的囚服，扣子残缺不全，口袋扯了半边，身上沾着墨水，趿拉着鞋子。管理所方面当然不能置之不顾，经过督促，溥仪只好自己缝补清洗，一会儿划破了手指，一会儿弄得水漫金山，就算不出什么事儿，两件衣服洗完下半身也湿透了。当时，很多领导到东北视察，顺便到战犯管理所看溥仪，但这些领导总是半信半疑，不大敢相信眼前这个无精打采、衣冠不整、猥猥琐琐的小老头儿就是中国的末代皇帝，为此批评战犯管理所工作不力。后来，管理所要求同室的战犯帮助溥仪，经过努力，溥仪的自理能力有所提高。

几十年高高在上的地位使溥仪有着很强的自尊心，在胜利者面前他当然俯首帖耳，不敢多说一句，但伪满战犯的嘲讽令他不能接受又无可奈何。他感觉自己成了别人取笑的对象，颜面扫地，为此十分难过。

1950年，爆发了一件震撼世界的大事——朝鲜战争，这年10月下旬，新中国组成了志愿军，出国参战，抗美援朝。东北的局势十分紧张，抚顺距中朝边境不过二百公里，所以，志愿军入朝不久，抚顺战犯管理所也迁到了哈尔滨。溥仪紧张到了极点，他估计中国军队肯定打不过美国军队，美军占领东北就是时间问题，等到东北不保，解放军会让他们活着落到美国人的手中吗？这不是溥仪一个人的想法，当时，很多伪满战犯都这样

① 爱新觉罗·溥仪：《我的前半生》，群众出版社，1964年，第412~413页。

认为。

当然，这种担心仅是一种推测，但哈尔滨的关押条件真让每一个战犯感觉前途悲观。那是一座圆形的二层建筑，从外面看不出有什么特别，一旦进入其中立即发现里面是个大笼子。除了地面和相邻牢房的墙壁外，其余部分全由钢筋组成。“笼子”的中心是看守值班瞭望的地方，可以360度观察每间牢房的一举一动。牢房的门非常小，战犯简直是钻进去的，牢内没有炕或床，睡觉的时候随便把铺盖往地上一铺，醒来叠起，既是桌子，也当凳子。最刺激的是开关牢门的声音，溥仪情绪低落，吃不下饭，睡不着觉。

然而，出乎所有战犯意料的是抗美援朝战争的战局逐渐有利，时间一长，战犯的情绪稳定了。溥仪也想表现一下自己，他参加了值日，遵命写了自传。当然，他在自传中掩盖了跟日本军阀勾结的事实，把自己说成是“受害者”。不过，有一件事儿还是值得肯定的，当时全国人民捐款捐物，溥仪受到启发，拿出了一套玉玺，交给管理所的看守，请他转交政府变卖，支援抗美援朝。这套玉玺是乾隆皇帝退位当太上皇时候制的，一共三枚，用锁链连在一起，令人称奇的是这三枚玉玺连同锁链均由一块田黄石雕刻而成。无论是从历史文化，还是珍宝的角度看均堪称价值连城。不过溥仪献宝之后所方并没有什么特别的表示，溥仪以为管理所不识货，十分懊丧。附带指出，这套玉玺现藏于故宫博物院。

溥仪正在懊丧的时候，他又经历了一场更大的打击。1952年1月的一天，毓嵒借送饭的机会，悄悄递给他一张小纸条。溥仪接过纸条，跑到房间一角的卫生间偷看，一看顿时感觉五雷轰顶，原来毓嵒通过这张纸条劝他主动向政府交出皮箱夹层里的珍宝。

溥仪在苏联的时候，由亲信李国雄动手，给他的皮箱做了一个夹层，里面藏有不少珍宝，这个夹层居然骗过了苏联和新中国政府的检查。这些珍宝是溥仪后半生的“生活费”，他做过大清朝的皇帝和伪满洲国的元首，管理所方面当然不能置之不顾，经过督促，溥仪只好自己缝补清洗。

喻大华语录

溥仪初到抚顺战犯管理所，曾有几天跟其他伪满战犯关押在一个监室里，这些战犯在溥仪的面前很拘谨，坐也不是，站也不是，成天闷着不说话。

就剩下这点儿东西了，如果有一天能活着出狱，只能以此为生，否则的话恐怕饿死街头，可见这笔财富的重要。

溥仪晚年回忆，他当时首先感觉的是众叛亲离的愤怒。毓喦的曾祖父是溥仪祖父的亲哥哥，所以，毓喦是溥仪的侄辈，而且，为人老实，忠心耿耿，在苏联期间被溥仪秘密认为儿子，现在居然劝他交出珍宝，这堪称不忠不孝。当然，火烧眉毛的问题不是愤恨，也不是将来出狱后的生计，而是继续隐匿还是立即上交？别看溥仪在生活上笨手笨脚，其实头脑十分清醒，他知道上交与否的关键是这事儿能不能瞒过政府。

溥仪不得不承认，皮箱夹层藏珍宝的事儿自己身边的人都知道，连毓喦都不可靠，何况他人！况且这是违反监规的行为，万一有一天被人检举，自己就是罪上加罪，考虑到这里，溥仪不敢再藏匿下去了。但溥仪也顾虑这样一个问题：毕竟曾经欺骗了政府，加上自己的特殊身份，所以，即使主动上交也不能取得谅解，而且，今后谁还能相信自己的话？想到这里，溥仪真有点儿六神无主了。

一连几天过去了，溥仪表面上不动声色，但心情复杂矛盾，十分痛苦。其实，情况比他想象得还严重，毓喦已经向所方做了检举，但溥仪依然举棋不定。溥仪将何去何从，事情的结果将会怎样呢？

第二十二章 洗心革面

随着抗美援朝战争的结束，新中国着手处理日本战犯，对伪满战犯的侦讯也同时进行。溥仪被叫去“过堂”，回来之后焦躁不安，这是为什么呢？

此间，溥仪接触到很多控诉、检举、交代材料，他第一次了解了东北人民曾经蒙受的迫害和苦难，体会了东北人民的愤怒和仇恨，对此，他是怎样的反应呢？他的认识发生了哪些变化呢？

从1955年起，溥仪开始感受到前途的光明，到底发生了哪些让他深有感触的事儿呢？

溥仪上交了藏匿的珍宝

1952年1月的一天，经过连日激烈的思想斗争，溥仪做出了艰难的选择——向战犯管理所坦白皮箱夹层藏珍宝的事儿。他钻出监室的小门，拎着皮箱，跟着看守人员走向所长办公室。他害怕所方追究他违反监规、隐匿财宝的罪责，所以，一路上战战兢兢，忐忑不安。

结果喜出望外，所长认为溥仪主动坦白，决定不给处分。后来溥仪才知道，所方早就接到了毓喦的举报，但未捅破这层窗户纸，可见给他留足了面子，而且，所长叫来保管员，命令点收珍宝，代为保存。这就更令溥仪感到意外了，他一再表示要献给国家，说这些珍宝是当年剥削所得，本来属于人民，但拗不过所长的安排，只好接受。保管员十分为难，他根本不知道每件珍宝的名称，溥仪不得不用半天时间一件一件做了交代，然后拿着四百六十八件珍宝的存条，感激涕零地回了监室。

在溥仪的改造生涯中，此事意义很大，他因此对新中国政府有了进一步的认识，产生了一定的信赖感。加上此时朝鲜战局逐渐稳定，1952年底，伪满战犯们迁出了“铁笼子”，住到有桌凳床铺的房间，这也令大家满意。1953年，陈赓将军在哈尔滨筹建军事工程学院，战犯管理所特意请他给战犯们作了一场报告。陈赓担任过志愿军的副司令员，他以亲身经历讲了抗美援朝的感人故事，讲了一切反动派都是纸老虎的道理。战犯们听后深有感触，这构成了他们思想转变的基础。

转眼溥仪在战犯管理所度过了三年时光，他参加了劳动，也学习了不少材料，思想不能说毫无变化。1954 年 3 月，战犯管理所迁回了抚顺。由于朝鲜战争已经停战，新中国腾出手来，开始处理日本和伪满战犯，为了准备日后的审判，首先要对战犯进行侦讯。溥仪顿时惶惶不可终日，且不论侦讯完毕要起诉审判，是死是活不得而知，单就眼前来说，一想到要“过堂”就不寒而栗。因为在溥仪的心目中，“过堂”跟老虎凳、辣椒水之类的刑讯是联系在一起的，他后来回忆说：“我怕死，更怕受刑，不用说皮肉之苦，即使有人像我从前对待别人那样打我一顿耳光，也不如死了的好。”①

检察人员来到了战犯管理所，向战犯们提出了交代罪行和互相检举的要求，宣布了纪律和政策。管理所方面配合侦讯，加强了看守警力，严防战犯自杀、串供等事情的发生。溥仪压力很大，他饭量大减，睡不着觉，一有风吹草动就心惊肉跳。

不堪回首的罪孽往事

新中国政府对战犯的侦讯，重点还是着眼于日本战犯的处理。

新中国建立初期，中苏两国是兄弟般的同盟关系，为了帮助新中国提高国际地位，苏联将战后扣押在远东服劳役的部分日本战俘集中起来，押上火车，移交中国政府处理。这部分战犯关押在抚顺战犯管理所，一共九百六十九名。

新中国接收这些日本战犯后，也面临着较大的压力。虽说在侵华战争期间，这些日本军政人员全都犯有各种罪行，但毕竟苏联方面采用的是

① 爱新觉罗・溥仪：《我的前半生》，群众出版社，1964 年，第 451 页。

“包圆儿”的办法，其中既有伪满国务院总务厅长官武部六藏、次长古海忠之等高级别人物，也不乏级别很低、恶行一般的下级人员，战争已经结束多年，不能长期关押不加处理，所以，抗美援朝战争一结束，新中国政府立即着手对战犯进行侦查起诉。为了配合这一工作，要求伪满战犯揭发日本战犯的罪行，并交代自己的罪行。

溥仪被叫去“过堂”，回来之后焦躁不已，这是怎么回事儿呢？

本来，检察人员的态度较为和蔼，讯问是问答式的，不但没有动刑，连威胁恫吓的话也没说。溥仪可以吸烟、喝水，讯问完毕，溥仪还揣回了多半盒烟，这是他想不到的，那么，他焦灼什么呢？

溥仪在伪满高高在上，所犯罪行大多有目共睹，比如颁发了什么诏书、签订了什么条约、裁可了什么法律等，无法抵赖；另外，1931 年溥仪潜来东北之前在天津跟关东军秘密勾结的事儿，现在作了如实交代，此外，溥仪感觉再没什么可说的了。而检察人员希望他交代更多的伪满高层内幕，偏偏溥仪并不知道太多这方面的情况。检察人员不免失望，溥仪更是急火攻心，他怕政府认为他不老实，自己毕竟做过伪满洲国名义上的元首，若说不了解这个“国家”的机密，谁信！

检察人员并没有为难溥仪，转而让他揭发关东军奴役中国人民的罪行。溥仪自然想立功赎罪，也提供了几份证词，但证言或者捕风捉影，或者笼统模糊，基本不能采信。

比如溥仪揭发日本帝国主义罪恶滔天，罄竹难书，掠夺东北的粮食，弄得东北人民啼饥号寒，走投无路。检察人员追问溥仪：日本人到底掠夺了多少粮食？溥仪振振有词地说日本人挖地三尺，有多少掠夺多少，东北人民简直没有活路了。检察人员转而追问当时东北粮食的年产量，溥仪哑口无言，表示回去向当年的“大臣”们问一问。可见，溥仪顺着检察人员的讯问思路，想当然地加以附会推测，而检察人员又字字较真儿，结果他的证言不能过关。联想到其他战犯积极交代，踊跃揭发，提供了一条又一

条的证词，溥仪心里能不着急？他开始后悔当年“工作态度”的马虎草率，尽管在伪满的时候处于关东军的封锁之中，但如果多几个心眼儿，也不至于现在落得一问三不知的窘境。

不过，在溥仪的转变历程中，这次侦讯的意义十分重大，他亲眼看到了东北人民的血泪控诉，看到了日本战犯、伪满战犯的交代材料。平心而论，此前溥仪对自己的罪行不能说全无认识，他也懊悔日本帝国主义利用了他的天真无知，痛恨关东军的言而无信、贪得无厌，但他并不具体地知道东北人民在伪满十四年间蒙受了多大的苦难，内心深处还残留着“胜者王侯败者寇”的思想，现在，他感到了前所未有的震撼。

这些字字血泪的控诉材料把人们的思路带回伪满那个暗无天日的时光中，请看在伪满洲国这块“遮羞布”之下隐藏着多少见不得人的罪恶！

先说平顶山惨案。

1932年9月15日——中秋节的夜晚，辽宁民众抗日自卫军袭击了抚顺的日本人据点，烧毁了仓库、工场、派出所、事务所等，打死了七八名日本人。抚顺日军拿抗日武装没办法，迁怒无辜的平民百姓。鉴于这支抗日武装往返均经过了抚顺郊区的平顶山，而这里的居民无人举报告密，日军抚顺守卫队认定这里的居民“通匪”，决定将居民全部杀掉。

9月16日上午11点，日军乘汽车来到了宁静的平顶山，强迫居民离开家园前去“照相”，不去就当场打死，当时的惨状请看幸存者杨占有1954年提供的证词：

“人们被赶到山上后，鬼子说：‘你们站好，给你们照相。’接着就开枪了。这时我抱着四岁的小女杨玉英，子弹就从我的左胳膊穿过去，我倒下了。我眼看着我妻子、孩子、嫂子都被打死，他们的尸体压在我的身上，我就假装死了。屠杀继续进行有一个多小时，鬼子要走了，看见还有人没有死，又用刺刀把受伤而未断气的人扎死。刺刀从我的腰边扎过，幸好没有扎中要害。天快黑了，鬼子都走了。这时满天都是雾，细雨连绵，我从尸体中挣扎起来，扶起我的两个姑娘，只见我的妻子和姓顾的老婆的肚子都被剖开，七八个月的婴儿及大肠流在地上，我背上四岁的小女玉英，手里领着七岁的姑娘玉凤，血从我的脸上淌下，眼泪从眼眶中涌流下来。两个姑娘也在哭着，叫着：'妈呀！妈妈呀！'……我一家原有二十四口人，这次惨案中就被杀死了十八口，剩下了六个人，这血海深仇终生难忘。"[①]

据1951年抚顺市政府统计，日军在平顶山惨案中屠杀中国平民三千余名，随后，日军又在平顶山附近的栗家沟屠杀了一百三十余名村民，在千金堡屠杀了五六十名老百姓。[②]据时任伪满抚顺县长的夏宜供述：日军曾想将矿区附近的近二十个村子的百姓全部杀光，经他苦苦哀求，煤矿的日本矿长也希望停止杀戮，日军这才住手。[③]在伪满十四年间，日军在东北制造了很多惨案，诸如三肇事件、大水峪惨案、九虎岭惨案、光头山惨案等。看了这些材料，溥仪感觉毛骨悚然，他开始意识到问题的严重性了。

在运用赤裸裸的血腥镇压手段的同时，关东军更多的精力用于掠夺东北的财富，在此，侵略者同样血债累累。日本在东北建工厂、开矿山、伐森林、修道路、架桥梁，为了永远霸占东北，他们要修工事、兵舍、机场，这无疑需要大量的劳动力。本来，从晚清以来，中国人口流动大潮中有一个重要的方向——闯关东，每年有一百万左右的劳动力进入东北，日本人把这些人叫作"苦力"，把他们当作劳工，从事高强度的体力劳动，而待遇极低、条件恶劣，所以劳工的死亡率极高。

---

① 《杨占有控诉书》，载于中央档案馆等编：《东北历次大惨案》，中华书局，1989年，第8~9页。

② 《抚顺市政协委员会关于平顶山惨案的调查报告》，载于中央档案馆等编：《东北历次大惨案》，中华书局，1989年，第9~10页。

③ 《夏宜笔供》，载于中央档案馆等编：《东北历次大惨案》，中华书局，1989年，第4页。

原伪满国务院总务厅次长古海忠之在1954年6月3日交代：伪满末期，关东军在大兴安岭修筑战备工事，经伪满国务院调来了两万名中国劳工，不久关东军参谋长向伪满国务院解释，其中有六千名中国劳工死亡，请求“国务院”谅解。伪满国务院固然不会追究关东军的责任，他们痛惜的只是劳动力的损失而不是中国人的生命。古海忠之还供述：在穆棱河河道工程中，七千劳工死亡了一千七百名。[①]从这两个案例可见，劳工死亡率高达百分之二三十，这是一个多么惊人的数字，在这些枯燥的数字背后是多少个家破人亡、妻离子散的事实！劳工们每天食不果腹，衣不蔽体，劳动十几个小时，逃跑被抓回当场处死，一旦生病只能等死，死后被扒光衣服扔到乱葬岗子。东北很多矿山留有“万人坑”，就是日本侵略者的罪证。据亲历者回忆，当时这些万人坑边儿站满了狼，瞪着血红的眼睛，等着吃死尸，即使是白天人们也不敢单独经过这里。

东北劳工的惨状使得关内人民宁可饿死也不来东北，劳动力不足，伪满的日本统治者居然异想天开地搞起了“捕捉浮浪者运动”。“浮浪”是日语词汇，汉译为“流浪”“盲流”，这些人没有固定的住所和职业，日本人宣称送去劳动既能增加就业，又可减少犯罪，其实日满警察在光天化日之下在街头拉大网，只要男性平民就可能被当成“浮浪者”抓去送进“矫正辅导院”，判决当劳工。闹得街头人烟稀少，就连溥仪身边的宫廷人员上街也要佩戴特殊符号，以免被当作“浮浪者”抓走，可见局面的紧张。

日本侵略者的罪行不胜列举。在伪满期间，日本向东北移民，很多中国农民被赶出了家园，挣扎在死亡线上。日本在东北实行鸦片专卖，毒害人民，据日伪当局自己统计，1933年东北吸食鸦片者是56804人，到1937年增加到811005人。1943年，日本做出决定，要将东北变成亚洲最

① 《古海忠之笔供》，载于中央档案馆、中国第二历史档案馆、吉林省社会科学院编：日本帝国主义侵华档案资料选编《东北经济掠夺》，中华书局，1991年，第863~864页。

大的毒品产地，还制订了鼓励种植和增产计划，可见用心的恶毒。[①] 日军穷兵黩武，四处侵略，闹得民穷财尽，到伪满后期，城市居民吃穿一律凭票供应，小商小贩倒腾点儿紧俏商品就是“经济犯”，中国人民吃一顿大米饭都可能被治罪，这哪里是什么“五族协和的王道乐土”，简直就是一座人间地狱！

自请最严厉的惩罚

溥仪翻看这一份份揭发、证明的材料，感到了极大的震撼。他回忆说：“关于日本侵略者在东北造下的灾难，我过去从来没听人具体地谈过，也从来没有在这方面用过心。我多少知道一些东北人民的怨恨，但是我只想到那是东北人与日本人之间的事，与我无关。历史过去了十来年，到今天我才如梦初醒，才感觉到真正的严重性。”[②] 因为检察人员将一份份溥仪亲笔裁可的“法律”放在桌子上让他确认，溥仪无可抵赖地点头认账，正是依据这些所谓的“法律”，日本侵略者对中国东北人民犯下了滔天罪行。溥仪回忆说，自己内心中充满了懊悔和悲伤，支撑他前半生的信念坍塌了，他不是与众不同、高高在上的伟大人物，而是一个给东北人民带来深重苦难的灾星。看着每一份证明材料最后千篇一律的报仇申冤的请求，他想到了陈宝琛师傅的一句话：“天作孽，犹可违；自作孽，不可活！”自己给东北人民造了多大的孽！

多少年来，溥仪有一个自我安慰的理由——他无力抗争关东军的淫威，他助纣为虐、为虎作伥是被逼无奈，世人应该给予他谅解和同情，但现在他看到了不屈的中国人——杨靖宇、赵尚志、赵一曼，知道了八女投

① 姜念东等著：《伪满洲国史》，吉林人民出版社，1980 年，第 422~425 页。

② 爱新觉罗 · 溥仪：《我的前半生》，群众出版社，1964 年，第 454 页。

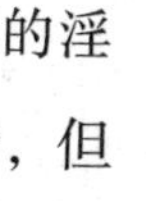

江的故事。就拿赵一曼来说，她被捕的时候受了枪伤，日军把她送到医院治疗，这期间赵一曼居然说服了执行看守任务的姓董的警官和姓韩的护士，帮助她逃出了虎口。日军把赵一曼抓回来后执行了死刑。新中国政府在伪满滨江省警务厅的档案中找到了一份标明“特密第 8853 号”的报告，里面记录了赵一曼临刑前写给儿子遗书的内容：

母亲对于你没有能尽到教育的责任，实在是遗憾的事情。母亲因为坚决地作了反满抗日的斗争，今天已经到了牺牲的前夕了。母亲和你在生前是永久没有再见的机会了。希望你，宁儿啊！赶快成人，来安慰你地下的母亲。我最亲爱的孩子啊！母亲不用千言万语来教育你，就用实行来教育你。在你长大成人之后，希望不要忘记你的母亲是为国而牺牲的！一九三六年八月二日。

这份档案最后以“其他参考事项”的标题，收录了帮助赵一曼逃脱的韩护士的供词。这位跟赵一曼仅有几天接触的年轻护士说：“自己住在满洲国，走着满洲国的街道，坐着满洲国的车，使用着满洲国国币，吃着满洲国的出产，这都是由于住在满洲国，出于不得已的事情。在自己的五脏之中所流着的热血，是中华民国的热血，我期待着将来的抗日战线得到扩大，把日本人从东北驱逐出去，再挂起中华民国旗子的日子！”[①]韩护士的最终结局没有记载，但在法西斯淫威笼罩下的伪满，她是冒死说出了自己的心声。

对比之下，溥仪开始感到自己的可耻可恶，他决定深刻检讨，全面交代，为此，写了长达两万字的交代材料。他沉痛地写道：“我自幼生长在清朝封建家庭，一贯受封建思想教育的毒素，娇生惯养，身无一技之长，只

① 《伪滨江省警察厅关于赵一曼的情况报告》，载于中央档案馆等编：《东北历次大惨案》，中华书局，1989 年，第 71~72 页。

是妄自尊大，坐食享受，存在着极深刻的身份等级观念，轻视劳动人民，根本不懂得人民的智慧和力量。在家庭读书，都是为封建统治阶级服务的孔孟学说和为封建帝王服务的歪曲历史，竟把‘忠’字看成对封建制剥削阶级的帝王的尽忠，竟把‘祖国’看成一家一姓的封建帝王的‘祖国’。这一切都是从个人利己主义为出发点的。因此，我所做的所想的都是开倒车、反人民的、行不通的、处处碰壁的。更加上崇拜帝国主义，受它的欺骗的奴化思想教育，并且竟妄想恢复清朝的罪恶统治迷梦，竟认敌为友，要利用帝国主义，反为帝国主义所利用，成为日本帝国主义强盗们的万恶工具，成为祖国的叛徒。”

溥仪不厌其详地交代了自己跟日本侵略者勾结的细节，向日寇献媚讨好的种种事实，甚至主动交代了检察人员并不很感兴趣的婉容私通的事情，反省了自己对用人非打即骂的“蹂躏人权”的罪行。对于自己，他不惜使用了“恬不知耻，丧尽人格”“万代唾骂，狗彘不食”“该死”“太不是人”等字眼。

溥仪总结了自己的几条大罪：“勾结帝国主义，背叛祖国，当日寇的走狗；伪满的成立，东北成为日寇军事基地，给祖国带来历史空前大灾难；伪满十四年，给东北人民带来殖民地的无限灾难；十四年的伪满一切伪诏书、法令，都是施行日本帝国主义政策统治东北人民的。这一切伪诏书、法令都是我签名和裁可才发生效力。这签名的罪恶后果，是无法估量的，这一切滔天大罪，完全是我的责任。”

最后，溥仪提出了这样的请求：“我现在认识了自己的罪大恶极，现在我诚恳地向祖国人民政府和祖国人民认罪，请给我最严厉的惩罚。”①

① 《爱新觉罗·溥仪笔供》，载于中央档案馆编：《伪满洲国的统治与内幕——伪满官员供述》，中华书局，2000 年，第 1~27 页。

溥仪看到了希望

到 1954 年底，对伪满战犯的侦讯工作告一段落，溥仪在所有讯问记录和检举材料上签字确认。他估计随着侦查工作的结束，下一步就是起诉、审判，等待他的是什么结果呢？虽然溥仪主动请求国家给他最严厉的处罚，但并不意味着他不愿意活下去，可是溥仪也知道这是奢望，东北人民在伪满期间蒙受了太多的苦难，如果像他这位皇帝都能逃脱死刑，那么还有谁该死呢？

1955 年 3 月的一天，溥仪被叫出监室，换上一套体面的衣服，前往战犯管理所的会议室，一同前去的还有伪满国务总理张景惠和溥杰。推门一看，只见满屋明晃晃的一片肩章，坐满了军人，溥仪的第一反应是要开军事法庭，没想到将军们都很和蔼，其中一位叼着烟斗、留着胡子的老军人操着一口湖南话跟溥仪攀谈起来，询问溥仪的宫廷生活，细致地问当时吃什么，跟大臣、嫔妃们如何交往等。溥仪有问必答，同时不失时机地反省忏悔。

谈了一会儿，留胡子的老军人又把注意力转到了张景惠身上，问他多大啦？张景惠毕恭毕敬地说："报告长官，老朽今年八十。"管理所的工作人员立即补充说张景惠八十四岁，有些颠三倒四，这次侦讯没让他过堂；另外，一口牙全掉了，现在只能吃流食，大多时间卧床养病。

最后，那位留胡子的老军人在询问了溥仪的改造情况后，郑重地对溥仪说："好好学习、改造吧，你将来能亲眼看到社会主义建设实况的。"①

在回去的路上，溥杰悄悄告诉溥仪，那位留胡子的老军人叫贺龙，是国务院副总理，还有一位不大说话的老军人也常在报纸上看到，可能是聂荣臻。溥仪感到震惊，尤其是贺龙说他能见到社会主义建设实况，这意味着什么？回到监室，跟众人一说，大家分析研究后认为溥仪可能会被免除

① 爱新觉罗·溥仪：《我的前半生》，群众出版社，1964 年，第 471 页。

死刑。溥仪顿时转悲为喜，高兴了很多天。其他战犯从中看到了希望，也很高兴。

一年之后的1956年3月的一天，溥仪又被叫出监室，换上一身整齐的衣服，前往会议室。一进门，溥仪顿时惊呆了，他迟疑片刻，突然哇的一声哭了起来。原来，来人是他的叔叔载涛。

载涛也流泪了，叔侄落座，载涛讲了皇族的新生，讲了满族当家做主的事实，告诉他现在全国满族有二百四十万人，溥仪惊讶不已。当然，载涛也带来了不好的消息——溥仪的父亲载沣在1951年病逝了。溥仪听说父亲死了，并不感觉意外，但还是哭出了声儿。

载涛说了让溥仪惊讶的一句话："是毛主席让我来看你的。"原来，载涛是全国人大代表，在不久前的全国人大会议上，经周恩来引见，见到了毛主席。由于周恩来介绍说这是光绪的弟弟、宣统的叔叔，所以，话题自然提到了溥仪。载涛表示跟溥仪划清界限，说已经登报宣布脱离了关系。毛主席说我们要消灭的是剥削阶级，不是哪个人，你们家族应该关心溥仪，你可以去看看溥仪。就这样，经北京市公安局安排，载涛来到了抚顺。溥仪听到这里，激动不已，他感动于领袖的关心，更坚定了改恶从善、重新做人的信念。

1956年6月9日，特别军事法庭在沈阳开庭，关押在抚顺战犯管理所的三十六名日本战犯先后被押上了被告席。其中既有伪满国务院总务厅长官武部六藏（因病未出庭）、次长古海忠之、陆军中将铃木启久、藤田茂等高级别的战犯，也有在伪满期间做过副县长的岛村三郎那样的下级战犯，他们既胆战心惊，又充满了悔恨，在庄严的法庭上不敢抬头。

溥仪作为证人出庭，从总体上陈述了关东军操纵伪满洲国的事实，他不是受害者，是污点证人。在法庭上，很多受害者在做证时情绪激动，甚至要冲出证人席，去跟被告拼命，被执勤军人拦住。有的日本战犯跪地大哭，连连磕头，当庭请求判处死刑。

这样的场面很多，这对溥仪刺激很大，他同样胆战心惊，心怀悔恨。

1956年7月20日，法庭正式宣判，所有被告分别被判处十二到二十年不等的有期徒刑。由于刑期从1945年战败被俘开始计算，所以，这些战犯不仅绝处逢生，而且，很快就能出狱了，个个感激涕零。而那九百多名日本下级战犯干脆直接释放回国。当时，毛泽东、周恩来考虑到战争已经结束十多年的事实，结合战犯们的悔罪表现，着眼于中日友好的未来，从轻发落了这些昔日的恶魔。事实证明，这近千名日本战犯大多没有辜负中国政府的好意，为中日友好做了很多工作。像藤田茂、古海忠之等人成了战犯改造的典型。

日本战犯处理完毕，绝大多数人被释放回国。以溥仪为首的伪满战犯因此看到了希望，他们完全相信了新中国政府，相信自己的前途也同样是光明的。然而，此时的溥仪心情却不能平静，谁能想到，溥仪又经历了一场感情风波，面临着一个新的考验……

这是怎么回事儿？

第二十二章 走向新生

1955年，溥仪与十年不通音信的妻子李玉琴取得了联系。此间李玉琴历经坎坷，依然痴情不改，苦苦等着丈夫，她接到溥仪的来信，立即前来抚顺探视，但几次见面，却动摇了她的信念，进而提出离婚，这是为什么呢？面对这场感情风波，溥仪是怎样表现的呢？

新中国成立十年之际，国家决定对战犯实行特赦。战犯们议论纷纷，普遍认为溥仪不会被赦，然而，在特赦大会上溥仪第一个被叫上了主席台。这其中的深层原因是什么呢？

“福贵人”来到了战犯管理所

溥仪相信政府，积极改造，看到了希望，就在此时，他面临了一场感情风波。这是怎么回事儿呢？原来，溥仪找到了失散多年的妻子李玉琴，故事就从这里展开了。

溥仪有过四位妻子：皇后婉容、淑妃文绣、贵人谭玉龄、李玉琴。其中文绣早在 1931 年就跟溥仪离婚了，谭玉龄死在 1942 年，婉容死在伪满垮台后东北的大动荡中，所以，此时溥仪只有一个妻子——李玉琴还活在人世间。

李玉琴是 1943 年春进宫的，她顶的是谭玉龄的缺。溥仪对夫妻生活不太热心，谭玉龄死后并没有急于续弦，但他又怕谭玉龄腾出来的这个“编制”空缺时间过长，关东军可能给她指派一位日本女性，所以选择了李玉琴。

李玉琴进宫两年后伪满就垮台了，她被溥仪扔在了临江的大栗子，后来历经千难万险，辗转回到了长春娘家，又被溥仪的亲信送到北平。但溥仪在北平的亲属大多不愿意沾伪满的边儿，最后溥仪的堂兄溥修收留了她，当时皇族大多破落了，李玉琴在天津溥修家中过了几年艰苦的生活，1953 年的旧历新年前夕，她冒着纷飞的大雪，返回了长春娘家，回到了亲人身边。

新中国建立后，往日的穷人翻身做主，过上了扬眉吐气的日子。李玉琴家本来出身穷苦，根红苗正，却偏偏沾了伪满的边儿，在当时的政治气候下，亲朋好友难免不受牵连。李玉琴回到长春，家庭条件不好，自然也想谋一份职业，但没有一个单位敢于接收这位特殊身份背景的人。很多人质问李玉琴：你说你出身贫寒，当年进宫并不是自愿的，那么现在是新社会了，为什么还在苦苦等着溥仪？难道你还想重新过当年贵人的生活？二十出头的李玉琴无言以对，默默地承受着来自四面八方的压力。

其实，李玉琴之所以颠沛流离，历尽千辛万苦痴情不改，是因为她对溥仪的感情很深。当年入宫的时候，毕竟年仅十五岁，连“二八佳龄”都算不上，是个不大懂事儿的小女孩。溥仪常来看她，两人像谈恋爱一样，非常纯真，不越雷池一步。总的来说，溥仪对她很关心，李玉琴有个头痛脑热，溥仪常常陪在身边，嘘寒问暖，平时不厌其烦地教她宫廷礼节，给她买玩具，做花衣裳，甚至拉着她的手海誓山盟。当然，溥仪有时不高兴，也打骂过李玉琴，但事后总能后悔地道歉，所以，在李玉琴的眼中，溥仪是她的初恋情人，是她心中的偶像，无论多么艰难困苦，都没有动摇她等待溥仪的信念。

到 1955 年夏，李玉琴跟溥仪挥泪相别已经整整十年了，她想了很多办法打听溥仪的下落，始终杳无音信，然而，此时她突然收到了溥仪的来信，双手颤抖地打开信封，看到“我亲爱的玉琴”这几个字，顿时放声大哭。看完信，她立即给溥仪回信，提笔写道：“亲爱的溥仪：十年渴望的人来信了，我真不知高兴得如何是好，我害怕这又是做梦……”[①] 李玉琴还在信中提出了前往抚顺看望溥仪的请求。

原来，1955 年 6 月，抚顺战犯管理所宣布战犯可以跟家属通信，可是，当年的统治者变成了阶下囚，十年过去了，谁还知道自己的家属住在

---

① 爱新觉罗 · 溥仪：《我的前半生》（全本），群众出版社，2007 年，第 400 页。

哪里呢？其实，管理所考虑到了这点，为战犯们提供了帮助。于是，溥仪抱着一丝幻想给李玉琴写了一封信，几经辗转，终于交到李玉琴的手中。不久，溥仪也接到了李玉琴的回信，由于李玉琴请求前来探望，溥仪请示了战犯管理所，获得批准，溥仪回信请她前来，于是，十几天后，当年伪满宫廷的福贵人来到了抚顺战犯管理所。溥仪后来回忆了看到妻子时的感受："我面前的那个小女孩，已经是个长成熟的、容貌焕发的、美丽而温柔的少妇了。花布衣代替了从前的绫罗绸缎的旗袍，脸上没有了脂粉，梳着两个小辫，正像在报纸和画册上所看到的青年女工那样。脸上已经没有长春时代的稚气和娇态。我第一次看见了最亲切的微笑和想念的眼泪。她给我带来了手绢、袜子、糖果、纸本、相片，就像我从书上看到的探望远地丈夫的妻子所做的那样。"①

婚姻波折的考验

其实，事情坏就坏在了见面上，李玉琴如果把对溥仪的思念永远埋在心中可能结果会理想些。几十年后，李玉琴也回忆了这次见面，她的感受跟溥仪相反："当我第一眼看到溥仪时，简直认不出他来了。走时他三十九岁，可以说风华正茂，加上他注意修饰，看起来要比真正年龄小得多。现在十二年以后，他将过五十岁，头发已经白了不少，看上去比实际年龄老多了！我记忆中他年轻时的样子是天子、皇上、了不起的人，是我崇拜的偶像。但现在，也许是我的思想起了变化，再也看不出他当年那种高不可攀的仪表了，文人学者的潇洒派头和将军般的威风也都不见了。眼前这个一副拘谨样子的老头儿真是个犯人样。但他还是强作很精神、蛮高兴的样子。看起来叫人不舒服，心里一阵冰凉！领他出来的那个解放军对我说：

① 爱新觉罗·溥仪：《我的前半生》（全本），群众出版社，2007 年，第 401 页。

‘溥仪改造得有进步，现在饭量也很大。’我听那完全是对待犯人的口气，心里很难过。”①

当然，也不能说李玉琴以貌取人，嫌贫爱富，但毕竟支撑她十年的心灵偶像、精神支柱坍塌了，这对她是个巨大打击。尽管如此，李玉琴在一年半之内连续五次前往抚顺探望溥仪。每次前往她都承受着巨大的压力。去一次抚顺乘车、吃饭、住宿再加上给溥仪买一点儿礼物总要三四十元钱，这在当时是一笔数额不小的支出，李玉琴没有收入，只能找人借钱，但时间一长，只借不还，难免受别人的白眼。再则，长途跋涉来到抚顺，跟溥仪谈上一会儿就得分别，还要忍受别人指指点点的难堪。溥仪又总是唠唠叨叨地认罪忏悔，说自己对不起党，对不起国家，对不起东北人民，这除了让李玉琴确信自己是一个汉奸老婆以外，还能意味着什么？其实，这也不怪溥仪，毕竟见面的地点是在战犯管理所，那不是谈情说爱的地方。

然而，跟李玉琴的感受相反，溥仪找到了“感觉”，并且感觉好极了。他回忆说：“从第一次会面起，我忽然似乎懂得了什么叫作夫妻，什么叫作恋爱。当1956年的春天降临时，我真感到了春天，政府的宽大，人民的宽大，妻子的爱情，这就是我的春天，我的希望。”另外，李玉琴在信中说要跟溥仪“重新建立新社会的幸福家庭”，也让他浮想联翩，憧憬不已。②就在这热烈的期盼中，溥仪等来的却是一瓢冷水。1956年12月，李玉琴来到抚顺，正式向溥仪提出离婚，理由是年龄差距大，兴趣不合。其实，深层的原因李玉琴也无法明讲，说到底还是政治问题。

此时的李玉琴经长春市政协过问，被安排到市图书馆工作，属于国家干部，职位较为理想。按说职业问题解决了，她可以安心等溥仪了，其实

---

① 李玉琴：《我离开溥仪以后》，载于吕长赋等编：《溥仪离开紫禁城以后——爱新觉罗家族成员的回忆》，文史资料出版社，1985年，第301页。

② 爱新觉罗·溥仪：《我的前半生》（全本），群众出版社，2007年，第401页。

不然，刚刚走上工作岗位的李玉琴立志为人民服务，如饥似渴地学习马列主义，于是，一个现实问题摆在面前：能不能跟溥仪划清界限呢？这是一个考验。

另外，一个更现实的问题是溥仪何时才能出狱？自己等他要等到什么时候？按当时人的理解，政府不杀溥仪就算宽大了，谁能想到溥仪将恢复自由，重新拥有政治地位？她想自己承受这样大的压力，背着黑锅，到头来还不是竹篮打水一场空！李玉琴毕竟才二十八岁，她经过激烈的思想斗争，为了自己的前途，也为了亲朋好友永远摆脱伪满的阴影，毅然做出了离婚的选择。

当时，婚姻问题由组织决定，溥仪的组织就是战犯管理所，所方坚决不同意李玉琴离婚的请求，理由是不利于溥仪的改造，但又回答不了李玉琴的质问：你们叫我等溥仪，究竟要等到什么时候？换句话说，你们什么时候释放溥仪？这个问题问得战犯管理所的领导十分恼火，一则这不是犯人家属的口气；二则也根本无法回答。伪满战犯侦讯完毕至今没有起诉、审判，谁知道溥仪要关到何时？为此双方闹得很僵，但李玉琴非要离婚不可。战犯管理所想了各种办法，甚至留李玉琴住了一宿，依然无法打动她。

溥仪听说要离婚，当时就哭了。溥仪一再恳求李玉琴，不见效果，最后哭着说离婚后你还能来看我吗？李玉琴答应以后像兄妹那样相处，还来看他，溥仪抹着眼泪答应了。

溥仪特意跟管理所所长沟通，表示自己年纪大，身体不好，为了李玉琴今后的幸福，希望所方批准离婚。管理所所长沉思半晌，说道："不把自己幸福建筑在别人的牺牲上，这是对的。"①

当时中国离婚案件的审理相对烦琐，直到 1957 年春，法院才判决二

① 爱新觉罗·溥仪：《我的前半生》（全本），群众出版社，2007 年，第 406 页。

人解除婚姻关系。李玉琴没有分割溥仪的财产，溥仪的珍宝存在战犯管理所，他表态献给国家，国家尚未处理此事，此外溥仪一无所有。不过溥仪分担了李玉琴的部分债务，原来，李玉琴五次探望溥仪，其中几次路费是向长春的一个老中医借的，这位老中医在伪满时常进宫看病，跟溥仪有些交往，愿意借钱给李玉琴，这笔债务现在转由溥仪承担。

在这场感情风波中，溥仪的表现是值得肯定的，他没有从自己的利益出发，能够为别人着想，可见他在进步，他经受住了考验，思想未发生大的波折。

谁最可能被特赦

其实，李玉琴跟溥仪离婚的时候，正是溥仪改造大见成效的关键时刻。1957年1月，最高人民检察院释放了被关押在抚顺战犯管理所中的溥仪的随从——侄子毓嵒、毓嶦、毓嵣，随侍李国雄和医生黄子正等人，他们当年被溥仪选中一同出逃日本，在沈阳被俘，关押至今，根本算不上战犯。过了几个月，溥仪的妹夫万嘉熙、润麒也被释放，他们在伪满担任一般军官，没什么直接的罪恶。这是个积极的信号，表明政府将陆续解决溥仪的问题。

同年，战犯管理所组织战犯到沈阳、鞍山、长春、哈尔滨参观。经过第一个五年计划，东北成了中国的重工业基地，到处是一片生机勃勃的景象，人民的生活水平和精神面貌都远非过去可比。在鞍山，战犯们看到了宏伟的钢铁企业，听说鞍钢一年的钢产量就相当于过去日本人经营三十年产量的总和，大家激动不已。在长春一汽，看着一辆辆崭新的卡车开下生产线，他们同样感到自豪。战犯们还参观了哈尔滨的七三一细菌部队旧址和东北抗日烈士纪念馆，看到烈士的遗像遗物，战犯们悔恨不已，有的人

失声痛哭，跪地磕头。

同时，溥仪参加了战犯管理所的各种活动，他还自学了中医。溥仪本来对中医很有兴趣，读过很多医书，也能开方下药，现在他穿上白大褂，挂着听诊器，在管理所的医务室帮医生给战犯们检查身体，他幻想将来出狱后以行医为生，自食其力。1958年，他郑重其事地要求管理所收下代为保存的几百件珍宝，政府满足了他的愿望，给他留下了一块金怀表。

1959年9月18日清晨，管理所的广播按时响了起来，在一阵嘹亮的《歌唱祖国》的乐曲后，广播员播出了一个令人震惊的消息：毛泽东主席代表中共中央，向全国人大常委会提出建议，在中华人民共和国建国十周年的时候，特赦一批确实已经改恶从善的战争罪犯。紧接着又播出了刘少奇主席的特赦令。广播完毕，战犯们欢声雷动，掌声经久不息。

激动完后是冷静的思考，无疑，“特赦”跟“大赦”不同，是按一定的标准赦免一部分人，这个标准是“改恶从善”，而如何才能算是改恶从善呢？到底谁能被特赦呢？战犯们心情焦躁，胡乱猜测，但大家意见一致，放谁也不会放溥仪。

其实，跟大多数人的猜测相反，恰恰是溥仪被释放的可能性最大。

关于溥仪的历史罪行，人们普遍有一个误区——把职位跟罪恶等同起来。溥仪做了伪满十四年的傀儡元首，地位之高连关东军司令表面上对他都毕恭毕敬，他裁可了无数的“法律法规”，构成了日本奴役东北人民的“依据”，表面看来，溥仪罪大恶极，十恶不赦，但是，溥仪有三点可以从宽的情节：

其一，溥仪没有直接的血债，他的罪行离人民的苦难隔着很多环节，跟那些领着日军进村杀人放火的汉奸比起来，跟那些瞒上欺下帮日本人奴役中国劳工的汉奸把头比起来，溥仪不存在直接的民愤。

其二，不是溥仪请来了日本侵略者，也不是他把东三省沦为日本的殖民地，关东军利用了他复辟大清朝的动机，把他骗来了东北。东北人民十四年亡国奴的苦难的加害者主要是日本侵略者，这是“首恶”，而溥仪是个“胁从”。

其三，溥仪在伪满期间始终是个傀儡。1946 年 9 月 4 日，当年伪满宫廷的帝室御用挂吉冈安直向苏联方面供述：“满洲国皇帝溥仪不过是个傀儡，没有任何提议立法等实权，法律都是由关东军司令部制定，只不过以皇帝的名义颁布而已。”[1] 所以，溥仪仅是关东军自欺欺人的一块遮羞布。据王庆祥的《毛泽东周恩来与溥仪》记载，1955 年最高人民检察院向中央呈报了对伪满战犯的处理意见，拟对二十一名伪满战犯判处死刑，对溥仪的量刑建议是无期徒刑。[2] 可见，国家本着实事求是的原则，认定了溥仪的傀儡地位，并没有要他承担起全部罪责。

还有一个重要因素也必须考虑，表面上看，特赦是法律问题，但实质上是个政治问题，新中国的领导者要根据国家利益作通盘考虑。早在 1956 年，毛泽东主席在中共中央政治局扩大会议上就谈到了溥仪，他说：“连被俘的战犯宣统皇帝、康泽这样的人也不杀……这些人一个不杀有什么害处呢？能劳动改造的去劳动改造，不能劳动改造的就养一批。反革命是废物、是害虫，可是抓到手以后，却可以让他们给人民办点事情。”毛主席接着说：“对一切反革命分子，都应当给以生活出路，使他们有自新的机会。这样做，对人民事业，对国际影响，都有好处。”[3] 毛泽东的讲话是一个信号，这点明了溥仪的前途和价值。

溥仪的价值在于他做过大清朝的皇帝，这不仅不会加重他的罪孽，而且有助于提高他的被关注度。对于新中国的领导者们来说，这个王朝是遥远的童年记忆，他们不否认清朝的正统合法地位，老百姓也基本淡忘了清

① ［日］中田整一著，喜入影雪译：《溥仪的另一种真相——秘藏日本的伪满皇宫最高机密》，上海人民出版社，2009 年，第 4 页。

② 王庆祥：《毛泽东周恩来与溥仪》，人民出版社，1993 年，第 45 页。

③ 毛泽东：《论十大关系》，载于《毛泽东文集》第 7 卷，人民出版社，1999 年，第 38~39 页。

朝统治时期的苦难。作为这个王朝的皇帝和中国历史上的末代皇帝，溥仪具有一定的国际影响，出于对历史的尊重，出于国家利益的现实考虑，溥仪无疑是特赦的最佳人选，因为改造一位皇帝是人类历史上空前绝后的奇迹！

从1959年起，溥仪更多地进入了中央高层的视野。他在抚顺战犯管理所多次接受外国记者的采访，做出了得体的回答；另外，他在战犯管理所写的自传经过补充润色后呈交中央领导传阅，每一个阅读者都为溥仪的传奇经历所吸引，为他大胆的揭露和真诚的忏悔而感动。

果然，新中国高层拍板决策——赦免溥仪。今天回过头来看，这一决定经受住了历史的考验。

融入人群中

据原抚顺战犯管理所副所长金源回忆，1959年9月30日，他们接到了特赦名单，首批特赦十人，第一名就是溥仪。很多人对特赦溥仪深感意外，倒不是对溥仪有什么偏见，而是感到由此带来的思想工作的压力；另外，战犯管理所想得很周全，考虑到这毕竟是个出乎意料的结果，为了使特赦大会圆满举行，所方领导密切关注溥仪的动态，并准备适时跟溥仪谈一谈。

其实，跟魂不守舍的很多战犯不同，溥仪在特赦这个问题上表现得相对冷静。他后来回忆说：特赦对战犯们的最大吸引力是亲人团聚，但他却不存在这方面的问题，因为父母都不在人世了，无儿无女，最后一个妻子也跟他离婚了，自己成了个无家之人，在战犯管理所有吃有穿，也不存在谁歧视谁的问题，所以，他对这里的印象并不坏。当然，不能说溥仪不盼着被特赦，至少“改恶从善”四个字对他来说是极具吸引力的，这么多年他为东北人民蒙受的苦难背负着沉重的心理负担，渴望得到宽恕和谅解；再则，向往自由是人类的天性，所以，溥仪同样渴望被特赦，只是相对理性一些而已。

在特赦大会举行的前两天，1959 年 12 月 2 日深夜 11 点，溥仪被叫出监室，来到了谈话室，这不是单独谈话，还有一些管教人员在场，溥仪稍显紧张。金源副所长向溥仪提出了第一个问题：你对政府即将做出的特赦有什么感想和看法？溥仪表达了感激和受到的激励，列举了改造好的战犯，认为这些人可能被赦免，他表示跟别人相比，自己还有差距，但今后将积极争取，努力改造等。总之，回答十分得体。

金源紧接着提出了第二个问题：如果特赦有你，将怎么办？这个问题很尖锐，实际上是在暗示溥仪可能获得特赦，让他有心理准备。溥仪说如果有我，完全是党对我的宽大，我前半生有罪，党给我改恶从善的道路，后半生一定好好跟党走。[1] 金源很满意，结束了接见。溥仪回到监室，他基本上读懂了金源的暗示，激动得一宿未眠。

1959 年 12 月 4 日上午，三百多名战犯被集中到管理所的礼堂，[2] 只见主席台的上方悬挂着“抚顺战犯管理所特赦大会”的横幅，两边分别挂着“劳动改造，重新做人”“改恶从善，前途光明”的标语。辽宁省人民政府的领导、省高级人民法院、检察院、公安厅的领导在座。在宣布大会开始之后，辽宁省高级人民法院副院长刘生春走向了主席台中央的讲台，现场顿时鸦雀无声，无数双渴望的眼睛聚焦到他身上。

刘生春拿起《特赦通知书》，向台下喊道：“爱新觉罗 · 溥仪！”

溥仪稍一迟疑，立即喊了一声：“有！”然后起身走上台去，立正站好。

---

① 金源：《一次伟大的历史实践——对改造伪满战犯的回忆》，载于孙邦主编：“伪满史料丛书”《伪满覆亡》，吉林人民出版社，1993 年，第 539 页。

② 笔者按：此时部分国民党集团战犯也迁来抚顺关押，故有三百人之众。

刘生春开口念道:“中华人民共和国最高人民法院特赦通知书:遵照一九五九年九月十七日中华人民共和国主席特赦令,本院对在押的伪满洲国战争罪犯爱新觉罗·溥仪进行了审查。罪犯爱新觉罗·溥仪,男性,五十四岁,满族,北京市人。该犯关押已经满十年,在关押期间,经过劳动改造和思想教育,已经有确实改恶从善的表现,符合特赦令第一条的规定,予以释放。中华人民共和国最高人民法院一九五九年十二月四日。”

念罢,刘生春副院长向溥仪递过《特赦通知书》,溥仪立即俯身低头,双手高举,虔诚地接过了通知书,并置于额头,深深鞠躬。

溥仪向政府表达了感激,发誓永远跟封建思想决裂,永远跟党走,永远改造自己,说到激动之处,痛哭失声。就在溥仪挥泪的这一时刻,世界各大通讯社发布了这一消息,这位做了十四年日本傀儡政权名义元首的传奇人物结束了十四年的监禁生涯,自由了!

1959 年 12 月 8 日午后,溥仪走出了抚顺战犯管理所的大门。他无儿无女,没有家室,全部财物是一只空空的黑皮箱、一块金怀表和管理所发的 18 元人民币。他做过大清朝的皇帝和伪满洲国的元首,现在成了真正的“无产阶级”,但他一点儿也不悲观,他要做个医生,治病救人,自食其力。管理所门前挤满了欢送的人群,领导笑了、看守笑了、手握钢枪的哨兵笑了,溥仪也笑了,他现在坐汽车去抚顺火车站,乘火车前往沈阳,然后换乘当晚开往北京的特快列车,预计将于第二天清晨抵达北京。战犯管理所派人全程陪同。

十几分钟之后,汽车抵达目的地。溥仪下车,深深呼吸了一口清冷又含着淡淡煤烟味儿的空气,掩饰不住内心的兴奋和激动,他看到人来人往的车站广场,看到每个人脸上饱满的神情,他为自己成为这些人中的一员而感到自豪。突然,他看到了车站大楼上的三个大字——抚顺站,顿时热泪盈眶……

抚顺是一座英雄的城市,三百多年前,这块土地上出现了一位了不起

1959年12月8日午后，溥仪走出了抚顺战犯管理所的大门。他无儿无女，没有家室，全部财物是一只空空的黑皮箱、一块金怀表和管理所发的100元人民币。

喻大华语录

溥仪向政府表达了感激，发誓永远跟封建思想决裂，永远跟党走，永远改造自己，说到激动之处，痛哭失声。

的大英雄，他身穿铠甲，骑着大马，背着大刀，梳着大辫子，率领子弟起兵报仇，将十万明朝军队杀得落花流水，经过几代人的努力，建立了雄踞东方的大清帝国。这位英雄的名字叫努尔哈赤！抚顺因此成了清朝皇帝的祖籍地，是清朝开国大业的起点！

今天，努尔哈赤的嫡系子孙——清朝的最后一位皇帝爱新觉罗·溥仪在祖先的故里完成了从皇帝到公民的转变，这是一个世界奇迹！

溥仪抹了把眼泪，拎起黑皮箱，踩着满是冰雪的路面，头也不回地走进了火车站，融入人群中……

后记

1959年12月4日，溥仪在抚顺战犯管理所蒙受特赦，9日清晨，他乘火车回到了阔别三十四年的故乡北京。按照其风靡世界的长篇回忆录《我的前半生》的思路，此后应该是他的“后半生”，但直到1967年10月17日孤独地病逝于北京人民医院为止，其后半生仅有短暂的八年。

此间，溥仪最初被安排在香山脚下的北京植物园劳动了一年，1961年任全国政协文史资料研究委员会专员，1962年与李淑贤女士结婚，1964年任中国人民政治协商会议全国委员会委员，这是他一生中的最后一个政治身份。

在溥仪短暂的后半生中，他热爱新生活，讴歌新社会，珍惜改造的成果，以公民的身份为荣，受到毛泽东、周恩来的多次接见。但也应指出，走向新生的溥仪依然不乏困顿和烦恼：他生活自理能力有限，难以适应独立生活的环境；他人际交往经验不足，不乏天真幼稚的一面；他力图摆脱前半生的阴影，但终究摆不脱“末代皇帝”的称谓。而且，在其生命的最后两年中，因疾病缠身又面临“文革”的政治气候，风雨飘摇的晚景就可想而知了。

比较而言，1965年患病前在全国政协工作的几年是溥仪一生中最为舒心的时光，他终于远离了政治旋涡，过着自由的生活。此间，他倾注巨大心力，反省自己的过去，写下了长篇回忆录——《我的前半生》，这是可以长久流传的20世纪中国引以为荣的精神遗产之一。

溥仪死于肾癌、贫血性心脏病等，他离开人世的时候，祖国正处在“文革”风潮之中，他走得无声无息，然而，在他逝去的二十多年后，一股“末代皇帝热”悄然兴起，长盛不衰，各种形式的作品层出不穷。

早在20世纪80年代初，我阅读了《我的前半生》，立即被溥仪传奇的经历所吸引，也想围绕这位重要的历史人物做些研究，此后，阅读了不少相关材料和成果，思考了一些问题，发表了有关溥仪研究的论文，但最初的愿望并未全实现。

与研究其他清朝皇帝不同，研究溥仪，除了官书正史以外，有众多当事人的回忆录可资借鉴。首屈一指的无疑就是畅销不衰的《我的前半生》，该书不同于一般回忆录的隐恶虚美，深刻大胆地揭露了自己的心路历程和鲜为人知的历史真相，并做了一定的去伪存真的考辨工作，具有重要的史料价值。此外，溥仪的弟弟溥杰、弟媳嵯峨浩，妹夫万嘉熙、郑广元，侄子毓嵒、毓嶦、毓塘，随侍李国雄、前妻李玉琴等人也都有回忆录（个别作品由当事人口述，王庆祥、贾英华撰写整理成书）流传。与溥仪有交往的历史人物、溥仪被关押时期战犯管理所的领导、工作期间的同事也著有回忆作品。从史料学的角度来看，回忆录虽然属于第一手资料，但相对粗糙，笔者以各种回忆录相互印证，参考公开出版的伪满史料，加以理解诠释，大体可以还原一些重要历史片段的原貌。

我冒昧地僭越了众多学问高深的学者，撰写了这本小书，感谢各位的宽容和厚爱。我将永怀感恩之心，仰视我的读者。谢谢您！

喻大华

图书在版编目（CIP）数据

末代皇帝：喻大华评说宣统帝 / 喻大华著. —北京：中国工人出版社，2020.1
ISBN 978-7-5008-7360-0

Ⅰ.①末… Ⅱ.①喻… Ⅲ.①爱新觉罗·溥仪（1906—1967）—评传 Ⅳ.①K827=7

中国版本图书馆CIP数据核字（2020）第028081号

末代皇帝：喻大华评说宣统帝

出 版 人	王娇萍
责任编辑	李　倩
责任印制	黄　丽
出版发行	中国工人出版社
地　　址	北京市东城区鼓楼外大街45号　邮编：100120
网　　址	http://www.wp-china.com
电　　话	（010）62350006（总编室）　（010）62005043（印制管理中心） （010）62379038（社科文艺分社）
发行热线	（010）62005049　（010）62005042（传真）
经　　销	各地书店
印　　刷	三河市东方印刷有限公司
开　　本	710毫米×1000毫米　1/16
印　　张	21.5
字　　数	294千字
版　　次	2020年5月第1版　2020年5月第1次印刷
定　　价	49.80元